Histoire critique
du MIR chilien

Naissance d'une révolution

Préface de Marcelo Casals.
Postfaces de Luis Thielemann
et Carmen Castillo.

EUGÉNIA
PALIERAKI

4

Préface

Naissance d'une révolution, que vous tenez entre les mains, est à mes yeux sans aucun doute le meilleur livre sur le MIR (*Movimiento de Izquierda Revolucionaria*, « Mouvement de la Gauche Révolutionnaire »), ce qui n'est pas négligeable si l'on considère l'énorme intérêt que cette organisation politique chilienne (de taille relativement modeste) a suscité au cours des dernières décennies. Si je devais choisir l'une des vertus de cet ouvrage, je soulignerais le beau labeur de démystification réalisé par Eugénia Palieraki. Loin des discours d'autosatisfaction des militants du MIR et de ses héritiers, ou à l'inverse, de l'image diabolisée construite par ses ennemis – poussée à son paroxysme pendant la sanglante dictature militaire du Général Augusto Pinochet de 1973 à 1990 – Eugénia Palieraki entreprend un vrai travail historiographique : elle critique ses sources ; elle contextualise de façon nuancée les phénomènes étudiés ; elle respecte l'historicité des acteurs ; elle trouve l'équilibre entre changement et continuité ; bref, elle propose une compréhension profonde de l'histoire du MIR qui ne se laisse aller ni à l'apologie ni aux jugements catégoriques spontanés. Voyons ce que tout cela signifie.

Le MIR fait irruption dans la vie politique chilienne à une époque marquée par le changement et les mobilisations sociales et politiques. Les années 1960 au Chili, en Amérique latine et dans le monde, sont placées sous le signe de la révolution rêvée ou redoutée, de l'émergence de la jeunesse en tant qu'acteur et concept politique, et de la multiplication des combats les uns plus urgents que les autres à mener. La fondation du MIR en 1965, ainsi que son évolution, ne sont pas des phénomènes isolés : ils sont liés, de gré ou de force, au « moment 68 » mondial. À cette même époque, ailleurs en Amérique latine, la jeunesse et les étudiants font face à la violence répressive de l'État.

Cependant, les récits du MIR et de ses héritiers tendent à éluder ces rapprochements pour enfermer le MIR dans sa supposée exceptionnalité irréductible. De nombreux témoignages écrits et des études de différentes natures ont décrit l'histoire du militantisme *miriste* dans tous ses détails, ont rendu compte des subjectivités marquées par l'expérience de la mobilisation révolutionnaire et de la terreur contre-révolutionnaire de la dictature. Bref, ils ont parlé de la culture miriste en la présentant comme autonome et réfractaire aux consensus de son temps. C'est comme si leurs mémoires avaient été marquées au fer rouge par la volonté du MIR de devenir une avant-garde éclairée du peuple chilien et latino-américain dans la marche (armée) vers le socialisme.

Bien que situées à l'autre extrême, les visions critiques du MIR adhèrent, elles aussi, à la thèse de l'exceptionnalité de cette organisation. Celles-ci vont des déformations grossières de la propagande dictatoriale jusqu'à la tentative désespérée d'une partie significative des historiens conservateurs chiliens et étrangers qui essaient de justifier l'effondrement de la démocratie chilienne et l'autoritarisme refondateur par les actions du MIR. Pour les deux récits détracteurs du MIR, la violence destructrice serait un mal inhérent de l'idéal révolutionnaire incarné au Chili par les jeunes fanatisés sous l'influence cubaine du MIR ; dans ce pays pacifique, le mal miriste aurait obligé les corps armés à agir pour défendre la nation, la famille et la propriété. Ainsi, la dictature ne serait que la réponse logique à l'irresponsabilité armée du MIR et de ses alliés, supposément éloignés de la culture politique chilienne marquée par de longs débats parlementaires et par le passage habituel par les urnes pour régler les différends.

Aussi, il est facile de comprendre qu'un récit global et nuancé sur l'histoire du MIR ne doit tomber ni dans l'un ni dans l'autre de ces extrêmes. Il est, en revanche, beaucoup moins aisé de construire une telle interprétation qui rende compte de façon fondée et convaincante de la trajectoire du MIR, cet acteur-clé de l'histoire et de la mémoire tant chiliennes que globales des cinquante dernières années. C'est ce qu'Eugénia Palieraki a réussi à faire, en parvenant à identifier les particularités de son objet d'étude tout en l'inscrivant dans son contexte. Elle montre ainsi en quoi le MIR constitue non seulement une rupture, une continuité.

Une telle entreprise suppose une connaissance minutieuse de l'histoire politique chilienne du XXe siècle, impliquant d'avoir mené une enquête qui dépasse très largement le cadre étroit du militantisme du MIR. Eugénia Palieraki, dans sa mission de démystification, s'appuie ici sur ses qualités évidentes d'historienne pour inscrire le MIR dans des courants de plus longue durée, et ainsi expliquer sa particularité sans l'arracher à son temps et à son lieu. Plusieurs chapitres de ce livre s'inscrivent dans cet esprit : plutôt que l'émergence d'une force entièrement nouvelle qui défie la gauche traditionnelle, la fondation du MIR en 1965 serait, selon l'autrice, la cristallisation d'efforts jusqu'alors vains pour unir des forces de la gauche radicale, pour la plupart issues de scissions des deux grands partis de la gauche chilienne, le Parti communiste et le Parti socialiste. De même, la génération de Miguel Enríquez, secrétaire général du MIR, aurait été profondément impactée par l'action du Parti démocrate-chrétien, au pouvoir pendant la seconde moitié des années 1960, à la fois dans le cadre du processus de réforme universitaire promu par cette même force politique et par les liens doctrinaux que l'horizon émancipateur du socialisme révolutionnaire miriste a entretenus avec le catholicisme de gauche. (Je me permets ici une petite digression : pour quiconque lit ce livre en français et n'a pas de connaissance approfondie de la politique chilienne, le lien entre le MIR et la Démocratie chrétienne qu'Eugénia Palieraki décrit de manière convaincante pourrait sembler presque hérétique, non seulement pour les deux forces politiques, mais aussi pour de nombreux historiens. L'idée d'un MIR comme force radicalement nouvelle et perturbatrice est bien plus puissante au Chili que ce que vous, cher lecteur et chère lectrice, ne pourriez le penser après avoir lu cet ouvrage).

De même, ce livre montre que l'influence de la Révolution cubaine est plus complexe dans le cas du MIR chilien que ce qu'on a pensé jusqu'à présent. Le MIR n'a pas cherché à reproduire mécaniquement l'expérience révolutionnaire cubaine de la Sierra Maestra dans les Andes chiliennes (ou sur d'autres chaînes montagneuses du Chili un peu moins hostiles que les Andes) ;

il a fourni un effort conscient, pas toujours couronné de succès, pour s'attirer les faveurs de La Havane. Ce scénario n'est pas différent de celui que suivent les autres partis marxistes de l'époque : par l'alignement doctrinal, le MIR espérait obtenir en retour une reconnaissance et des moyens matériels pour affirmer sa position dans le camp révolutionnaire chilien et latino-américain. Cuba, bien sûr, brillait alors de tous ses feux et la tentation de baigner dans la légitimité de Fidel Castro était forte. Le succès fut toutefois partiel. Castro, habile stratège, a intégré le MIR dans sa liste de réseaux révolutionnaires interaméricains, mais sans renoncer à la gauche « traditionnelle », et encore moins à Salvador Allende. Le MIR a accepté ce « double militantisme », malgré les nombreuses polémiques qu'il a entretenues avec le PS, le PC et l'Union Populaire dans l'espace public. L'intégration des cadres militaires les mieux formés du MIR dans la garde présidentielle après la victoire de 1970 en est peut-être la meilleure expression. Le MIR a dû s'adapter tant bien que mal à cet équilibre fragile entre enthousiasme populaire évident généré par la campagne présidentielle et méfiance à l'égard des moyens électoraux pour parvenir au socialisme.

C'est pour toutes ces raisons et bien d'autres encore que *Naissance d'une révolution* est un exemple d'ouvrage d'histoire politique bien mené. Il est rare de voir dans l'histoire d'un parti (ou plutôt d'un mouvement) politique un traitement aussi détaillé du cadre général dans lequel s'insère l'objet d'étude. Il n'est pas non plus courant de voir un tel équilibre entre le respect des subjectivités des protagonistes de cette histoire et la conscience des limites de toute perception individuelle de l'histoire. Dans ce sens, ce livre est une œuvre qui mobilise dans le même temps et qui combine remarquablement les sources écrites « classiques » de l'histoire des partis politiques – documents doctrinaux, publications, presse, etc. – et des dizaines d'entretiens approfondis avec celles et ceux qui ont joué un rôle de premier plan dans la période de fondation du MIR. Face à un sujet historiquement si chargé qui engage des subjectivités meurtries tant par la répression dans l'après-1973 que par le secret et par les comptes non soldés avec le passé, ce pari était important et difficile à tenir. *A fortiori* si l'on prend en compte le fait que les héritiers du MIR ne constituent pas une voix unifiée quand ils évoquent l'histoire de leur organisation. Cependant, le respect des subjectivités ne fait pas de cet ouvrage une compilation acritique de témoignages, comme c'est souvent le cas. En effet, Eugénia Palieraki n'hésite pas à dialoguer avec ses sources orales lorsque cela s'avère nécessaire. Il ne s'agit pas d'un simple esprit polémique mais, comme je l'ai dit au début, d'un travail systématique de démystification ne se limitant pas à briser les usages qui peuvent être faits du « mythe miriste ». L'ambition est également de déstabiliser les perceptions que les militants-survivants ont d'eux-mêmes lorsqu'ils reproduisent sans fondement le récit de l'« exceptionnalisme » du MIR.

Dans cet effort, Eugénia Palieraki déploie plusieurs outils méthodologiques remarquables. Loin de se concentrer sur des expériences militantes spécifiques ou sur un récit chronologique de la lente marche du MIR à travers les vicissitudes politiques de son époque, elle ajuste parfois l'objectif vers une sensibilité plus sociologique. Les liens entre la génération de Miguel Enríquez et les acteurs politiques les plus importants de son époque ne sont pas un simple fait de la réalité, mais révèlent des modèles de comportement politique conditionnés par des affinités générationnelles, régionales, éducatives et de classe qui étaient également à la base d'autres mouvements politiques qui ont marqué l'histoire du Chili (on peut penser à la génération fondatrice du socialisme chilien à laquelle le jeune Salvador Allende a participé, ou aux Phalangistes qui ont rompu avec les racines conservatrices à la fin des années 1930 pour fonder la Démocratie chrétienne des années plus tard). Le MIR apparaît ainsi dans toute sa dimension sociale : il commence avec l'unification des composantes de la gauche radicale, passe par un mouvement étudiant en essor, puis quitte les universités pour s'engager dans un projet plus global en intégrant par exemple les *pobladores* ou les paysans. La présence d'un groupe bien soudé autour de Miguel Enríquez, constitué de ses amis issus de la classe moyenne aisée de Santiago et de Concepción, n'est pas antinomique avec l'ancrage populaire du MIR.

De même, l'analyse idéologique des textes fondamentaux du MIR ne se réduit pas – comme c'est souvent le cas – à une description de leur contenu ou de la manière dont ces élaborations théoriques ont guidé l'action politique (comme si les acteurs politiques se comportaient toujours de manière cohérente à cet égard). Eugénia Palieraki conçoit l'idéologie comme un champ de tension et un jeu continu et complexe d'alliances et de compétitions, à la fois pour joindre les forces des convaincus et pour se différencier des rivaux ou des concurrents. Les vieux trotskistes de 1965 et la génération de Miguel Enríquez à partir de 1967 le savaient très bien. En même temps, les emprunts idéologiques à d'autres sensibilités devenaient l'enjeu de la légitimité révolutionnaire nécessaire pour s'imposer dans le délicat rapport de forces interne. Cela a, par ailleurs, créé ou fait disparaître des possibilités de collaboration transnationale, comme le montrent la tentative ratée de s'attirer les faveurs de la Chine communiste ou le rapprochement plus réussi avec le Cuba de Castro. L'idéologie, quant à elle, fonctionne ici comme une rhétorique adaptable à des conditions changeantes tout en maintenant l'ordre dans ses propres rangs. Ainsi, le triomphe d'Allende en 1970 aurait pu être désastreux pour ceux qui rejetaient catégoriquement la possibilité de construire le socialisme selon les règles de la démocratie « bourgeoise », si le MIR ne s'était pas habilement adapté au scénario ouvert par l'Unité Populaire.

La question épineuse de la violence est un autre domaine qu'Eugénia Palieraki traite en profondeur et avec habileté. Dans une mythologie polarisée du MIR, comme nous l'avons vu précédemment, il s'agit d'un aspect central de l'éloge ou de la condamnation. Cette question était loin de faire l'objet d'un consensus au sein du MIR, au moment de sa fondation. L'analyse des débats entre les différentes perspectives insurrectionnelles - de la « guerre populaire et prolongée » au *foquisme* guévariste, en passant par toutes sortes de combinaisons et de nuances – permet d'observer un processus inachevé de définition politique et d'identité. Les entraînements pseudo-militaires (avec plusieurs épisodes tragicomiques) et les actions d'« expropriations » de banques et d'autres établissements commerciaux, ont nourri cet esprit collectif selon lequel l'action était primordiale et que la révolution était un espoir réel et immédiat. Sous la direction de Miguel Enríquez, l'imaginaire de la lutte armée a été utilisé pour gagner prestige et adhérents en laissant le mythe miriste se développer dans la sphère publique de l'époque, même si sa capacité opérationnelle réelle a toujours été bien en deçà de ce dont on l'accusait. La violence politique, loin d'être le seul signe distinctif du MIR, a donc servi d'élément d'identification dans un jeu de miroirs compliqué qui a permis au MIR de se faire une place dans le milieu encombré de la gauche marxiste chilienne. Les appels à un imaginaire révolutionnaire transnational étaient essentiels, comme chez les socialistes et les communistes. La révolution à venir n'était pas – ne pouvait pas être – seulement un phénomène local. Elle était avant tout l'expression particulière, dans un coin du monde, de la vague révolutionnaire qui semblait tout emporter avec elle, en particulier dans le « tiers-monde ». L'ampleur de la mission historique assignée à cette génération, les obstacles perçus et les références révolutionnaires, anti-impérialistes et anticoloniales de Cuba ou du Vietnam, étaient tels que la violence de la guérilla semblait s'imposer comme une voie nécessaire et inévitable. Retrouver ces convictions et ces imaginaires, ainsi que les débats suscités en leur temps et qui semblent aujourd'hui lointains, est un élément fondamental de l'exercice de compréhension historique que propose Eugénia Palieraki.

Génération, idéologie et violence ne sont que quelques-uns des outils théoriques et méthodologiques que l'autrice déploie dans ce livre. Tout cela lui permet de construire une solide connaissance historique d'un sujet qui continue de faire l'objet de récits romantiques et mythifiés, tant au Chili qu'à l'étranger, écrits par ses partisans comme par ses détracteurs. Eugénia Palieraki ne fait pas que contribuer à l'étude de l'histoire politique du Chili et de l'Amérique latine (ce qui suffirait à vous inciter, en tant que lecteur et lectrice, à vous plonger dans ces pages). Elle fait également avancer d'un grand pas l'exercice historique, culturel et politique complexe que doit affronter le

Chili : faire face à son passé portant sur lui un regard serein et informé. Un demi-siècle après la destruction de la démocratie chilienne par les militaires au nom de la contre-révolution et de l'antimarxisme, il reste des fantômes à exorciser. La critique démystificatrice d'Eugénia Palieraki vise précisément à clarifier l'image du passé récent convulsionné du Chili et de l'Amérique latine, sans que l'autrice ne renonce à ses propres convictions sur l'Histoire, sur les luttes politiques et sur l'avenir. Eugénia Palieraki n'est peut-être pas chilienne, mais elle n'est étrangère ni à la foi révolutionnaire du XXe siècle chilien ni aux dures défaites subies – au Chili et ailleurs – par celles et ceux qui ont consacré leur énergie vitale à la construction du socialisme et du bonheur humain. Sa volonté de briser les mythes n'est donc pas motivée par le besoin de « tourner la page » et de laisser le passé troublé derrière elle. Si la révolution qui s'annonçait n'a pas eu lieu – et qu'à sa place, au Chili, nous avons eu une violente refondation contre-révolutionnaire – cela n'enlève rien au fait que notre monde soit toujours en proie à ces mêmes problèmes que le socialisme aspirait et aspire à résoudre. Dans la lignée de la plus noble des traditions intellectuelles dans la gauche mondiale, Eugénia Palieraki entreprend une critique de l'existant afin de sauver de ses décombres ce qui est précieux et durable, et d'éclairer notre présent confus à la lueur de notre passé impétueux. *Naissance d'une révolution*, aujourd'hui disponible pour le public francophone, est le brillant résultat de tous ces efforts.

Marcelo Casals

juin 2023

Marcelo Casals est historien chilien et maître de conférences à l'Université Finis Terrae (Santiago). Son dernier ouvrage *Contrarrevolución, colaboracionismo y protesta: la clase media chilena y la dictadura militar* (FCE, Santiago, 2023) retrace l'histoire la classe moyenne chilienne et de son soutien à la dictature de Pinochet.

Introduction

« Peuple, conscience, fusil, MIR, MIR, MIR ». Pour la gauche chilienne, ce cri de guerre rappelle les années 1960 et la période de l'Unité Populaire (1970-1973) ; un moment de gloire, aussi, pour le Mouvement de la Gauche Révolutionnaire : le MIR[1]. Aujourd'hui au Chili, certains militants reprennent ce slogan, brandissant un flambeau nostalgique pour une époque révolue, où l'assaut du ciel semblait à portée d'une main armée.

Identifié à la figure légendaire de son dirigeant Miguel Enríquez, tué une année après le coup d'État de 1973, le MIR réveille des souvenirs embués de mythes. Ces mythes le présentent comme une avant-garde issue de la jeunesse révolutionnaire chilienne. Cette jeunesse voulait changer la destinée de son pays par les armes, quitte à y laisser la vie. Les récits historiques qui transmettent, voire alimentent ce mythe, décrivent aussi le MIR comme une entité radicalement nouvelle, qui rompt avec le « réformisme » des deux principaux partis marxistes du pays, les Partis communiste et socialiste. Pour certains, le MIR aurait été le seul à comprendre que les urnes menaient le socialisme dans une dangereuse impasse, ce que le coup d'État aurait tristement confirmé. Cette conception est largement contestée par d'autres qui désignent l'organisation révolutionnaire comme principal responsable de la chute d'Allende. Son radicalisme aurait mené les classes moyennes à se réfugier dans les bras de la droite ou de l'extrême droite. À cette interprétation s'ajoutent celles qui considèrent le MIR avant tout comme l'initiateur de la violence politique, une violence importée dans les années 1960 sous l'impulsion persuasive de Cuba.

L'engouement que le MIR engendrait jadis et qu'il suscite encore aujourd'hui au Chili s'explique par son refus apparent des traditions politiques nationales, y compris celles des deux grands partis de gauche, parfaitement intégrés au système politique ; par son succès fulgurant et par la place importante qu'il a occupée sur la scène politique nationale.

Fondé en 1965, dans un pays dont l'histoire politique était davantage marquée par sa continuité que par ses ruptures, le MIR heurte le consensus. Or, malgré un discours nettement plus radical que celui des autres partis, un refus obstiné de participer aux élections accompagné d'une adhésion à la voie armée, cette « nouvelle gauche »[2] fait partie intégrante du paysage politique chilien. Elle obtient la reconnaissance, plus ou moins explicite, des anciens partis et suscite l'enthousiasme d'intellectuels européens et états-uniens.

La plupart des histoires « officielles » sur le MIR insistent sur son origine étudiante. L'histoire du MIR commencerait en 1967 à l'Université de Concepción, sous l'impulsion d'une génération de jeunes étudiants – leaders politiques charismatiques – qui suivent l'exemple de la Révolution cubaine et espèrent faire de la Cordillère des Andes la Sierra Maestra[3] de l'Amérique du Sud. Mais, si l'importance de l'Université de Concepción est indéniable, limiter les origines du mouvement à ce seul lieu et au groupe d'étudiants constitué autour de Miguel Enríquez est réducteur. Cela masque un chapitre fondamental de son histoire : celui de ses origines qu'il faut chercher dans l'histoire de la gauche chilienne. Les dirigeants de gauche et les syndicalistes qui se sont réunis pour former le MIR établissent un pont entre la gauche chilienne de la première moitié du XXe siècle et la « jeune génération » qui, à la fin des années 1960, leur a succédé à la direction de l'organisation. En 1965, ces syndicalistes révolutionnaires, trotskistes, communistes dissidents se rassemblent pour fonder un mouvement politique incarnant l'unité révolutionnaire. La nouvelle organisation qu'ils créent s'inspire de principes et d'un imaginaire insurrectionnel qui s'inscrivent sans conteste dans la continuité des gauches marxistes du premier XXe siècle.

La généalogie politique du mouvement ne doit pas pour autant occulter son ancrage dans la singularité des années 1960. Celles-ci sont marquées au Chili par la présidence du démocrate-chrétien Eduardo Frei Montalva et son ambitieux programme nommé « Révolution en liberté », dont fait partie la réforme universitaire. Pour le MIR, la fin des années 1960 est une période d'implantation dans un milieu étudiant très politisé, mais aussi de création des premières bases militantes dans les périphéries urbaines et les régions rurales.

Les années 1960 sont, en outre, une période d'internationalisation du politique. Le conflit sino-soviétique, la Révolution cubaine, la guerre du Vietnam sont autant d'événements qui imprègnent la jeunesse chilienne des années 1960 et évidemment aussi le MIR. Au cœur de ce contexte continental et mondial, le MIR entretient un rapport ambigu avec la Révolution cubaine, mais aussi avec les questions de la lutte armée et des élections.

Ce livre a été élaboré grâce à des sources et documents d'archives nombreux et variés. Ils ont été recueillis lors de longs séjours de recherche dans des centres de documentation et des bibliothèques en Europe, dans le Cône Sud et à Cuba. Les documents émanant du MIR et les publications périodiques de l'organisation révolutionnaire constituent la partie la plus importante du corpus, qui inclut aussi des archives personnelles d'anciens militants. Outre les textes du MIR, de nombreuses autres sources imprimées et des archives – presse nationale et presse militante, documents d'autres partis politiques, débats parlementaires, archives judiciaires, journaux intimes et correspondance – ont été consultées. La consultation d'écrits émanant d'acteurs autres que le MIR a permis de nuancer le discours de l'organisation révolutionnaire, de comparer sa vision à celle d'autres acteurs de la même période, pour éviter de reproduire le discours officiel du MIR de façon acritique. Il s'est surtout agi, pour moi, de ne pas faire une histoire internaliste, mais de montrer comment cette organisation révolutionnaire a été marquée par son époque, en même temps qu'elle a contribué à la façonner.

Les sources orales ou entretiens ont été fondamentaux pour l'écriture de ce livre. J'ai interviewé des militants du MIR de la « vieille » et de la « jeune génération » ; des membres de la direction, des cadres et des militantes et militants de base ; des personnes soutenant la ligne officielle et d'autres qui faisaient partie de la dissidence. Les interviewés sont majoritairement des hommes – le MIR étant, à sa direction et aux niveaux intermédiaires, un parti surtout masculin. Les militantes du MIR avec qui j'ai pu discuter ont été malgré tout nombreuses, mais plusieurs d'entre elles ont demandé à rester anonymes. J'ai également pu avoir de longs échanges avec des militants et dirigeants d'autres partis politiques. Je suis très reconnaissante aux interviewé.e.s pour le temps accordé et pour leur confiance. Je les remercie d'avoir accepté de partager avec moi le souvenir d'années et d'expériences marquantes, d'autant plus que ces souvenirs, pour la plupart enthousiasmants, sont souvent indissociables de la terreur répressive de l'après-11 septembre 1973. La puissance de la mémoire militante et la richesse du dialogue qu'elle instaure avec l'historiographie apparaissent de manière éclatante dans la postface de ce livre, que la réalisatrice, autrice et ancienne militante du MIR Carmen Castillo m'a fait l'honneur d'écrire pour l'édition française de ce livre.

Le texte de Carmen Castillo, ainsi que les documents de

l'époque et les témoignages des protagonistes font ressurgir les espoirs et les projets dont le MIR a été porteur, et qu'il importe de rappeler aujourd'hui. Car, sans rompre avec l'histoire de la gauche chilienne - une histoire longue, riche et populaire –, cette organisation révolutionnaire a su mettre à jour l'héritage reçu et le rendre pertinent pour le monde des « années 1968 »[4], un monde fait d'aspirations révolutionnaires et d'effervescences contestataires. Son histoire, telle qu'elle est écrite ici, est une histoire plurielle, et non pas monolithique ni officielle. C'est un tableau composé d'une multitude de trajectoires collectives et individuelles, tantôt convergentes, tantôt en conflit.

L'histoire du MIR soulève des questions similaires à celles posées aux acteurs de l'émancipation d'autres époques et d'autres lieux. Quel contenu et quelle définition donner à la révolution ? Quels acteurs y associer ? Comment créer un nouveau parti révolutionnaire ? Qu'est-ce qui peut bien expliquer le succès d'une nouvelle organisation politique ? Quel équilibre trouver entre volontarisme et conditions objectives ? Entre lutte armée et lutte électorale ?

1965, année de fondation du MIR, est le point de départ de ce livre, dont le récit se termine en 1970, avec l'arrivée de Salvador Allende au pouvoir. La trajectoire du MIR au cours des mille jours de l'Unité Populaire est, toutefois, présente dans le livre. Elle est systématiquement évoquée dans la préface de l'historien Marcelo Casals - fin connaisseur de l'histoire des gauches et de la contre-révolution chilienne –, qui réfléchit à la vision historiographique et politique dont cet ouvrage et son autrice sont porteurs, en rapport avec d'autres récits historiques et témoignages sur le MIR dans les années 1965-1973. Dans sa postface, Luis Thielemann — historien du mouvement ouvrier chilien et des classes populaires, en même temps qu'ex-dirigeant du mouvement étudiant et militant de *Izquierda Autónoma* – analyse le rôle du MIR sous l'Unité Populaire, ainsi que l'héritage miriste pour les gauches entre 1980 et 2023. L'Unité Populaire apparaît très souvent en filigrane dans les pages qui suivent. Consacrées à la « naissance d'une révolution » entre 1965 et 1970, elles offrent des clés de lecture pour comprendre la trajectoire du MIR avant, durant et après l'Unité Populaire.

Chapitre 1

Aux origines

Une « nouvelle gauche » héritière d'un demi-siècle de révolutions

La fondation du MIR prend place en 1965, dans une période très dense où nombre de questions se posent à la gauche chilienne : la conjoncture économique critique, l'intensification des mobilisations politiques et sociales entre 1964 et 1970, la Révolution cubaine, les guérillas ou la décolonisation. Mais un tel contexte ne suffit pas à expliquer la fondation du MIR.

Celle-ci a en effet d'autres raisons : le MIR est le projet politique voulu et conscient de quelques dizaines de dirigeants syndicalistes et de militants politiques, dont la plupart sont nés à la fin du XIXe siècle ou au début du XXe et qui se sont engagés depuis leur jeunesse dans les courants révolutionnaires de la gauche.

Cet ensemble hétégonène d'activistes a une trajectoire déjà longue quand ils et elles fondent le MIR. Ils et elles ont en commun soit leur méfiance vis-à-vis des élections soit leur déception face à la nouvelle défaite électorale de Salvador Allende, candidat présidentiel des Partis communiste et socialiste, en 1964. Leurs trajectoires militantes ont souvent oscillé entre critique radicale du cadre légal d'action et tentative de l'améliorer de l'intérieur. Leur rapport au pouvoir politique est, lui aussi, ambigu : ils et elles y voient tantôt une chance et une opportunité, tantôt une pratique qui corrompt et dont il convient de se méfier.

Cherchant à construire une gauche qui ne dépende pas des échéances électorales, ils convergent pour fonder le MIR. Leur projet est l'unité de tous les révolutionnaires restés indépendants ou étant récemment exclus des deux grands partis de gauche, le socialiste et le communiste. Malgré ce projet d'unité, porté en premier lieu par le syndicaliste Clotario Blest, à la fondation du MIR convergent des militants porteurs de définitions variées de la révolution, ainsi que des conceptions plus ou moins libérales de la démocratie populaire. Les divergences alimenteront par la suite des divisions, des dissidences, des expulsions.

Mais en 1965, l'heure est à l'unité. Parmi les fondateurs du MIR, se trouve donc Clotario Blest, figure emblématique du mouvement syndical, catholique croyant et ami des trotskistes et des anarchistes. En plus de Blest, participent à la création du MIR des militants trotskistes ou socialistes proches du trotskisme, qui constituent aussi son courant majoritaire. Un troisième courant politique qui prend part à cette aventure collective sont des dissidents communistes attirés par le maoïsme et la lutte armée.

Clotario Blest et le syndicalisme révolutionnaire

Clotario Blest est l'une des figures emblématiques de la gauche chilienne, en raison notamment de son long engagement syndical et de son opposition courageuse à la dictature d'Augusto Pinochet. La place que Blest occupera dans l'histoire du MIR est centrale. Il jouera en effet un rôle de médiateur créant des liens entre le MIR, les syndicats et les milieux chrétiens de gauche. Blest est un dirigeant syndical issu des milieux chrétiens-sociaux. En ce sens, il tient une place à part dans le groupe des fondateurs du MIR, qui sont majoritairement agnostiques, voire athées et qui ont milité dans des partis ou au sein du mouvement étudiant, plutôt que dans les syndicats.

Son rôle de médiateur s'illustre parfaitement au moment de la fondation du MIR. En 1964, c'est Blest qui convoque la première réunion de coordination entre différents groupes et partis politiques qui se considèrent de « gauche révolutionnaire ». Cette réunion est à l'origine de la naissance du MIR, fondé quelques mois plus tard. Pour Blest, le MIR est la matérialisation d'un projet qui lui tient à cœur de longue date : créer l'unité de toutes les forces révolutionnaires et indépendantes des deux grands partis, le socialiste et le communiste. Son parcours montre que l'histoire du MIR est étroitement liée à celle du syndicalisme chilien des années 1920-1960 et du christianisme social.

Blest est né en 1899 de l'union « illégitime » d'un militaire issu d'une grande famille de l'élite et d'une institutrice. Il est formé dans un séminaire, mais ses modestes moyens économiques ne lui permettent pas de poursuivre des études supérieures. En 1921, il s'installe à Santiago, alors que le pays connaît un grand tournant. La « République oligarchique » vit ses dernières heures et le candidat de la classe moyenne, Arturo Alessandri Palma, accède à la Présidence de la République[5]. Blest – conscient lui-même d'appartenir à la classe moyenne – est tiraillé entre l'adhésion au programme centriste d'Alessandri et la fascination qu'il ressent pour le leader populaire et ouvrier Luis Emilio Recabarren. Ce dernier est la figure de proue du syndicalisme chilien. Il est l'un des fondateurs de la Fédération ouvrière du Chili (FOCH) qui, jusqu'au milieu des années 1920, est porteuse d'un discours lutte de classes et révolutionnaire. Blest voit en Recabarren un dirigeant populaire capable d'unir les travailleurs chiliens[6]. Pour Blest, tandis que les partis de gauche les divisent, le syndicalisme est l'espace où une vraie unité des travailleurs peut se construire.

Mais, Recabarren n'est pas seulement le fondateur de

la FOCH, mais aussi du Parti communiste chilien. Son militantisme se situe à mi-chemin entre engagement syndical et partisan. Et il n'est pas une exception. Au Chili, les liens entre partis politiques et syndicats sont très étroits. Bien que les syndicats chiliens soient puissants, crédités d'une grande représentativité et autonomie vis-à-vis de l'État, ils sont fortement liés aux partis[7]. Dès 1924-1925 et la promulgation des premières lois sociales qui accordent à une partie des travailleurs le droit de se syndiquer, les partis de gauche et de centre, bien intégrés dans le système politique, deviennent des courroies privilégiées de transmission au gouvernement des demandes venues des syndicats[8].

La tension entre recherche d'autonomie pour le mouvement syndical et subordination aux partis politiques pour être écoutés par le pouvoir traverse l'histoire du syndicalisme chilien jusqu'en 1973[9]. Elle se reflète dans son répertoire d'action. Celui-ci oscille entre radicalité de l'action et négociation avec les partis et gouvernements, entre rejet du cadre légal et tentative de le réformer. Lorsque le rejet domine, le recours aux grèves, aux mobilisations et à l'action directe est choisi. Or, il ne s'agit pas de rejeter le régime politique dans son ensemble, mais plutôt d'appeler à le réformer pour accorder au mouvement ouvrier un rôle politique plus important et plus autonome des partis. Les rapports du syndicalisme avec les partis politiques sont aussi caractérisés par leur ambiguïté et oscillent entre rapprochement, voire identification, et condamnation de l'action partisane vue comme facteur de division du mouvement ouvrier. La trajectoire de Blest est, elle aussi, marquée par cette même tension et cette même ambiguïté.

Première centrale syndicale au début du XXe siècle, la FOCH pense le syndicat comme un modèle d'organisation sociale, sans distinction claire entre parti et syndicat[10]. Dans son sillage, la Centrale des Travailleurs du Chili (CTCH), créée en 1936, quelques années après la dissolution de la FOCH, connaît son essor sous le Front Populaire. L'action de la CTCH est davantage marquée par la négociation et la collaboration avec les partis qui composent le Front Populaire : le Parti radical (PR), le Parti socialiste (PS) et le Parti communiste (PC).

Blest, quant à lui, ne cesse de se méfier des accointances entre syndicats et partis politiques. Au début des années 1950, l'idéal d'unité des travailleurs, grâce à un syndicalisme indépendant des partis – qui est bel et bien l'idéal de Blest depuis les années 1920 – semble pouvoir devenir réalité. À l'époque, les deux grands partis de gauche, le PC et le PS, traversent l'une des crises les plus aiguës de leur histoire. Le PC est interdit par la « loi de défense permanente de la démocratie » de 1948, promulguée sous la pression des États-Unis par le gouvernement de Gabriel González Videla, pourtant élu un an plus tôt avec le soutien des communistes. Le Parti socialiste, quant à lui, se divise. Un secteur s'oppose à cette « loi scélérate » et un autre la soutient. En outre, la proscription du PC remet en cause l'existence même de la CTCH. Avec l'interdiction du PC, celle-ci perd l'un de ses principaux soutiens auprès du gouvernement et beaucoup de membres. En effet, la « loi scélérate » conduit un grand nombre de communistes à la prison, l'exil ou la clandestinité. Vingt-six mille personnes sont privées de leurs droits politiques, ainsi que de leur droit à se syndiquer[11].

La crise des deux grands partis de gauche et de la CTCH forme une structure d'opportunité qui permet à d'autres acteurs d'émerger. Les associations étudiantes et les syndicats – notamment ceux de la fonction publique et des cols blancs – assument alors un rôle politique de premier plan[12]. Au début des années 1950, ils privilégient les actions directes et l'affrontement avec le gouvernement. Moins liés au PC et PS, ils prônent l'unité du mouvement syndical et condamnent l'instrumentalisation des syndicats par les partis, conception à leurs yeux coupable des divisions du mouvement ouvrier. Les militants et syndicalistes de la gauche non communiste, parmi lesquels de nombreux trotskistes – ouvriers municipaux ou étudiants –, et anarchistes – dans la fédération du cuir et de la chaussure, dans la métallurgie et chez les instituteurs et enseignants –, moins touchés par la répression, trouvent dans ces syndicats un espace d'action et de militantisme. Durant les mobilisations syndicales de l'après-1948, Blest apparaît comme une figure de proue.

Les années 1952-1958 sont celles de la présidence de Carlos Ibáñez del Campo. Dictateur entre 1927 et 1931, anticommuniste, mais proche des syndicats non-communistes après avoir promulgué d'ambitieuses lois sociales[13], le militaire est élu président en 1952. Il poursuit la répression contre les communistes, mais tolère les autres courants politiques présents dans le mouvement syndical, y compris les trotskistes et les anarchistes. À la fin des années 1940, Blest partage avec eux la volonté de sauvegarder l'autonomie des syndicats vis-à-vis des partis. C'est au contact de ces militants issus de l'anarchisme et du trotskisme que Clotario Blest s'éloigne aussi progressivement de ses anciennes positions centristes pour se rapprocher des milieux révolutionnaires.

Peu à peu, les initiatives de ces mêmes militants pour aller vers la création d'une nouvelle centrale syndicale se multiplient. En 1953 est créée la Centrale Unique des Travailleurs (CUT)[14], dont le premier président n'est autre que Clotario Blest grâce au rôle qu'il a joué dans les mobilisations des années 1948-1953. La CUT qui naît des cendres de la CTCH est, à ses débuts, l'expression d'un projet de centrale syndicale totalement indépendante des partis, dont de nombreux membres rejettent la négociation pour privilégier l'action directe et l'affrontement ouvert avec le gouvernement. Blest, quant à lui, tient son habituel discours « anti-parti » et pense la CUT comme fondement de la nouvelle société, dont le système politique et social serait le « socialisme intégral ». Contrairement aux partis, contrôlés par une minorité qui imposerait sa volonté à la majorité, le syndicat serait, selon Blest, la voix du nombre, le moyen d'expression véritable de la volonté des travailleurs.

Les débats sur l'autonomie des syndicats vis-à-vis des partis reprennent de plus belle lors du Congrès de fondation de la CUT, où participent toutes les tendances politiques. La position adoptée à ce propos reste ambiguë : l'indépendance de la centrale syndicale est affirmée dans la déclaration de principes mais, dans la pratique, l'imbrication entre syndicat et parti est avalisée. Les représentants syndicaux sont élus par listes constituées et présentées par les partis : il s'agit d'un compromis entre deux tendances qui ne tardent pas à s'affronter.

Clotario Blest se présente comme candidat du PS, du PC et de la Phalange[15]. Il est paradoxal qu'il soit le candidat de deux partis qu'il a sans cesse critiqués, d'autant que ses positions sont plus proches de celles des anarchistes et des trotskistes. Mais l'unité des travailleurs qu'il souhaite construire est difficilement envisageable sans le soutien des communistes et des socialistes. Pour eux, la figure de Blest est consensuelle, d'autant que son discours, fondé sur l'idéal d'unité de tous les travailleurs, résonne chez les communistes et les socialistes qui n'ont pas abandonné l'idée d'un front électoral commun. Soutenir Blest, qui ne milite dans aucun parti, permet un compromis. C'est par cette candidature que se recompose le Front Populaire, permettant du même coup le retour des communistes et des socialistes sur le devant de la scène.

Mais le désaccord entre les deux tendances de la CUT ne tarde pas à éclater. Une première grève générale est lancée en 1954 pour protester contre la hausse des prix et les conditions de vie des travailleurs, et pour soutenir les militants persécutés ou emprisonnés. D'un côté, les anarchistes, trotskistes et quelques socialistes – soutenus par Blest – plaident pour la grève générale, insurrectionnelle et illimitée et veulent promouvoir des occupations d'usines. De l'autre, les communistes, socialistes modérés, radicaux et phalangistes prônent la grève limitée, qu'ils conçoivent uniquement comme un moyen de pression politique sur le gouvernement. Dans les faits, la grève générale et illimitée est un échec. Le même scénario se rejoue en 1955 et en 1956. Les appels de Blest et des tendances les plus radicales de la CUT à la grève générale vont à l'encontre des objectifs politiques des deux principaux partis de gauche, qui sont alors occupés à créer une nouvelle alliance électorale, le Front d'Action Populaire (*Frente de Acción Popular*, FRAP)[16], et souhaitent éviter une crise politique lors des tractations pour l'abrogation de la « loi scélérate ».

L'opposition entre les deux tendances n'est pas seulement idéologique. Elle renvoie à un problème réel : l'absence de relais efficaces entre les revendications syndicales et les politiques gouvernementales. Bien que les grèves illimitées se révèlent d'une efficacité politique restreinte, les travailleurs sont chaque fois plus nombreux à y participer entre 1953 et 1963 et les grèves autorisées et non-autorisées se multiplient. Pendant cette période, le recours à la grève « sauvage », phénomène relativement nouveau, se généralise.

En 1957, alors que le gouvernement d'Ibáñez s'enlise dans la crise et que la CUT se consume dans ses querelles internes, le PC et le PS, avec le soutien de la CUT, lancent un appel à la mobilisation pour protester contre la hausse des prix et surtout pour faire pression sur le gouvernement afin qu'il légalise le PC. Mais la portée et surtout la radicalité des mobilisations échappent à leur contrôle. Les manifestations quasi insurrectionnelles à Valparaíso sont durement réprimées et le mouvement s'embrase à Santiago. Le centre de la capitale est saccagé et la répression est sanglante[17].

Ces journées renforcent l'imaginaire insurrectionnel de Blest et des secteurs les plus à gauche au sein de la CUT, affermissant leur conviction qu'une révolution serait sur le point d'éclater. Elles annoncent également la radicalisation des étudiants, de même que l'apparition d'un nouveau secteur social, que le MIR va fortement investir : les *pobladores*, c'est-à-dire les habitants des périphéries urbaines.

Les étudiants sont les protagonistes des mobilisations, puis des émeutes à Santiago, à Valparaíso et dans d'autres villes, notamment Concepción. La majorité d'entre eux, militants des Jeunesses communistes ou socialistes, ont grandi dans le Chili de la fin du Front Populaire et du gouvernement Ibáñez. Ils ont une conception désabusée de la politique électorale de la gauche ; leur participation aux émeutes urbaines témoigne du fait que les pratiques politiques de la jeunesse sont plus radicales que celles de leurs aînés. Suite aux émeutes, certains dirigeants des Jeunesses du PC et du PS sont expulsés de leur parti. Parmi eux, certains participeront à la fondation du MIR. Pour les plus jeunes, dont Miguel Enríquez, futur leader de la « jeune génération » du MIR, la participation aux journées d'avril est le baptême de feu politique[18].

Les mobilisations des étudiants en 1957 sont suivies, pour la première fois, par les *pobladores*. L'apparition des *pobladores* dans le centre ville, ainsi que la violence qui accompagne leurs manifestations alertent les partis de gauche sur les profondes mutations sociales qui se sont produites durant les années 1950. Un mois après les événements, le PC reconnaît dans un rapport interne que le Chili de 1957 n'est plus le pays rural du Front Populaire ; il se fixe comme objectif l'éducation politique et la « conscientisation » du « sous-prolétariat » urbain, comme le PC appelle les *pobladores*[19]. Désormais, le travail politique et le recrutement de nouveaux militants dans les *poblaciones*[20] deviennent un objectif important pour tous les partis de gauche et du centre. À la fin des années 1960, le MIR s'y mettra lui aussi. Des associations de *pobladores* participeront d'ailleurs à sa fondation.

Les mobilisations d'avril 1957 accentuent la crise interne de la CUT et creusent l'écart entre la tendance modérée et la tendance radicale, qui en sort affaiblie. Identifié à cette dernière, Blest est marginalisé au sein de la direction. La tendance qui préfère la négociation et la collaboration avec les partis à l'action directe finit par s'imposer. Les anarchistes quittent la CUT au début de l'année 1957, en raison d'un désaccord avec les autres membres de la direction qui s'opposent à l'action directe. Blest perd ainsi quelques-uns de ses proches alliés. La reconduction de son mandat avec le soutien du PC n'y change rien. Ibáñez abroge la « loi de défense de la démocratie » qui proscrit le PC en août 1958. Les résultats électoraux de septembre sont encourageants pour la gauche : l'écart entre le candidat de la gauche unie, Salvador Allende, et le candidat de la droite vainqueur, Jorge Alessandri, est minime[21]. La victoire électorale de la gauche semble désormais possible. Dès 1960, l'annonce des mesures économiques du gouvernement d'Alessandri – gel des salaires, privatisation de secteurs-clé de l'économie nationale – intensifie les mouvements de grève dans le secteur public, mais aussi pour la première fois dans les campagnes[22]. Ce mécontentement généralisé rend la victoire électorale de la gauche encore plus probable.

Blest, quant à lui, emprunte une autre voie. Entre 1958 et 1961, sa pensée se structure toujours autour des mêmes idées : l'unité des travailleurs et la méfiance envers les partis politiques. Mais les journées d'avril 1957 le rapprochent plus encore de ses alliés anarchistes et trotskistes. Pour eux, elles sont l'indicateur indiscutable de la nature révolutionnaire du peuple chilien, à condition qu'il ne soit pas dupé par les partis réformistes. Pour ces mêmes secteurs politiques, les journées d'avril servent de preuve que la révolution sera le fruit d'une insurrection populaire. Y compris après le triomphe de la Révolution cubaine et de sa guérilla rurale, la « vieille génération » du MIR évoquera cette révolte populaire pour résister à la fascination de la « jeune génération » pour la guérilla. Ce qui sépare les deux générations à cet égard, c'est bien leur rapport à la lutte armée, que les plus jeunes soutiennent.

La lecture insurrectionnaliste des mobilisations populaires de 1957 incite Blest – encore président de la CUT – à lancer des appels successifs à la grève illimitée et à l'action directe entre 1958 et son éviction de la présidence de la CUT en 1961. Le 3 novembre 1960, il appelle de nouveau à la grève générale en solidarité avec la Révolution cubaine. Convaincu de l'imminence d'une insurrection populaire et fasciné par Cuba, Blest estime que le moment de l'insurrection est venu. La manifestation est soutenue par les trotskistes, les anarchistes et quelques dissidents socialistes, mais boycottée par le PC. L'appel est relativement peu suivi, mais le bilan de la manifestation est lourd : deux morts, trente-deux blessés et plusieurs organisateurs, dont Blest, emprisonnés.

Une fois sorti de prison où il a été brièvement détenu, Blest s'y prend autrement. Pour contourner l'opposition des communistes, mais aussi d'une partie de la direction socialiste réfractaire à la grève illimitée, il organise une structure clandestine au sein de la CUT. Baptisée « Mouvement du 3 novembre » (M3N), son nom s'inspire du Mouvement 26 juillet (M26) de Fidel Castro. La structure rassemble militants anarchistes, trotskistes et socialistes de l'aile gauche du PS. Ensemble, ils représentent une partie non négligeable de la direction de la CUT. Le M3N réussit à faire adopter le vote secret, ce qui permet aux militants de l'aile gauche du PS de voter contre la ligne de leur propre parti sans être découverts ni sanctionnés. Après quoi, il fait voter un programme rédigé par le Parti Ouvrier Révolutionnaire (POR), trotskiste, qui défend ni plus ni moins la lutte armée, l'insurrection populaire et l'armement général des travailleurs. Le scandale éclate, la conspiration est découverte par la direction du PS qui désavoue immédiatement les socialistes du M3N. Quelques mois plus tard, Blest démissionne de la présidence de la CUT.

Clotario Blest s'éloigne ainsi des structures syndicales officielles. Paradoxalement, il se tourne vers des structures partisanes, espérant y trouver ce qui a constitué pour lui la force du syndicalisme : l'émergence inattendue et explosive du peuple sur la scène politique et le fantasme de l'insurrection populaire. En juillet 1961, il participe à la fondation du Mouvement des Forces Révolutionnaires (MFR), une ébauche du MIR, qui réunit la plupart de ses ex-alliés de la CUT. Quatre ans plus tard, ces mêmes personnes – qui défendaient jadis l'indépendance du mouvement syndical et furent, entre-temps, expulsées de la CUT[23] – convergent dans la fondation d'un nouveau « mouvement » politique : le MIR.

Les trotskistes, idéologues du MIR

Partisan de l'unité révolutionnaire, dirigeant reconnu et apprécié de différents courants de la gauche radicale, Clotario Blest tient un rôle crucial dans l'histoire du MIR. C'est lui qui convoque les premières réunions de coordination débouchant sur la fondation du mouvement. Blest rend possible l'entente entre groupes politiques et militants venus d'horizons différents, qui ont en commun d'avoir perdu leur espace d'action au sein de la CUT et s'accordent sur la nécessité de créer une nouvelle organisation révolutionnaire, indépendante du PC et du PS.

Parmi ces groupes et militants, la filiation idéologique majoritaire est le trotskisme. Bien que le MIR ne soit pas un parti trotskiste, il est l'héritier de ce courant politique à plusieurs titres. Tout d'abord, il hérite des réseaux trotskistes syndicaux, étudiants et dans la périphérie urbaine. Ensuite, le trotskisme chilien lègue au MIR sa proximité avec le Parti socialiste. Enfin, il transmet au MIR une certaine conception de la révolution[24] et du parti révolutionnaire, censée être mieux adaptée au contexte chilien. Ces trotskistes ont, pour la plupart, derrière eux une trajectoire militante longue dont les débuts remontent aux années 1920, 1930 ou 1940 et font partie de la « vieille génération » du MIR. Principal adversaire idéologique du PC à gauche, courant puissant au sein du PS, proche du guévarisme dans les années 1960, le trotskisme chilien – malgré sa relative faiblesse numérique – est un marqueur idéologique incontestable dans l'histoire des gauches chiliennes en général et dans celle du MIR en particulier.

Le décès de Luis Emilio Recabarren, en 1924, est un moment crucial dans l'histoire de la gauche chilienne. Figure du syndicalisme aussi centrale que polémique, il fut capable de réunir autour de lui des dirigeants syndicaux et politiques très différents. Il a marqué toute une génération de jeunes activistes qui ont par la suite dirigé le mouvement syndical et les partis de gauche. À sa mort, les tensions internes du PC s'exacerbent. Deux tendances se forment. L'Internationale Communiste accorde ses faveurs à la fraction pro-soviétique d'Elías Lafferte. Elle se méfie de Manuel Hidalgo, leader syndicaliste charismatique, qui ne ménage pas les critiques à l'égard de l'Internationale Communiste et met en cause l'organisation clandestine et verticale du parti promue par cette dernière. Suite à des années de luttes intestines, la fraction d'Hidalgo est expulsée en 1931. En 1933, Hidalgo et les siens adhèrent à l'Internationale Communiste d'Opposition de Trotsky et fondent la Gauche Communiste (*Izquierda Comunista*)[25].

À partir de 1931, deux types de milieux convergent dans la fraction d'Hidalgo : des syndicalistes et des étudiants. S'y ajouteront dans les années 1950 des militants issus des périphéries urbaines.

Dès les années 1930, la Gauche Communiste d'Hidalgo proteste contre la répression des syndicats non reconnus par la loi[26], mais elle est également implantée dans les syndicats qui ont une existence légale[27]. En parallèle, les trotskistes s'opposent à la mainmise du PC sur la FOCH (qui en exclut tous les autres courants politiques de gauche) et militent pour la formation d'une centrale syndicale qui accepte d'accueillir toutes les tendances politiques. Ils obtiennent gain de cause avec la fondation de la CTCH en 1936. Lors de la création de la CUT en 1953, le discours trotskiste continuera de prôner l'unité syndicale et permettra le rapprochement avec Clotario Blest. C'est le début d'un processus de convergence qui se poursuivra et débouchera sur la fondation du MIR.

Le trotskisme est également présent dans les universités. Dans les années 1920 et 1930, suite au mouvement de réforme universitaire, les étudiants deviennent des protagonistes de la vie politique chilienne et latino-américaine[28]. Cette place centrale des étudiants caractérisera aussi les années 1960, et sera déterminant pour l'histoire du MIR[29]. Comme pour le syndicalisme, le mouvement étudiant est un espace de convergence de différents courants de la gauche. Les trotskistes s'y épanouissent et forment des liens et des alliances avec d'autres partis politiques. Au sein du Grupo Avance, créé en 1931, des étudiants de tendances allant de l'anarchisme au socialisme en passant par le communisme et le trotskisme collaborent. Dans les rangs d'Avance, on rencontre Óscar Waiss, Enrique Sepúlveda et Salvador Allende[30].

Nombre de figures centrales de la gauche non communiste des années 1950, 1960 et 1970, tant parlementaire qu'extraparlementaire, se rencontrent d'abord au sein du mouvement étudiant des années 1930. Les cadres étudiants trotskistes des années 1930 deviennent, dans les années 1950 et 1960, soit les dirigeants, soit les principaux théoriciens de l'union des gauches révolutionnaires dont le MIR est la traduction concrète. Enrique Sepúlveda sera le premier secrétaire général du MIR. Quant à Óscar Waiss, il est l'un des principaux théoriciens du mouvement. Dès les années 1950, Waiss s'attaque aux thèses du PC sur la révolution par étapes. Il prône, à l'instar du marxiste péruvien et indigéniste José Carlos Mariátegui, le retour aux textes fondamentaux du marxisme-léninisme, dont il propose une lecture hétérodoxe en fonction des conditions locales[31]. Cette même idée d'une voie *sui generis* vers le socialisme on la retrouve dans les années 1970. La fameuse « voie chilienne vers le socialisme » de Salvador Allende lui est, en partie, redevable[32]. Dans les années 1960, les jeunes leaders du MIR, formés politiquement par la « vieille génération » dont fait partie Óscar Waiss, revendiquent également leur capacité à adapter la doctrine marxiste à la réalité chilienne.

En plus de certains syndicats et du mouvement étudiant, le trotskisme gagne une présence importante dans un autre secteur social : les habitants des périphéries urbaines. À partir de 1930, la modernisation de Santiago s'accompagne de grands bouleversements dans la morphologie et la croissance de la ville, dont la population triple en trente ans[33]. L'explosion démographique se traduit par l'expansion territoriale de la ville[34].

Dans la périphérie urbaine, où les logements auto-construits prédominent, l'État est discrètement présent. À partir des années 1950, des aides publiques sont concédées pour transformer les *callampas* en *poblaciones*[35]. Cependant, ces aides restent en deçà des besoins. Les *pobladores*[36] commencent alors à se mobiliser pour en obtenir plus, et se révèlent un enjeu électoral important. Ils attirent progressivement l'attention du PC, du PS et de la gauche radicale, mais aussi de la Démocratie chrétienne fondée en 1957[37]. À la fin des années 1960, le MIR réussit, lui aussi, à s'implanter fortement dans certains quartiers périphériques, particulièrement ceux où les trotskistes ont déjà des bases militantes.

La présence de la gauche trotskiste dans les *poblaciones* n'est pas sans lien avec son action syndicale. Les trotskistes sont actifs dans les petites industries, quand les grands partis de gauche investissent les grands ensembles industriels. Or, le nouveau secteur industriel, composé surtout de petites et moyennes entreprises, trouve son vivier de main-d'œuvre parmi les *pobladores*. Ce sont des ex-ruraux venus à Santiago à la recherche d'un emploi. Les liens entre partis trotskistes et *pobladores* se créent aussi grâce aux étudiants trotskistes. Commençant par des actions sociales – aide à la construction de logements, suivi médical assuré par les étudiants en médecine, alphabétisation –, les étudiants recrutent ensuite des *pobladores* pour leur parti. Ces pratiques alliant action sociale, militantisme et recrutement de nouveaux membres parmi les secteurs populaires, seront aussi celles du MIR dans les années 1965-1973.

Les *poblaciones* sont également importantes, parce qu'elles deviennent un terrain d'action commune où les trotskistes peuvent nouer des liens et collaborer avec les gauches communiste et socialiste, dans le but de s'unir à terme avec elles et de les radicaliser[38]. La convergence et la collaboration s'expliquent par les modalités de politisation et de mobilisation de ce milieu social. Bien que le PS et le PC favorisent généralement les actions respectueuses du cadre légal, dans les périphéries urbaines, ils acceptent de venir en aide aux mobilisations plus radicales et aux occupations illégales de terrains, soutenues avec enthousiasme par les trotskistes. Les actions directes sont, en effet, bien plus fréquentes dans les périphéries urbaines que les démarches légales. La lenteur de l'administration, l'absence d'une urbanisation structurée et centralisée, en plus de la crise de plus en plus aiguë d'accès au logement, mènent les *pobladores* vers l'action directe qu'ils considèrent comme la seule à même de résoudre leurs problèmes urgents.

Les partis de gauche, impliqués au niveau local et intéressés par ces secteurs sociaux émergents, n'ont guère le choix. Il leur faut suivre et soutenir ces actions « spontanées » – souvent doublées d'affrontements avec la police – sous peine de devoir laisser le terrain à d'autres. Si bien que, à partir du milieu des années 1950, les grands partis de gauche assument pleinement les occupations illégales. Elles sont même souvent planifiées et dirigées par des cadres du PS ou du PC[39]. Les événements d'avril 1957, durant lesquels les habitants des *poblaciones* de Santiago, de Valparaíso et de Concepción apparaissent pour la première fois comme des acteurs politiques de poids, sont une motivation supplémentaire pour le PC et le PS de s'engager politiquement auprès de ce nouveau secteur social, que les trotskistes ont déjà en partie investi.

Outre une partie de ses réseaux et bases militantes, le MIR hérite du trotskisme ses rapports étroits et ambigus avec le Parti socialiste chilien, fondé en 1933. À partir de cette date, le trotskisme chilien se développe à la fois dans et en dehors du PS, la plupart des trotskistes rejoignant pour une période plus ou moins longue les rangs du PS et occupant souvent des postes de direction[40]. Qu'ils soient au sein ou en dehors du PS, les trotskistes se pensent comme son avant-garde éclairée, sa « conscience critique ». Sous l'Unité Populaire, le MIR s'attribuera vis-à-vis du gouvernement d'Allende un rôle comparable.

L'ambiguïté du rapport entre trotskistes et socialisme chiliens réside également dans la relation torturée que les premiers entretiennent avec l'exercice du pouvoir. Ne s'opposant pas à la participation aux élections, ils ne supportent toutefois pas les conséquences de la pratique du pouvoir. Ils reprochent au PS d'abandonner sa principale mission, l'organisation et la mobilisation des classes populaires en vue d'un changement radical de l'ordre social et politique au profit d'une hypothétique victoire électorale à l'élection présidentielle[41].

Le début des années 1930 est, au Chili, une période de crise économique, d'instabilité gouvernementale et de recomposition du paysage politique. Le 4 juin 1932, un mouvement civique et militaire qui allie des secteurs très hétéroclites – des jeunes militants aux idées socialistes, des militaires progressistes et des partisans de l'ex-dictateur populiste Ibáñez – renverse le gouvernement qu'il accuse d'inaction face à la crise économique. Il prend le contrôle du Palais présidentiel de La Moneda et proclame la République socialiste. Cet éphémère gouvernement révolutionnaire *sui generis*, violemment renversé à son tour le 13 septembre, suscite l'opposition des communistes, mais il parvient à faire voter des lois permettant l'étatisation de certains secteurs de l'économie. Sous l'Unité Populaire d'Allende, les lois promulguées par la République socialiste de 1932 autoriseront la nationalisation de vastes secteurs sans rompre avec le cadre constitutionnel existant.

La fin tragique de la République socialiste de 1932 a une traduction politique paradoxale. Malgré leur échec à instaurer un gouvernement durable, les acteurs civiques et militaires qui ont participé à cette expérience non seulement ne disparaissent pas, mais ils fondent un nouveau parti qui marque durablement l'histoire politique chilienne : le Parti socialiste. Jusqu'à la fin des années 1970 et le processus de « rénovation » libérale du PS, le parti de Salvador Allende restera un mélange étonnant de centristes et de radicaux, qui adoptera souvent des positions à la gauche du PC.

Grâce à la popularité de ses dirigeants, le PS connaît un grand essor dès sa fondation et voit sa base militante s'élargir, souvent au détriment de la Gauche Communiste. Certains trotskistes quittent cette dernière pour rejoindre le PS, dès 1933 tandis que d'autres, notamment les intellectuels qui la dirigent, se refusent à l'abandonner. L'hétérogénéité idéologique du PS les rebute[42]. Quant aux syndicalistes de la Gauche Communiste, ils restent fort méfiants envers une organisation qui, dans ses rangs, compte de nombreux militaires, traditionnellement associés à la répression du mouvement ouvrier.

Toutefois, en 1935, la donne change. Malgré les réticences, la majeure partie de la Gauche Communiste passe au PS. La désillusion éprouvée à l'égard de la IVe Internationale – faible, en crise et manquant de ressources pour soutenir les partis qui lui sont affiliés – n'est pas étrangère à ce revirement. De plus, il ne semble pas y avoir de place pour un tiers entre le PC et le PS. La fascination qu'exerce l'aventureuse République socialiste sur certains dirigeants trotskistes n'est pas non plus à négliger. Pour nombre de trotskistes, la possibilité d'une révolution immédiate grâce à l'intervention de l'armée, qui permet d'éviter le long processus de structuration des masses, est pour le moins tentante. Lors du Congrès de la Gauche Communiste de 1935, ses dirigeants favorables à une adhésion de toute l'organisation au PS convainquent la majeure partie des militants que le PS est « un grand bateau avec une équipe suffisamment grande, mais qui manque d'une bonne direction »[43], direction que les trotskistes pourraient facilement assurer. Ceux qui restent en dehors du PS sont dirigés par les frères Sepúlveda, dont Enrique, ancien membre d'Avance, et futur premier secrétaire général du MIR.

Ainsi, en 1935, la Gauche Communiste se réduit comme peau de chagrin. En 1938, elle devient Parti Ouvrier Révolutionnaire (POR), espérant que le changement de nom ouvrira un chapitre nouveau et lumineux. Mais l'essor relatif, un peu plus tardif, vient non des efforts de ses membres, mais plutôt de la crise que le PC et le PS traversent à la fin des années 1940, lorsque le PC est proscrit. Cette crise permet au POR trotskiste de multiplier ses effectifs grâce à l'arrivée d'ex-militants socialistes et, dans une moindre mesure, communistes. Souvent, les déçus viennent de la Jeunesse socialiste (JS) ou de la Jeunesse communiste (JC) et jugent leur parti d'origine insuffisamment révolutionnaire. Les trotskistes, qui avaient refusé de rejoindre le PS, jouissent alors d'une légitimité croissante, car ils n'ont pas été « entachés » par l'exercice du pouvoir et ne portent aucune responsabilité dans la promulgation de la « loi scélérate ». Le rapprochement avec Blest au sein de la CUT, qui date de la même époque, renforce plus encore le POR.

En 1952, le POR connaît une nouvelle crise. Affilié à la IVe Internationale, il reçoit l'ordre d'intégrer le PS en application de la ligne d'entrisme adoptée cette année. Cette ligne a comme objectif de lutter contre l'isolement croissant des partis trotskistes indépendants. En les intégrant comme courants dans des partis de masses, l'entrisme vise à associer les trotskistes à la construction d'un grand parti du mouvement ouvrier, et par ce biais-là continuer de promouvoir la révolution. La plupart de ses cadres se plient à la directive venue de Paris, tandis que quelques membres de la direction refusent. Les années 1950 restent, toutefois, une période de relative consolidation du trotskisme chilien grâce à la collaboration avec l'aile gauche du PS au sein du mouvement syndical, étudiant et *poblador*.

Le rapport symbiotique entre trotskisme indépendant et PS se modifie à l'approche de l'élection présidentielle de 1964. Les divisions, expulsions et recompositions de cette période sont déterminantes pour la fondation du MIR. En 1964, Salvador Allende est le candidat de la coalition de gauche, le Front d'Action Populaire (FRAP), composé surtout du PC et du PS. La direction du PS ressent, sous le poids des échéances électorales et de la collaboration avec le PC, la nécessité de définir de façon plus claire le programme du parti, mais aussi de faire le tri entre ses amis et ennemis, externes et internes.

Ce « ménage » interne survient dans une période où le PS ploie sous ses factions et ses divisions internes qui menacent la survie même du parti. Au tout début des années 1960, quand la Révolution cubaine et sa lutte armée suscitent la ferveur, la critique de la « voie pacifique » et de la chasse aux électeurs acquiert une force exceptionnelle et met en péril l'alliance électorale du PS avec le PC en soutien à la candidature d'Allende[44]. Au même moment, les trotskistes du PS acquièrent un pouvoir interne croissant. Ils ont toujours été les théoriciens du parti : cette caractéristique, auparavant un handicap, devient une source de légitimité et de rapport de force interne au début des années 1960. Convaincus de leur pouvoir, les trotskistes du PS se montrent désormais peu désireux de maintenir l'équilibre toujours fragile entre modérés et radicaux qui n'a cessé de caractériser le PS depuis les années 1930. Aussi mettent-ils ouvertement en cause l'élément fédérateur par excellence du PS : les élections.

Leur témérité ne sera pas recompensée. En 1964, ils sont expulsés du PS. Ils rejoignent alors le trotskisme indépendant pour fonder le Parti Socialiste Populaire (PSP). Celui-ci est dirigé par le syndicaliste et ouvrier municipal Humberto Valenzuela. En 1965, le PSP participera à la fondation du MIR[45].

Si les trotskistes du PS osent désormais défier la direction modérée du parti, c'est parce qu'au début des années 1960 ils ont une nouvelle carte dans leur manche : ils comptent sur le soutien de la Jeunesse socialiste, ou du moins de certains de ses cadres les plus brillants. Parmi eux se trouve Miguel Enríquez, secrétaire général du MIR à partir de 1967, la figure la plus emblématique de toute l'histoire du MIR.

La JS des années 1960 est différente de celle des années 1940 et 1950. Séduits par la geste cubaine, les jeunes socialistes grossissent les rangs de l'aile radicale du PS et menacent de bouleverser le rapport de force au sein de la direction. Ils exercent des pressions constantes sur la direction « adulte », exigeant d'elle une radicalisation dans les faits et non plus seulement dans le discours. Avides de théorie que les aînés trotskistes leur transmettent, les jeunes socialistes voient dans la maîtrise des grands penseurs révolutionnaires une source de légitimité et de pouvoir internes au parti, tout en croyant sincèrement aux enseignements théoriques des aînés. Jusqu'alors, la JS s'était, au contraire, caractérisée par son volontarisme dans l'action, en même temps que par sa faible capacité d'argumenter face aux jeunes communistes.

Nombreux sont les membres de la JS qui sont peu loyaux à leur parti. Le double militantisme (gardé évidemment secret) PS-trotskiste est monnaie courante au début des années 1960. La double appartenance rend les jeunes militants plus critiques vis-à-vis de la ligne officielle du PS. Mais ils restent dans le PS, car le parti compte sur un appareil puissant et étendu.

Tant au niveau national qu'au niveau régional, les courants de gauche de la JS s'organisent autour de publications.

Le travail de rédaction, d'impression et de publication des petits périodiques partisans contribue à structurer des groupes et à les renforcer. Le jeune militant se forme au travail politique en rédigeant ses premiers papiers. Il clarifie sa pensée, tâchant si possible de la distinguer de celle de son voisin politique, à la rédaction de la ligne du nouveau groupuscule (ou nouvelle tendance au sein du grand parti). Ainsi, les dirigeants de la JS à Concepción, dont fait partie Miguel Enríquez, se rencontrent d'abord autour de la revue *Revolución*. Le nouveau périodique devient rapidement l'espace privilégié de la critique à la ligne officielle du PS, où se formule et se précise une position plus radicale[46].

La position théorique se traduit bientôt en action. La revue *Revolución* lui ayant permis de regrouper autour de lui les dirigeants de la JS, Enríquez organise un *núcleo* (« noyau »). Le *núcleo* n'est pas seulement le fait d'une appartenance géographique. Les membres y adhèrent, parce qu'ils se reconnaissent dans certains principes théoriques constitutifs du groupe[47]. Ainsi, Miguel Enríquez organise de fait, dès le début des années 1960, un parti dans le parti. Il constitue une organisation autonome, idéologiquement inspirée du trotskisme mais aussi du *foquisme*[48] guévariste, dont la théorie (encore peu pratiquée) est alors en vogue dans tous les mouvements radicaux de jeunesse en Amérique latine.

Du point de vue de l'organisation, la création d'un *núcleo* s'inspire fortement de la culture politique léniniste, qui fut aussi celle des Partis socialiste et communiste chiliens dans les années 1930. Il s'agit d'un retour à un certain modèle de parti, le parti de cadres ou de militants professionnels, qui se situe à l'exact contrepoint du parti de masse[49]. Le *núcleo* de Miguel Enríquez promeut la « professionnalisation » des militants socialistes, entrant ainsi dans la continuité d'un processus engagé dans le PS depuis les années 1950. Différence notable : la professionnalisation qu'encourage le groupe d'Enríquez ne concerne pas seulement les dirigeants du parti et les secrétaires de section. Miguel Enríquez et son groupe veulent instaurer le militantisme professionnel dans l'ensemble du parti, depuis la base jusqu'au sommet.

En 1964, ils deviennent encore plus ambitieux. Les responsables de la JS de Concepción et de Santiago – le neveu d'Allende, Andrés Pascal Allende, fait partie de ces derniers – coordonnés par Enríquez, se présentent au XXe Congrès du PS qui a lieu à Concepción. Ils ont la ferme intention d'imposer leur propre ligne ou, directement, de s'emparer de la direction du parti. Mais ils se confrontent à d'habiles hommes politiques qui les prennent de vitesse : avant de prononcer la moindre critique, les jeunes socialistes sont expulsés du PS et forcés à quitter les lieux.

La stratégie qu'essaie de mettre en œuvre Enríquez lors du Congrès de Concepción est un entrisme des plus purs : il s'agit de rester dans le parti, de prendre le contrôle de la direction et de promouvoir des positions radicales. Le contexte est *a priori* favorable : Concepción est une ville où les jeunes socialistes dépassent en nombre les membres du parti adulte. Leur expulsion change foncièrement le rapport de pouvoir interne. C'est la première fois que la direction du PS décide de procéder à une purge aussi complète.

Les membres de la JS de Santiago sont, eux aussi, expulsés du PS. Ils forment immédiatement après le Parti Socialiste Révolutionnaire (PSR), qui se définit comme trotskiste et qui est rejoint par des syndicalistes du secteur de la santé[50]. Les membres du PSR connaissent bien les jeunes socialistes de Concepción pour avoir milité ensemble. Ce dense réseau de relations entre Santiago et Concepción, forgé dans le cadre du militantisme socialiste, mais aussi constitué par des connaissances et des amitiés personnelles, perdure et s'approfondit. Ces groupes expulsés et leurs militants forment une constellation de petits groupes trotskistes, à la recherche du prochain grand parti que sera finalement le MIR. En effet, habitués à militer dans un parti de masse, les jeunes ex-socialistes de Concepción ne sont pas disposés à se satisfaire d'un groupuscule. Ça tombe bien ! À la même époque, Clotario Blest exhorte les « révolutionnaires chiliens » à s'unir en vue de construire un mouvement anti-parti capable de concurrencer le PS et le PC et de remplacer ces deux gauches dites « traditionnelles »[51].

Les dissidents communistes et les premiers pas sur la voie armée

Les trotskistes et les socialistes dissidents sont sans conteste le principal vivier à la fondation du MIR. D'autres tendances minoritaires enrichissent le mouvement en formation. On y retrouve notamment des dissidents du PC. Expulsés au début des années 1950 pour certains ou à la fin de la même décennie pour d'autres, ils sont punis pour avoir prôné le passage immédiat à la lutte armée[52]. Ces militants se regroupent autour d'un ancien cadre communiste, Luis Reinoso[53]. La position défendue par ce groupe concorde bien avec le MIR, dont le projet politique se construit en partie autour de l'appel à la prise des armes. Les communistes dissidents apportent leur pierre maoïste à l'édifice théorique miriste, mais aussi une expérience pratique : ce savoir-faire armé les engage rapidement dans la construction d'un petit appareil militaire, dont le MIR héritera.

Il importe d'évoquer ici le cas de Reinoso, car il permet de contester – ou au moins de nuancer – les interprétations habituelles qui font du PC un parti défendant toujours la « voie pacifique » et électorale, et du MIR une organisation promouvant à tout prix la lutte armée. Cette supposée différence radicale entre les deux organisations expliquerait l'incapacité du PC et du MIR à s'entendre. Le cas de Reinoso – léniniste convaincu et homme de l'appareil du PC – montre, au contraire, que le PC hésitait constamment entre insurrection et institutionnalisation, ne condamnant jamais la lutte armée, mais la reléguant à plus tard. L'ambivalence du PC s'explique aisément : le parti a ses racines à la fois dans un imaginaire insurrectionnel et dans l'institutionnalisation de la Révolution d'Octobre. Cette ambivalence reste présente, même si la lutte armée n'est jamais ouvertement prônée. C'est pourquoi, même après l'expulsion de Reinoso, l'appareil clandestin du PC (dit « Organisation »[54]) continue d'exister. Le MIR, lui aussi fortement inspiré du léninisme, fait montre de cette même ambivalence, bien qu'il penche davantage du côté insurrectionnel que de l'institutionnel.

En 1948, un sourd conflit à l'intérieur du gouvernement de Gabriel González Videla se cristallise autour de l'une des plus grandes grèves des mineurs. Celle-ci se déclenche dans une petite ville houillère, Lota, qui est un bastion du PC. Luis Reinoso devient rapidement l'un des meneurs de la grève. Alors secrétaire de l'« Organisation », Reinoso menace le gouvernement d'inonder les mines de charbon, si les revendications des ouvriers n'aboutissent pas. Le conflit s'aiguise et les esprits s'échauffent[55]. Quelques mois plus tard, en septembre 1948, la « loi de défense de la démocratie » est promulguée : le PC est interdit et chassé du gouvernement, ses dirigeants et militants sont poursuivis et réprimés.

En plus de cette sévère mise au ban, la fin de la participation du PC au Front Populaire déclenche une crise interne au parti. Le PC doit faire le bilan de dix années d'exercice du pouvoir. Ce n'est pas une tâche aisée pour un parti qui se revendique révolutionnaire, car il faut bien admettre que le Front Populaire n'a pas été une révolution politique ou sociale. Les réformes qui ont permis l'accès aux soins et à l'éducation pour le plus grand nombre sont de grandes réussites. Toutefois, la démocratisation de la vie politique n'a pas eu lieu et l'interdiction du PC le confirme. Le suffrage reste restreint[56], la fraude électorale va bon train et aucune mesure efficace n'a été prise contre l'achat des voix, le *cohecho*. De plus, la participation du PC au gouvernement n'a pas créé les conditions pour une intensification des mobilisations, pas plus qu'elle n'a préparé le terrain pour une révolution. La réponse du gouvernement aux mouvements revendicatifs et aux grèves n'a guère changé : la répression et la défense de l'ordre établi.

Ce bilan en demi-teinte ouvre la voie à deux interprétations à l'intérieur du PC, qui coexistent jusqu'en 1951. La première s'inspire davantage de l'imaginaire insurrectionnel du PC et se développe surtout au sein de son appareil secret et de la Jeunesse communiste. Reinoso devient son principal porte-parole. La deuxième position est celle de Galo González, secrétaire général du PC : il ne renie pas les moyens institutionnels et légaux de lutte contre le gouvernement de González Videla, tout en encourageant et en soutenant la vision insurrectionnelle de Reinoso. Ces deux positions, qui coexistent au sein de la direction du PC jusqu'en 1951, commencent à être perçues comme deux conceptions antagoniques seulement après l'expulsion de Reinoso[57].

La question immédiate est : que faire face à la « loi scélérate » qui interdit le PC ? Pour Reinoso, la principale mission assignée au PC lors de son entrée dans le Front Populaire était la consolidation et l'approfondissement de la démocratie. La promulgation de la « loi scélérate » constitue une preuve éclatante que l'objectif serait impossible à atteindre dans le cadre de la démocratie libérale[58]. Si le socialisme n'est pas atteignable par l'approfondissement de la démocratie, il le sera par la lutte armée. La formation d'un petit appareil militaire baptisé *Activo* (« Actif ») témoigne de la conception de Reinoso. Cette structure paramilitaire et compartimentée vise à soutenir et encourager la lutte des masses par le biais d'actions directes. Selon lui, le petit groupe armé, constitué de cadres du PC, est à même de créer des conditions qui entraîneront les masses dans l'insurrection populaire. Cette insurrection sera naturellement suivie de l'instauration de la « démocratie populaire », terme qu'emploie Reinoso pour désigner la « dictature du prolétariat ».

La position de Reinoso n'est, pour l'instant, pas opposée au reste de la direction communiste, qui adopte fin 1948 un « Plan de Salut National ». Celui-ci reprend dans les grandes lignes les thèses de Reinoso. L'Actif est aussitôt constitué avec la bénédiction de toute la direction du PC, regroupant quelques centaines de militants, auparavant membres de l'« Organisation », et les prépare aux tâches militaires. L'Actif mène la guérilla urbaine, mais ses actions sont avant tout symboliques, ne menaçant en aucun cas la survie du gouvernement et encore moins celle du régime. Le groupe cherche à gagner la sympathie de la population, ce qui se traduit par des « actions directes », en l'occurrence des cambriolages de boulangeries, suivis de distribution de pain dans les quartiers pauvres de Santiago. Ces actions sont censées, à terme, accentuer la crise sociale et politique ; et, à plus long terme encore, mener à l'insurrection populaire. En 1969, le MIR mettra en place la même politique d'actions directes, censée radicaliser les couches populaires et gagner leur soutien à la lutte armée. Mais, dans les années 1940, le pays n'est pas encore prêt à accueillir ces « Robins des Bois » des temps modernes. De plus, Reinoso est un homme d'appareil. Il connaît les rouages du parti mais, n'ayant que peu ou pas de relation avec les bases militantes, il ne parvient pas à les pousser à l'insurrection.

La direction du PC change progressivement de position : jusqu'en 1950, elle tolère, voire encourage, les actions directes et la constitution de l'Actif. Puis elle commence à s'inquiéter face à l'empressement dont témoignent certains secteurs du Parti à s'engager sur la voie insurrectionnelle et à tirer un trait sur les pratiques institutionnelles du PC. Elle s'inquiète également de l'indépendance et de l'influence croissante qu'acquiert l'appareil secret, évolution favorisée par la clandestinité forcée du PC.

Le secrétaire général du PC, Galo González, qui représente la tendance majoritaire, s'apprête alors à rappeler à l'ordre les défenseurs de la ligne insurrectionnelle. Pour González, seul l'exercice du pouvoir – conquis par la voie électorale – permet au PC d'affirmer son identité partisane et de se rendre légitime aux yeux des autres forces politiques et de l'opinion publique. La politique répressive de Gabriel González Videla est, selon lui, exclusivement imputable aux pressions exercées par l'impérialisme états-unien[59]. Galo González propose une réédition du Front Populaire quelque peu modifiée, un « Programme d'urgence » pour abroger la « loi scélérate ». Selon lui, il ne faut pas renoncer à l'idée d'une alliance pluripartiste, seule capable de s'opposer avec succès à l'impérialisme, en menant à bien l'assainissement du système politique chilien. Une fois la démocratisation obtenue, le PC pourra alors travailler à la conquête du pouvoir par la voie électorale, et mener à terme la révolution démocratico-bourgeoise[60].

Le revirement de la direction communiste en 1950 peut être expliqué par le contexte. Le gouvernement de González Videla traverse alors une crise aiguë, produit de la situation économique défavorable, de la montée des contestations sociales et de la perte de légitimité démocratique du gouvernement suite à la promulgation de la « loi scélérate ». De plus, les élections présidentielles de 1952 approchant, le PC est sollicité de toutes parts : le PS, Ibáñez, la Phalange et même les secteurs progressistes du PR réclament son soutien. Bien que le PC ne puisse pas se présenter aux élections, il peut bel et bien dire à ses bases militantes pour qui voter, certain que la consigne sera suivie. Les pourparlers engagés entre les partis désirant son soutien et la direction communiste font espérer à cette dernière une rapide sortie de la clandestinité par la voie institutionnelle. Aussi, elle souhaite abandonner la politique d'actions directes pour donner à ses interlocuteurs des gages de son attachement aux valeurs démocratiques. Reinoso a du mal à accepter la réorientation de la ligne communiste et condamne González. La divergence entre González et Reinoso se résout par l'expulsion du second, ainsi que des militants qui sont d'accord avec lui.

En expulsant Reinoso et ses proches en 1952, la direction communiste affirme ses choix tactiques. Mais la défense de la « voie pacifique » aux dépens de la « voie armée » convertit le PC chilien en cible des attaques de la gauche radicale. Ses détracteurs l'accusent de se plier aux diktats de Moscou et d'appliquer aveuglément les consignes du Parti Communiste de l'Union Soviétique (PCUS), qui incitent les PC à s'investir sur la voie électorale et dans la stratégie d'alliance avec les partis de centre. L'engagement des communistes dans la « voie pacifique » peut difficilement être considéré comme le fait de la seule application de la ligne du PCUS. Avant 1956, la direction du PC chilien envisage autant les moyens institutionnels que des formes extra-légales de lutte, privilégiant ces dernières entre 1948 et 1950. Et, bien que la lutte armée soit écartée dès 1950, l'adoption officielle de la « voie pacifique » par le PC chilien ne survient qu'en 1956, lors de son Xe Congrès, quelques semaines après le XXe Congrès du PCUS.

Tout en restant fidèles à la Révolution d'Octobre, Reinoso et ses proches expulsés du PC deviennent au milieu des années 1950 de plus en plus critiques de Moscou, ainsi que de sa ligne de « coexistence pacifique » et de révolution respectueuse du cadre démocratique et de la « bourgeoisie nationale »[61]. Ils trouvent d'autres causes auxquelles se vouer. La Révolution chinoise devient leur nouvelle grande lueur à l'Est. Elle sert de source principale d'inspiration au Mouvement de Résistance Anti-impérialiste (MRA)[62], organisation philo-maoïste fondée par Reinoso après son expulsion du PC. Cette organisation a une existence brève, mais elle est le lieu de formation de plusieurs futurs cadres du MIR qui y découvrent le maoïsme et des rudiments de lutte armée.

Groupe très minoritaire, le MRA voit ses rangs grossir après les journées d'avril 1957. Une nouvelle vague d'expulsions a alors lieu, qui cible prioritairement des militants de la Jeunesse communiste ; en particulier ceux qui avaient secrètement une double appartenance à la JC et au MRA[63]. Ces jeunes cadres de la JC ne croient plus à une solution négociée au problème de la proscription du PC. Ceci n'est pas étonnant. La « loi de défense de la démocratie » est en vigueur depuis neuf ans. Ibáñez, malgré ses promesses électorales de 1952, ne l'a pas abrogée. Ce contexte rapproche une partie de la JC de la position défendue par Reinoso depuis 1950. En avril 1957, convaincus comme Reinoso que la voie de la révolution chilienne est insurrectionnelle, cette partie de la JC s'engage auprès des manifestants dans les batailles de rue contre la police. La portée, la massivité et la radicalité inespérées des journées d'avril font croire aux dirigeants de la JC qu'une légalisation du PC grâce à sa capacité mobilisatrice serait envisageable. Mais le dénouement répressif des mobilisations, suivi de l'expulsion des jeunes dirigeants communistes quelques mois plus tard, met fin au rêve fugace d'une insurrection populaire salvatrice[64]. Les cadres indociles expulsés du PC rejoignent alors officiellement le MRA[65] et certains, plus tard, le MIR.

L'expulsion par le PC de ses jeunes cadres communistes aux élans insurrectionnels s'explique par la conjoncture et par les priorités de la direction communiste. Cette dernière voit dans les jeunes cadres attirés par le maoïsme un péril pour ses tentatives d'entente avec les autres partis. Les négociations sur l'abrogation de la « loi scélérate » sont, en effet, bien avancées avec le PS et la Démocratie chrétienne. La participation de ses jeunes aux mobilisations radicales d'avril 1957 met en péril les pourparlers.

La tension entre la direction adulte et les dirigeants philo-maoïstes de la JC se nourrit aussi du contexte international. La Conférence des PC et des ouvriers de 1957 à Moscou marque le début du conflit sino-soviétique. Le PC chinois s'oppose alors résolument à la thèse de coexistence pacifique promue par le PCUS. La nouvelle « voie pacifique » de Moscou est considérée par Pékin comme une pure et simple trahison à la Révolution d'Octobre[66]. Expulsés, les anciens militants de la JC et désormais du MRA utilisent des citations tirées du PC chinois pour attaquer le PC chilien. Ce dernier ne ménage plus ses agressions contre le MRA, qu'il taxe d'« agent de la réaction ».

L'après-1957 est une période marquée non seulement par les expulsions des courants les plus radicaux des grands partis – souvent majoritairement issus des Jeunesses socialiste ou communiste –, mais aussi par leur convergence. Durant les journées d'avril 1957, les jeunes communistes tissent des liens avec ceux de la JS, dont l'une des figures de proue à Santiago est Pascal, neveu, comme on l'a déjà précisé, de Salvador Allende. Des jeunes socialistes aussi sont expulsés de leur parti et rejoignent des organisations trotskistes. En 1958, les petits groupes de gauche commencent à se rapprocher et à envisager des alliances, afin de créer un nouveau parti. Le MRA noue ainsi une alliance avec la VNM[67] (Avant-Garde Nationale Marxiste, d'origine trotskiste). Le nouveau parti qui en est issu prend le nom VRM[68] (Avant-Garde Révolutionnaire Marxiste) ; il deviendra une composante importante du MIR lors de sa fondation.

Les dissidents communistes, les dissidents socialistes

et les trotskistes se rejoignent désormais sur plusieurs points[69]. Ils partagent une même désillusion à l'égard des deux grands partis de gauche, ainsi qu'une critique radicale de la démocratie libérale qui n'apporte pas de solution aux inégalités socio-économiques criantes, et, enfin, une conviction que la voie armée est nécessaire à la révolution.

Néanmoins, plusieurs conceptions de la « voie armée » se rencontrent au début des années 1960, chacune révélant un rapport différent entre le politique et le militaire. Les dissidents communistes et les trotskistes penchent plutôt pour un scénario inspiré de la Révolution russe, avec une insurrection armée des masses, et notamment de la classe ouvrière. Les premiers subissent, en parallèle, l'influence grandissante de la Révolution chinoise[70]. La théorie maoïste des « deux jambes » de la Révolution, c'est-à-dire la lutte politique et la lutte armée, a une forte résonnance dans le Chili du début des années 1960. Cette théorie n'est pas incompatible avec l'imaginaire insurrectionnel urbain, mais elle attribue un rôle fondamental aux paysans en tant que force sociale motrice de la révolution[71]. À ces deux théorisations de la « voie armée », s'ajoute rapidement le foquisme de Guevara, qui remet en cause le modèle léniniste de la révolution pour privilégier l'insurrection lancée par un petit groupe militarisé, le *foco*, ou foyer. Mais au début des années 1960, l'heure est à l'entente et à la collaboration plutôt qu'aux disputes théoriques. La Révolution cubaine accélère le processus de regroupement des petites organisations de gauche, tout en donnant une nouvelle consistance à l'imaginaire de la lutte armée, que ces milieux affectionnent déjà.

Dans le processus d'unification des petites organisations comme dans l'inflexion en faveur de la lutte armée, le rôle de Clotario Blest est à nouveau déterminant. Suite à son voyage à Cuba en 1960, où il est invité par le « Che », son discours se radicalise encore. Cette position résonne chez les jeunes socialistes du début des années 1960, notamment Miguel Enríquez. Néanmoins, la lutte armée telle que la conçoit Blest doit bien plus à l'imaginaire insurrectionnel qu'au foquisme cubain.

Cette constellation de partis de quelques dizaines (plus rarement de quelques centaines) de membres, située à la gauche du PS et du PC, se retrouve aussi autour du désir de préparer la lutte armée. L'héritage de Reinoso est, en ce sens, capital. Reinoso est l'un des rares dirigeants de gauche à s'être investi personnellement dans la lutte armée et surtout à avoir contribué à structurer et diriger l'appareil clandestin du PC. L'héritage de Reinoso est aussi symbolique. Malgré la portée très limitée des actions de l'Actif, la gauche insurrectionnelle s'empare de cette expérience pour affirmer qu'il existerait une tradition locale de guerre révolutionnaire et, du même coup, que la voie armée serait viable au Chili.

La VRM trotsko-maoïste ne tarde pas à mettre à profit l'expérience des anciens des structures clandestines au sein du PC. Au début des années 1960, ils forment un petit appareil militaire, baptisé ERTES (*Ejército Revolucionario de Trabajadores y de Estudiantes*, Armée Révolutionnaire des Travailleurs et des Étudiants). L'ERTES est léniniste et pas guévariste, car il est conçu comme le bras armé de la VRM, c'est-à-dire une structure militaire subordonnée et contrôlée par la direction politique du parti. Certains des membres de l'ERTES organiseront, plus tard, le premier appareil militaire du MIR.

La grandiloquence du nom de ce petit appareil armé cache mal sa capacité militaire réelle, qui est très limitée. Dans les faits, plutôt qu'un appareil militaire, l'ERTES fonctionne comme un aimant pour les jeunes militants socialistes, fascinés par la Révolution cubaine et souhaitant acquérir une formation militaire. Aussi, Miguel Enríquez et son groupe de Concepción, ainsi que Pascal Allende qui réside alors à Santiago, adhèrent à la VRM en 1962. Ils décident de militer dans l'organisation, parce qu'elle leur permet d'intégrer l'ERTES. Cette fascination pour la voie des armes constitue une sorte de nouvelle culture de gauche émergeant au lendemain de la Révolution cubaine.

Chapitre 2

La fondation du MIR : une rupture ?

Le MIR est fondé le 15 août 1965. Aujourd'hui, ses anciens dirigeants, quand ils cherchent à expliquer les raisons de sa fondation, affirment souvent que la création de ce mouvement révolutionnaire était une nécessité : il fallait offrir au peuple chilien une alternative face à une gauche « réformiste », seulement préoccupée par les élections[72]. On pourrait donc penser que ce qui distinguerait le MIR des partis de gauche préexistants serait sa nature véritablement révolutionnaire, prouvée par son opposition radicale aux élections. En ce sens, la fondation du MIR constituerait une rupture radicale dans l'histoire des gauches chiliennes. L'argument est souvent repris par de jeunes historiens proches du MIR, peu critiques des lectures mythifiées de ce passé, proposées par son ancienne direction[73].

Cependant, cet argument résiste mal à un examen plus minutieux des sources – à commencer par la presse militante des organisations qui ont créé le MIR, et du MIR lui-même. Cet examen montre que, même si les militants qui se rassemblent pour créer le MIR ne souhaitent pas participer aux élections, leur position face à la démocratie représentative n'est pas univoque ni dépourvue de contradictions. Les élections restent un marqueur dans l'histoire de la gauche extraparlementaire chilienne en général et du MIR en particulier. Ainsi, le déclencheur du processus de formation du MIR est bel et bien l'élection présidentielle de 1964. La défaite de la coalition de gauche, le FRAP et de son candidat Salvador Allende nourrit une forte désillusion, y compris au sein de la gauche extraparlementaire. Rappelons-le, la plupart de ses militants viennent d'être expulsés du PC ou du PS, les deux partis qui composent le FRAP. Ce n'est pas un hasard si la création du MIR suit de peu la défaite d'Allende.

La thèse de la rupture radicale du MIR avec la « gauche traditionnelle » (PS, PC) ne se confirme pas non plus lorsqu'on s'attarde sur la déclaration de principes du mouvement, sur ses statuts ou sur son organisation interne, fortement marqués par les traditions léniniste et trotskiste.

La nouveauté et la rupture se situent surtout dans la prise en compte du contexte international, très imprégné par la Révolution cubaine et par le conflit sino-soviétique. Cependant, les fondateurs du MIR ne cherchent pas à imiter un modèle ou une expérience révolutionnaire importés de l'étranger. Contrairement à ce qu'ont souvent affirmé des historiens libéraux ou de droite[74], le MIR n'est pas une créature de La Havane ou le produit d'une imitation acritique de la geste révolutionnaire cubaine. Guévarisme et maoïsme sont réinterprétés par les militants du MIR à l'aune de leur propre réalité et font l'objet de vives controverses internes. Les désaccords s'enveniment au cours des années 1965-1967, menant à terme à l'expulsion de la « vieille génération » majoritairement trotskiste.

Désillusions électorales et rêves insurrectionnels

La question de la participation électorale n'a cessé de diviser la gauche marxiste, au Chili et ailleurs, depuis le début du XXe siècle : peut-on transformer radicalement l'ordre politique et socio-économique en conquérant le pouvoir par les élections ? La démocratisation du système politique par l'intégration des couches populaires crée-t-elle des conditions plus favorables à la révolution ou endort-elle ces masses mobilisées lors des élections, les éloignant de l'imaginaire et de la pratique insurrectionnels ?

Ces questions sont d'autant plus présentes au Chili que,

jusqu'au coup d'État de 1973, le pays connaît relativement peu d'interruptions de sa vie électorale. De plus, ses principaux partis marxistes, le PS et le PC, non seulement participent aux élections (à l'exception des années où le PC est proscrit), mais aussi au gouvernement. Héritiers d'une culture révolutionnaire et d'un imaginaire insurrectionnel, communistes et socialistes critiquent les procédés électoraux en même temps qu'ils s'investissent avec passion dans les campagnes électorales. Prenant le contre-pied, les partis et militants qui forment le MIR semblent déterminés à rayer définitivement de leur registre la voie électorale. Mais sont-ils réellement dans une rupture radicale avec la tradition électorale de la gauche chilienne ?

Avant l'élection présidentielle de 1964, les futurs fondateurs du MIR, plutôt que condamner les élections et la gauche qui y participe, expriment des réserves quant aux possibilités de produire un vrai changement par cette voie. Dans le cas improbable d'une victoire de la gauche, la VNM[75] trotskiste voit se dresser un obstacle majeur à la conquête pacifique du pouvoir : le coup d'État réactionnaire. Selon la VNM, les classes privilégiées n'accepteraient jamais de céder le pouvoir pacifiquement dans un continent enclin à la violence populaire ou réactionnaire[76]. La méfiance vis-à-vis des élections est également symptômatique de la place marginale que la VNM occupe sur la scène politique nationale. À l'écart des deux grands partis, marginalisés au sein de la CUT, les trotskistes qui y militent ne sont pas directement concernés par les élections, car ils n'ont ni des moyens ni des raisons pour y participer. La faiblesse politique est compensée par la fermeté des convictions.

Mais la position critique de la gauche extraparlementaire est moins intransigeante qu'il n'y paraît de prime abord. À mesure que s'approche l'échéance, la condamnation de l'électoralisme cède le pas à des soutiens, plus ou moins critiques, aux candidatures de gauche. En 1963, à la veille des élections municipales, la VRM[77] – issue de la fusion entre la VNM et le MRA[78] – appelle à voter pour les candidats socialistes et communistes.

La campagne présidentielle de 1964 suscite même de grands espoirs chez les militants de la gauche extraparlementaire. Et ce, à juste raison. Allende était déjà près de la victoire en 1958 : il avait obtenu presque 29% des suffrages face au candidat de la droite qui s'était imposé avec seulement 31,5% des voix. En 1964, le gouvernement Alessandri est très impopulaire et le mécontentement généralisé profite tout particulièrement à la gauche. La candidature d'Allende compte sur des adhésions nombreuses et solides. La victoire semble ne plus pouvoir lui échapper. La VRM partage l'enthousiasme ambiant et, sans faire partie de la coalition d'Allende, elle participe à la campagne[79].

Le soutien accordé par la VRM et les autres organisations de la gauche extraparlementaire (POR, PSR) à la campagne d'Allende s'explique aussi par les contacts et les relations personnelles entre les trotskistes et le PS, évoqués dans le chapitre précédent. À quelques mois des élections et lors du XXe Congrès du PS, Allende invite Enrique Sepúlveda, secrétaire général de la VRM, Luis Vitale, autre figure emblématique du trotskisme chilien ainsi que Clotario Blest, et leur demande de soutenir sa candidature[80]. L'accord avec les organisations de gauche extraparlementaire est d'autant plus intéressant que, lors de ce même Congrès du PS, sont expulsés les secteurs radicalisés de la JS, notamment le groupe de Miguel Enríquez, accusé de double militantisme dans le PS et la VRM. Ce qui n'empêche pas Sepúlveda, Vitale et Blest d'accorder leur appui à Allende.

Mais, en septembre 1964, les espoirs sont déçus. Le candidat de la Démocratie chrétienne, Eduardo Frei, remporte les élections avec les voix de la droite, qui préfère voter pour le réformiste Frei, plutôt que de risquer une victoire de la gauche. Sans les voix de la droite, Frei n'aurait effectivement pas gagné et Allende aurait emporté la bataille électorale. En 1964, ce dernier réalise un score record – presque 39% des voix –, supérieur au résultat de 1970 qui le conduira à la Présidence de la République.

Au sein de la gauche extraparlementaire et du PS, la défaite réactive les voix qui étaient déjà critiques de l'option électorale. Les positions qui dénoncent l'électoralisme des partis marxistes s'imposent[81]. L'aile gauche du PS et les organisations trotskistes se rapprochent à nouveau dans leur tentative d'expliquer une défaite difficile à accepter. Là encore, il ne s'agit pas de condamner en bloc les élections, mais d'essayer de comprendre ce qui a bien pu se passer. Les uns comme les autres s'engagent dans une réflexion critique que l'on mène quand l'échec ne paraît pas définitif et que la voie peut être de nouveau empruntée.

La question la plus brûlante que se posent trotskistes et socialistes concerne le vote populaire. L'une des revendications historiques de la gauche marxiste chilienne avait été l'élargissement du droit de vote et la lutte contre la fraude électorale. Or, à la fin du gouvernement d'Ibáñez, toute une série de mesures a été adoptée : la fraude électorale a été réduite au minimum et l'ostracisme du PC a été aboli. Par ailleurs, les femmes ont obtenu le droit de vote en 1949. Comment expliquer alors qu'une partie des masses populaires n'ait pas voté à gauche ? Le peuple n'est-il pas, par nature, enclin à la révolution ?

Plusieurs explications à la défaite sont données. La première désigne comme coupable le contenu du programme de la gauche. Le manque de radicalité du discours serait la cause de la défaite. Une seconde explication liée à la première est avancée : la gauche, dans son souci d'obtenir des alliances électorales, a favorisé les tractations parlementaires aux dépens du travail politique sur le terrain. Terrain que la Démocratie chrétienne a su investir, obtenant en seulement quelques années une forte implantation dans les quartiers populaires et dans les régions rurales[82]. L'aile gauche du PS et les partis trotskistes s'accordent sur les deux constats.

Néanmoins, la gauche extraparlementaire va plus loin. Elle s'attaque désormais au principe même des élections et de la représentation populaire par le suffrage universel, un seuil que le PS n'est pas disposé à franchir. Les élections ne seraient pas un moyen viable pour conquérir le pouvoir ; elles seraient, tout au plus, une mesure du degré de conscience révolutionnaire du peuple. En ce sens, le résultat de 1964 serait l'indice du degré d'aliénation du peuple, perverti par le contrôle idéologique que les médias bourgeois exercent sur lui[83]. Mais la thèse de l'aliénation de la conscience du peuple est incompatible avec celle qui fustige le programme de la gauche, parce qu'il n'est pas au diapason des attentes révolutionnaires de ce même peuple.

Le Congrès d'unité révolutionnaire

En tout état de cause, la défaite électorale joue un rôle décisif dans la fondation du MIR. Le projet de création d'un nouveau parti, émancipé des communistes et des socialistes, existe déjà. Rappelons qu'en 1961, Blest fonde le Mouvement des Forces Révolutionnaires qui rassemble principalement des syndicalistes écartés de la CUT, de filiation trotskiste, anarchiste et maoïste. Mais, jusqu'en 1964, l'espoir secret d'une union électorale autour d'un programme révolutionnaire, une union de toutes les gauches qui comprend aussi les trotskistes et les maoïstes, hypothèque la mise en oeuvre du projet pour un parti révolutionnaire indépendant. Jusqu'à l'élection présidentielle de 1964, l'attraction qu'exercent les deux grands partis de gauche est trop puissante pour qu'émerge une force politique nouvelle et autonome. Mais l'issue des élections, la défaite et le repli des grands partis incitent les exclus à mettre en œuvre l'unité de tous les révolutionnaires – en tout cas, ceux qui ne sont plus au PS ni au PC[84].

Différentes initiatives visant à l'unification de la gauche autoproclamée révolutionnaire précèdent la fondation du MIR. En avril 1964, le Parti Socialiste Populaire (PSP) est fondé par l'ancien POR et des socialistes récemment expulsés du PS. La défaite de la gauche en 1964 accélère le rythme. Une réunion, rassemblant les expulsés de la JS, a lieu début 1965. Peu après, le PSP, le PSR, la VRM et le MFR lancent une invitation publique à tous les militants de gauche qui souhaitent participer au « Congrès d'Unité révolutionnaire » pour créer le Parti Unifié des Forces Révolutionnaires. Finalement, le nom donné à l'organisation née le 15 août 1965 est Mouvement de la Gauche Révolutionnaire ou MIR (*Movimiento de Izquierda Revolucionaria*)[85].

En 1965, les « Forces Révolutionnaires » qui viennent assister au Congrès d'unité sont bien limitées. La plupart des partis qui y participent n'ont guère plus que quelques dizaines de militants. Le Congrès de fondation du MIR draine environ une centaine de participants : c'est tout ce que rassemblent pour le moment les forces de la gauche révolutionnaire extraparlementaire.

Dans un premier temps, le Congrès s'attache à régler une question cruciale : choisir le nom à donner à la nouvelle organisation. Une grande partie des débats lors du Congrès de fondation est justement consacrée à ce thème[86]. La nouvelle organisation doit-elle être appelée Parti ou Mouvement ? L'option « Mouvement » l'emporte pour plusieurs raisons[87]. D'abord parce que le MIR veut se présenter comme radicalement différent de la gauche « traditionnelle », évitant l'étiquette « parti ».

Mais la nouveauté est à nuancer. Le choix du nom lui-même illustre combien le MIR s'inscrit dans des traditions qui le précèdent. Le terme « mouvement » renvoie aux origines syndicales du MIR. On l'a vu, le syndicalisme de Blest, dont il hérite, entretient une certaine méfiance vis-à-vis des partis. Les trotskistes lèguent quant à eux au MIR un goût pour les organisations de base et sociales comme les comités de quartier (*juntas de vecinos*, organisations de *pobladores*, etc.)[88], autrement dit pour le « mouvement social ». Pour preuve : dès sa fondation, le MIR a des militantes et militants *pobladores* qui habitent des quartiers bastions de la gauche, tels que La Victoria et Santa Adriana. À Santa Adriana, Herminia Concha et Víctor Toro – ce dernier deviendra, sous l'Unité Populaire, le dirigeant *poblador* du MIR le plus emblématique – créent un « Comité par la raison ou la force ». Cette devise – inscrite sur le drapeau national chilien – est aussi adoptée par le MIR.

Le terme « mouvement » renvoie également à la Révolution cubaine. Utilisé par le « Mouvement du 26 juillet » qui porte les *barbudos* au pouvoir à La Havane, le mot est ensuite adopté par plusieurs organisations de la gauche armée latino-américaine. Cependant, si l'appellation « mouvement » renvoie à la geste cubaine, le nom MIR s'inspire, au contraire, non pas de guérillas guévaristes, mais de partis socialistes ou populistes. C'est, par exemple, le cas du MIR bolivien, avec lequel les vieux socialistes et trotskistes chiliens entretiennent d'étroites relations, ou encore des MIR vénézuélien[89] et péruvien qui a une forte composante trotskiste[90].

Les résolutions du Congrès, ainsi que la Déclaration de principes rédigée peu après, soulignent, eux aussi, de fortes continuités idéologiques entre les gauches chiliennes de la première moitié du XXe siècle et le MIR. Les principes approuvés lors du Congrès de 1965 et inclus dans sa Déclaration de principes s'inscrivent résolument dans les traditions trotskiste, communiste et socialiste.

La Déclaration de principes est rédigée par Luis Vitale, jeune historien trotskiste et militant syndicaliste, choisi justement pour son identité politique – le trotskisme étant le courant majoritaire au sein du MIR. Vitale se voit également assigner cette mission, parce qu'il fait partie d'une nouvelle génération désireuse de faire converger le trotskisme avec d'autres courants de la gauche révolutionnaire. Il peut mieux incarner la coalition entre différents secteurs de la gauche radicale que certains dirigeants trotskistes plus âgés, trop associés à leur parti d'origine. Vitale a milité dans le mouvement syndical. Sa collaboration avec Blest l'influence dans son aspiration à l'unité du camp révolutionnaire. N'ayant jamais appartenu au PS, Vitale est également mieux à même d'exprimer l'ambition de créer un parti fort qui ne se contente pas d'être un satellite du Parti socialiste. Cette volonté est partagée par les plus jeunes militants, notamment ceux qui furent expulsés des Jeunesses communiste et socialiste à partir de la fin des années 1950.

Malgré ces traits qui le distinguent de ses aînés, Vitale rédige une Déclaration de principes qui s'inscrit dans la parfaite continuité de la culture révolutionnaire des années 1920-1960. Elle commence par exposer les objectifs du nouveau mouvement. Le MIR ambitionne de devenir « l'avant-garde marxiste-léniniste de la classe ouvrière et des couches opprimées du Chili »[91]. Cette formule n'est pas choisie au hasard, elle provient de la Déclaration de principes du PC. Elle signale l'ambition première du nouveau mouvement qui est de remplacer les deux grands partis de la gauche chilienne, et plus particulièrement le PC.

Dans la suite du texte, Vitale s'emploie à justifier cette ambition pour le moins démesurée. Comment le MIR peut-il prétendre remplacer à « l'avant-garde de la classe ouvrière » deux partis qui ont une longue trajectoire, plusieurs dizaines de milliers de militants et un enracinement profond dans l'histoire de la gauche et du syndicalisme chiliens ? Comment s'engage-t-il dans la construction d'une identité partisane propre, alors qu'il partage avec le PS et le PC les mêmes idées et la même tradition politique ? Vitale justifie cette ambition en ayant recours à une thèse centrale de la pensée trotskiste : la révolution trahie. Le PC et le PS auraient donc trahi leurs origines tant idéologiques qu'historiques, notamment par leur adhésion à la « voie pacifique »[92] et par la recherche d'alliances avec des classes sociales autres que le prolétariat.

La neutralisation de l'adversaire va de pair avec l'affirmation du rôle politique que le MIR est désormais appelé à jouer. La place que la « gauche traditionnelle » a abandonnée, le MIR l'a reprise. Le texte revendique l'inscription du MIR dans la tradition révolutionnaire nationale et internationale et cite abondemment Marx, Lénine et Trotsky[93]. Aux « Pères fondateurs » du marxisme mondial, s'ajoute la tradition révolutionnaire locale. Vitale revendique les origines du marxisme chilien, il crée un lien de continuité entre le passé glorieux incarné par la figure de Luis Emilio Recabarren et le MIR[94]. Croyant en la révolution permanente et ininterrompue, le MIR serait ainsi le dernier chapitre d'une longue histoire révolutionnaire nationale et mondiale. La thèse de la nouveauté et de la rupture coexiste donc avec celle de la continuité.

Ainsi, et contrairement à ce qu'affirme l'histoire militante miriste[95], la Déclaration de principes s'inspire résolument du passé et s'inscrit dans les débats qui ont marqué la gauche chilienne depuis les années 1930.

S'il y a des nouveautés dans la Déclaration de Principes, il faut les chercher dans deux extraits. Le premier évoque des « nouveaux mouvements révolutionnaires » qui « ont commencé à surgir » tout au long du continent latino-américain. Mais la lecture qui en est faite est classiquement trotskiste, puisque, selon Vitale, ces mouvements-là permettraient « le dépassement de la crise de direction du prolétariat »[96]. Cet extrait renvoie incontestablement à la Révolution cubaine, dont le MIR se revendique. La fondation du MIR est également associée à une révolution de portée continentale.

Toutefois, cette nouveauté est à nuancer. D'une part, la référence à une révolution à l'échelle continentale n'est pas l'apanage du MIR. Le latino-américanisme fait aussi partie de la culture politique du PS, dont provient une bonne partie des fondateurs du MIR. D'autre part, la nature de la révolution prônée par le MIR s'inscrit dans un imaginaire politique marqué non par le foquisme cubain et sa guérilla rurale, mais par la tradition internationaliste et léniniste. Il est précisé que la révolution sera réalisée par le prolétariat qui marchera à la tête de la paysannerie et des classes moyennes appauvries. Il s'agit donc d'une révolution prolétarienne et non pas paysanne, comme ce fut le cas à Cuba, du moins selon la version diffusée par les chefs de la Révolution cubaine. De plus, au Chili, toujours selon la Déclaration de principes, la destruction du capitalisme sera le fait d'une insurrection populaire armée. Le terme « insurrection », aux antipodes du foquisme, renvoie à la Révolution d'Octobre. Cette attache à 1917 se comprend aussi à travers le prisme des journées d'avril 1957 auxquelles participèrent les fondateurs du MIR.

La continuité entre le léninisme, le trotskisme et le MIR est également perceptible dans les statuts du parti. Le principe de fonctionnement interne adopté par les fondateurs du MIR – le « centralisme démocratique » – s'inspire de la culture communiste. Les fondateurs du MIR proviennent, pour la majorité, du trotskisme. Militants socialistes ou trotskistes indépendants, ils ont longtemps agi comme

« conscience critique » du PS. Aussi, ils cherchent à corriger les « erreurs » du PS pour le nouveau parti. L'existence de tendances et les courants internes, structurés autour de fortes personnalités, sont l'un des aspects les plus critiqués du PS, car l'intérêt du collectif finit par être soumis aux ambitions personnelles des dirigeants. Or, le risque de voir se reproduire les mêmes mécanismes au sein du MIR est considérable. En effet, lors de sa fondation, le mouvement compte plus de dirigeants que de militants de base. La tendance à la dispersion et à la fragmentation est, d'ailleurs, caractéristique non seulement du socialisme mais aussi du trotskisme. La structure centralisée suit cet objectif partagé autant par les « vieux trotskistes » que par la « jeune génération », regroupée autour de Miguel Enríquez, qui ne veut pas participer à la fondation d'un énième groupe trotskiste, mais à un véritable « parti de la révolution chilienne ».

Ce parti adopte comme structure de base la cellule, elle aussi directement inspirée du modèle communiste. La cellule communiste – plutôt que la section socialiste, considérée comme plus lâche et moins disciplinée – est, en effet, la structure partisane la mieux adaptée à un parti qui refuse toute participation aux élections et prône la « voie armée » pour la conquête du pouvoir. La cellule est précisément pensée comme un « instrument d'agitation, de propagande, d'encadrement, et éventuellement d'action clandestine, pour qui les élections et les débats parlementaires ne sont qu'un [...] moyen secondaire »[97].

Enfin, l'élection du secrétaire général et du Comité Central du MIR confirme la suprématie du secteur trotskiste d'une part et, de l'autre, le poids de la « vieille génération » et des continuités avec les gauches socialiste et communiste. Enrique Sepúlveda, fondateur du POR puis secrétaire général de la VRM, prend la tête du MIR. Son parti d'origine est incontestablement le mieux structuré, avec le plus grand nombre de militants[98]. De plus, la VRM apporte au MIR son organe officiel, *El Rebelde*, qui peut se vanter d'avoir une parution relativement régulière et une diffusion plus large que les journaux des autres partis formant le MIR. Cependant, il existe une raison plus politique à l'élection de Sepúlveda. La diversité des origines politiques et la jeunesse d'une bonne partie des membres – qui, pour l'instant, n'occupent pas de postes de responsabilité – inquiètent la « vieille génération ». L'élection d'un dirigeant âgé et consensuel est perçue par les membres les plus expérimentés du MIR comme un gage d'unité.

La composition du Comité Central reflète aussi le souci de maintenir les équilibres internes et de garantir l'unité du parti menacée par son hétérogénéité. Sans surprise, ce sont les dirigeants les plus reconnus, représentant toutes les tendances politiques présentes, qui se retrouvent dans l'instance. Ainsi, ce premier temps est caractérisé par un partage négocié du pouvoir interne et par un souci d'équilibre qui garantisse la cohésion du parti. Malgré l'image soigneusement « juvénilisée » du MIR, les rênes du pouvoir restent entre les mains de la « vieille génération », celle qui s'est formée au sein de la CUT sous la figure tutélaire de Blest et qui a décidé de fonder le MIR peu après son expulsion de la centrale syndicale.

Une fois la fondation formalisée, la « vieille génération » revient à ses premières amours. Quinze jours après sa fondation, le MIR effectue sa première apparition publique en participant au Congrès de la CUT. Fort d'une délégation d'une vingtaine de personnes, Humberto Valenzuela lance un appel à l'unité syndicale et incite la CUT à revenir à la Déclaration de principes de 1953, qu'il avait lui-même rédigée.

Sous le signe de Fidel : le MIR dans les années 1960 latino-américaines

Au début des années 1960, l'optimisme est de mise dans la gauche chilienne. La « loi de défense de la démocratie » est abrogée et Salvador Allende, le candidat du FRAP, a obtenu de bons résultats aux élections de 1958. Dans le monde, la Révolution et le socialisme connaissent une expansion inédite. Après l'Asie et la victoire des communistes chinois en 1949, c'est le tour de l'Amérique latine avec la Révolution cubaine. Bien qu'étant une lutte de libération nationale et démocratique à ses débuts, la Révolution cubaine se tourne progressivement vers le socialisme. L'Afrique n'est pas en reste. En 1962, la victoire du FLN et l'arrivée de Ben Bella au pouvoir alimentent l'optimisme de la gauche marxiste. La décolonisation laisse espérer que d'autres États opteront pour un régime socialiste. Attentions et espoirs sont tournés sur le « Tiers-Monde » naissant.

Le renforcement du camp socialiste réjouit les communistes latino-américains, mais plus encore les autres tendances de la gauche. La multiplication des régimes socialistes qui tiennent à leur indépendance – comme c'est le cas de la Chine, de Cuba ou de l'Algérie – et prennent leurs distances vis-à-vis de l'URSS, est une aubaine pour les socialistes et les trotskistes. Ces derniers ont enfin des références de révolutions victorieuses et inspirées du marxisme, autres que la Révolution d'Octobre, par trop identifiée aux Partis communistes[99]. Dans le même temps, le XXe Congrès du PCUS qui entame sa déstalinisation laisse espérer un certain réchauffement dans les relations des PC au niveau national avec leurs « partis frères », ouvrant la possibilité d'un rassemblement de la grande famille marxiste.

L'optimisme dure peu. Les premiers signes de la crise du camp socialiste apparaissent lors de la Conférence des PC à Moscou en 1957. Lors de ce Congrès, le PC chinois attaque la thèse de la coexistence et de la voie pacifiques du PCUS. Ces divergences s'amplifient dans les années 1960, entamant ainsi un processus de désagrégation constante et progressive du mouvement communiste international[100]. La crise touche fortement l'ensemble de la gauche latino-américaine, en commençant par les PC. Au Chili, la mise en cause de la « voie pacifique » par le régime maoïste trouve un terrain fertile dans la gauche socialiste et trotskiste. La « voie armée », antérieure au conflit sino-soviétique, se voit renforcée. Au fur et à mesure que les écrits d'Ernesto Guevara se popularisent, le choix des armes se consolide comme une voie que les partis non communistes de gauche envisagent de plus en plus sérieusement.

Pour les historiens et politistes de droite ou libéraux, le MIR ferait incontestablement partie d'une vague révolutionnaire cubaine qui, à partir de 1959, aurait inondé le sous-continent latino-américain. La presse militante, les documents internes et les entretiens réalisés avec d'anciens dirigeants et militants du MIR conduisent à nuancer, voire à remettre en cause cette hypothèse. La gauche extraparlementaire, qui participe à la fondation du MIR, manifeste un intérêt tardif pour la Révolution cubaine –une expérience parmi d'autres servant de source d'inspiration ou de référence. C'est la déception vis-à-vis de la Révolution chinoise et la théorisation de l'expérience cubaine à partir de 1962 qui finissent par imposer cette révolution comme source d'inspiration principale du MIR, sans que cela n'implique une adhésion inconditionnelle ou une imitation acritique de la Révolution cubaine.

Jusqu'en 1964, *El Rebelde*, porte-voix de la VRM, consacre ses articles de fond relatifs aux thèmes internationaux presque exclusivement à la Révolution chinoise et au conflit sino-soviétique. L'attrait qu'exerce la Révolution chinoise est, à ce moment-là, tangible y compris dans les discours et les documents rédigés par la future « jeune génération » du MIR. Et ce, bien que ses intégrants – Miguel Enríquez est le chef de file du MIR à partir de 1967 – deviennent un peu plus tard les défenseurs les plus véhéments de la Révolution cubaine[101].

La résonnance de la Révolution chinoise trouve plusieurs explications : la politique de diffusion et de théorisation de son expérience révolutionnaire que la Chine mène consciencieusement en Amérique latine au début des années 1960 ; les possibilités de reconnaissance officielle et de financements en provenance de la Chine que la VRM entrevoit dans ses contacts avec le PC chinois ; enfin, le soutien public de la Chine à la lutte armée et sa concurrence avec l'URSS[102]. Mais le cycle prochinois de la VRM se referme rapidement et les désillusions s'enchaînent. Le soutien des Chinois à la lutte armée – plus théorique que réel – et les réticences de Pékin à reconnaître officiellement les partis qui adoptent sa position, à moins qu'ils aient un poids politique réel, expliquent le désenchantement de la gauche radicale chilienne à l'égard de la Révolution chinoise[103].

Quant à la Révolution cubaine, celle-ci n'a droit, dans un premier temps, qu'à de simples communiqués de soutien à un régime progressiste latino-américain issu d'une révolution « atypique », ou à des analyses, sinon critiques, du moins réservées. La première raison de ce désintérêt est la définition politique initiale du gouvernement révolutionnaire cubain, ainsi que la façon dont il arrive au pouvoir. Pour les gauches léninistes, la guérilla rurale n'est pas associée à une « vraie » révolution. La deuxième raison tient aux rapports étroits qu'entretient le régime cubain avec les autres partis chiliens, notamment avec le PS.

À La Havane, la Révolution tarde à définir son régime. Ce n'est qu'en décembre 1961, presque trois ans après son arrivée au pouvoir, que Fidel Castro caractérise sa révolution comme marxiste-léniniste. Quant aux événements qui ont mené les *barbudos* au pouvoir, ils s'insèrent mal dans la conception de la lutte de classes et semblent contredire les consignes léninistes. En premier lieu, il n'y a pas de parti qui dirige la Révolution. Le Mouvement du 26 juillet (M26) ne peut pas être considéré comme tel, encore moins les petites organisations populistes qui s'allient à lui. Quant au Parti Socialiste Populaire ou PSP (nom du PC cubain), il ne rejoint la lutte que très tardivement. Les faits d'armes, comme l'attaque à la caserne Moncada qui lance la Révolution cubaine, évoquent davantage les formes de lutte de mouvements populistes ou paraissent inédits, comme c'est le cas de la guérilla rurale[104]. Les actions armées des Cubains ne ressemblent en rien aux moyens employés par les organisations latino-américaines de gauche marxiste, qui privilégient l'insurrection urbaine. Pour comble, le prolétariat brille par son absence dans la Révolution cubaine.

En plus de prendre ses aises avec l'orthodoxie théorique de la Révolution, La Havane perturbe la gauche extraparlementaire par les liens qu'elle tisse avec un large éventail d'organisations politiques latino-américaines. Loin de se cantonner à quelques partis qui se revendiquent « révolutionnaires », elle fait varier ses relations. En ce qui concerne le Chili, Fidel Castro ne se contente pas de rapports très cordiaux avec le PC et le PS, il invite aussi les centristes de la Démocratie chrétienne (DC) et du Parti radical. Les visites des leaders démocrates-chrétiens se succèdent ainsi sur l'île de la Révolution entre 1959 et 1964, avant que la DC ne rompe les relations avec Cuba[105]. En revanche, les trotskistes, les maoïstes et autres courants de la gauche extraparlementaire chilienne, tout révolutionnaires qu'ils soient, ne font pas partie de la liste des invités d'honneur du gouvernement cubain.

D'autre part, la Révolution cubaine représente une « hérésie » du point de vue de la théorie marxiste. Ainsi, dans un article publié en juin 1961, le POR reconnaît que Cuba est certes « un État ouvrier », mais « un État ouvrier déformé » à l'instar de l'URSS ou de la Chine. Les « déformations » de l'État cubain sont fondamentalement dues à l'absence d'un parti marxiste révolutionnaire à sa direction. Néanmoins, le POR considère positivement l'effet que produit la Révolution cubaine sur le continent. Elle a ouvert une nouvelle voie car, à l'échelle de l'Amérique latine, elle a provoqué une division dans les partis populistes[106].

La VRM, qui n'est pas affiliée à la IVe Internationale, entretient une attitude à l'égard de la Révolution cubaine similaire à celle de l'aile gauche et de la Jeunesse du PS chilien, bien qu'un peu plus tiède. Moins idéologique que celle du POR, la perception de la Révolution cubaine par la VRM lui permet de participer davantage à l'enthousiasme manifesté par les deux grands partis de gauche à l'égard de Cuba.

Paradoxalement, le parti chilien qui exprime l'enthousiasme le plus intense à l'égard de Cuba est l'un de ceux qui sont les mieux insérés dans les institutions : le PS. L'engouement du PS pour la Révolution cubaine est très précoce. En 1959, il fête la victoire des *barbudos*, auxquels il s'intéresse depuis l'assaut à la caserne Moncada en 1953. Depuis 1957, le PS et la JS ont des liens étroits avec le M26 cubain[107]. L'enthousiasme du PS se traduit par une politique de diffusion de l'expérience cubaine. Débats, conférences, revues, journaux... : l'appareil du PS se met au service de la Révolution caribéenne.

La proximité que les socialistes ressentent avec l'île de la Révolution est fondée avant tout sur la tradition tiers-mondiste et latino-américaniste du PS et la sympathie spontanée que ses dirigeants témoignent à l'égard de toute lutte de libération nationale. Dans le cas de Cuba, la bienveillance socialiste est d'autant plus grande que l'émancipation se fait au détriment de l'impérialisme des États-Unis. Par ailleurs, l'adhésion de Castro au mouvement des non-alignés, les critiques qu'il adresse à l'URSS et ses déclarations d'indépendance vis-à-vis de cette dernière, sont autant d'éléments qui ne peuvent que plaire aux socialistes chiliens, dont les principes de relations internationales sont très proches[108].

Mais, progressivement, entre 1962 et 1965, la gauche extraparlementaire – dont une partie, on l'a vu, est étroitement liée au PS – se rapproche de Cuba. Son attitude critique cède le pas à une adhésion de plus en plus enthousiaste à la cause cubaine. Plusieurs raisons expliquent ce changement. La première est la dimension anti-impérialiste de la Révolution cubaine et la capacité de Cuba à résister aux États-Unis, qui s'insère dans une longue histoire d'opposition latino-américaine au grand voisin du Nord. L'anti-impérialisme fait autant partie de la culture politique de la gauche marxiste latino-américaine que de la gauche patriotique ou populiste. Comme Sandino dans le Nicaragua du début des années 1930, Cuba devient la preuve que cette victoire, sur le champ de bataille, est possible[109].

La deuxième raison qui explique l'enthousiasme croissant des trotskistes pour Cuba est son indépendance vis-à-vis de l'URSS. La possibilité de construire un État socialiste, qui ait le soutien de l'URSS tout en maintenant son indépendance vis-à-vis de cette dernière, est une perspective qui séduit la gauche radicale chilienne et les trotskistes en particulier. Mais la solidarité qu'ils accordent à Cuba n'implique pas pour autant de concevoir La Havane comme un nouveau centre de pouvoir révolutionnaire mondial. Pour eux, Cuba est loin et la révolution chilienne s'accordera aux spécificités du Chili[110].

La troisième raison éclairant l'engouement progressif pour Cuba au sein de la gauche extraparlementaire est la progressive théorisation de son expérience révolutionnaire à partir de 1962. Ce travail de théorisation vise un double objectif : prouver que l'expérience cubaine est destinée à se répéter en Amérique latine et que la voie vers la révolution latino-américaine n'est pas la même que la voie soviétique. Tandis que pour le PCUS, les conditions objectives doivent toutes être réunies pour qu'un mouvement révolutionnaire puisse prendre le pouvoir, les Cubains mettent l'accent sur les acteurs de la révolution, les « conditions subjectives ». Certes, les facteurs subjectifs faisaient déjà partie de la théorie de la révolution marxiste, léniniste et trotskiste. Mais les Cubains leur attribuent une importance primordiale, voire, dans certains cas, exclusive. Une nouvelle théorie du « que faire ? » révolutionnaire est en chantier au début des années 1960. Il n'est plus question de « conditions objectives », mais de « conditions prérévolutionnaires », présentes selon Castro dans tous les pays latino-américains. Ces conditions n'attendent que l'action décidée des révolutionnaires pour mener à la victoire du socialisme[111].

Il a souvent été dit que le principal attrait de la Révolution cubaine fut l'accent mis sur l'action et donc sur la pratique révolutionnaire, alors que les autres régimes issus de révolutions socialistes avaient surtout misé sur leurs apports théoriques. Ce lieu commun est accompagné d'un corollaire : les jeunes révolutionnaires latino-américains furent précisément séduits par cet aspect, lassés de tant de théorie et de si peu d'action. Or, c'est justement lorsque le régime castriste commence à théoriser sa propre expérience révolutionnaire qu'il attire les mouvements et partis latino-américains de gauche radicale. Le génie des Cubains consiste sûrement à fonder une théorie de la révolution qui se popularise grâce à l'argument qu'il ne s'agit pas là d'une théorie, mais d'une stratégie révolutionnaire.

Aux discours de Castro sur la « voie cubaine vers la révolution », s'ajoutent les textes militaires de Guevara, qui fournissent à la gauche radicale chilienne les arguments pour défendre la « voie armée ». Les textes du « Che » suivent aussi un processus de théorisation progressive. Ils deviennent une référence à partir de 1963, lors de la deuxième édition de la *Guerre de guérilla*, précédée d'une introduction intitulée « Guerre de guérilla, une méthode » fort appréciée[112]. Guevara défend la thèse selon laquelle l'expérience cubaine est applicable partout en Amérique latine tant sur le plan politique que sur le plan militaire.

Si elle s'impose progressivement comme référence obligée, l'expérience révolutionnaire cubaine, tout comme la révolution chinoise, est interprétée à l'aune de la conjoncture politique chilienne. Les discours de Castro ou de Guevara sont utilisés seulement dans la mesure où ils servent à légitimer les arguments et les positions préalables de la VRM. Depuis 1962 et jusqu'à l'exclusion de la VRM des fronts de masse du FRAP à la mi-1963 – suite à la découverte des nombreux cas de double militantisme VRM-PS ou VRM-PC –, Cuba est perçue comme un exemple qui devrait convaincre le PC de former un front commun avec le PS et la gauche radicale en excluant les partis du centre. Simultanément, la VRM se prévaut des textes chinois pour contribuer à la radicalisation théorique des militants communistes et de la formation du gouvernement cubain pour promouvoir l'idée d'une alliance de même nature au sein de la gauche chilienne. La stratégie dure peu, le PC congédie la VRM pour propagande prochinoise. Dès lors, l'évocation de Cuba devient une arme contre le PC chilien. Les cadres de la VRM n'ont aucun mal à trouver, dans les discours de Fidel Castro, des attaques en règle contre les communistes pro-soviétiques.

Un changement se produit en 1964. Jusqu'à cette année-là, les maoïstes provenant du MRA et les trotskistes venant de la VNM cohabitent sans anicroche au sein de la VRM qui ne perçoit pas d'incompatibilité majeure entre la Chine et Cuba. Sur le plan théorique, les deux révolutions accordent un rôle central à la « voie armée » et à la paysannerie comme acteur du processus[113]. Cuba et la Chine représentent des forces de rénovation du marxisme-léninisme un peu vieilli de l'URSS et développent des conceptions similaires des relations internationales. Les deux pays refusent de devenir des satellites de l'URSS et privilégient les relations avec des pays du « Tiers-Monde », considérés comme un nouvel espace privilégié de la révolution. En outre, jusqu'au début de l'année 1964, les relations qu'entretiennent La Havane et Pékin sont chaleureuses. Après la crise des missiles de 1962, les relations entre Cuba et l'URSS se distendent momentanément. La Chine apparaît alors comme un bon moyen de contrebalancer l'influence soviétique. Ce rapprochement tactique est possible du fait de la neutralité cubaine dans le conflit sino-soviétique. Cuba est le seul pays reconnu comme socialiste par l'URSS à publier les positions tant des Soviétiques que des Chinois. Mais en janvier 1964, Fidel Castro condamne les « tendances fractionnistes », une manière de désigner les Chinois sans les nommer[114].

À mesure que les relations entre la Chine et Cuba se détériorent, la synthèse qu'opère la VRM entre les deux expériences révolutionnaires devient de plus en plus ardue. Et ce, bien que la VRM n'ait pas de liens directs ni organiques avec ces deux pays. Aussi, les militants de la VRM doivent opérer un choix entre les deux référents. Les enjeux sont à la fois idéologiques et concrets. Idéologiques, car depuis 1962 les Cubains ont réalisé un vrai travail de théorisation de leur révolution, qui devient de moins en moins compatible avec la conception chinoise[115].

Se revendiquer de la Révolution cubaine ou de la Révolution chinoise a aussi, pour la VRM, des retombées concrètes. Si la VRM opte pour la Révolution cubaine, il lui faut renoncer aux fonds chinois. Mais Cuba affirme à l'époque soutenir financièrement les organisations de gauche armée. De plus, Fidel Castro a déclaré à plusieurs reprises que l'URSS ouvrirait sa bourse, comme elle le fit pour Cuba, à toute révolution socialiste sur le continent latino-américain[116]. Le repositionnement cubain est aussi perceptible dans sa politique des « invités officiels ». Les partis de gauche radicale, auparavant exclus, sont reçus dans la capitale révolutionnaire.

Lorsque, en 1964, la question des fidélités internationales se pose au sein de la VRM, elle est tranchée avec une scission. La majorité des militants optent pour la VRM-Rebelle qui représente l'aile trotskiste et qui adhère à la cause cubaine, bien que quelques maoïstes les suivent. Cet enthousiasme ne suscite pas un grand intérêt à La Havane qui ne reconnaît jamais officiellement la VRM-Rebelle comme l'espéraient ses dirigeants. La VRM-Rebelle participe un an plus tard à la fondation du MIR, où elle fait évidemment partie des secteurs qui militent pour l'adoption de la « voie cubaine ». Les autres gardent le nom de la VRM et la loyauté maoïste[117].

Le MIR et Cuba : un amour à sens unique ?

Castro a toujours recherché dans ses relations avec les mouvements de guérilla et avec les PC latino-américains un moyen de consolider le régime issu de la Révolution et de lutter contre l'isolement international de Cuba. C'est pourquoi, dès la victoire des *barbudos*, l'île reçoit à bras ouverts tant les révolutionnaires qui souhaitent se former à la lutte armée que les dirigeants progressistes[118]. Cela vise à établir des liens forts avec les partis, mouvements de gauche, syndicats et organisations professionnelles, dont les représentants visitent l'île de la Révolution.

Les guérilleros en formation proviennent de tous les pays du sous-continent, mais il semblerait que les pays géographiquement les plus proches de Cuba aient constitué une priorité pour La Havane. Fidel Castro s'intéresse avant tout à l'Amérique Centrale et aux Caraïbes. Entre 1960 et 1965, les premiers foyers de guérilla rurale émergent en Colombie, au Venezuela et au Guatemala, avec certains militants ayant séjourné dans les camps d'entraînement cubains. Cette période constitue, par ailleurs, l'âge d'or du soutien cubain aux guérillas rurales, durant laquelle le régime castriste s'implique le plus dans les projets insurrectionnels continentaux.

Dans un premier temps, entre 1959 et 1961, le soutien se limite surtout à l'entraînement de guérilleros latino-américains sur le territoire cubain. Castro nourrissait l'espoir de s'attirer sinon les bonnes grâces, du moins l'acceptation des États-Unis. Mais le débarquement de paramilitaires cubains préparés, armés et financés par la CIA à la Baie des Cochons en avril 1961 et l'exclusion de Cuba de l'Organisation des États Américains (OEA) en janvier 1962, cautionnée par une partie des gouvernements latino-américains, ne laissent pas de place à la temporisation. Castro choisit l'offensive. Les mouvements insurrectionnels, dont l'adhésion à la cause cubaine semble alors inconditionnelle, s'imposent comme les alliés privilégiés du gouvernement cubain à l'échelle latino-américaine. Cuba décide de soutenir financièrement et matériellement ces mouvements, avec l'envoi d'armes et d'hommes, notamment dans la région des Caraïbes. L'éventuelle victoire de mouvements armés est considérée par plusieurs membres du gouvernement cubain comme le seul moyen pour rompre l'isolement de l'île[119].

Or, jusqu'en 1964, les foyers de guérilla qui s'installent dans le nord du sous-continent – au Guatemala, en Colombie, au Venezuela – ne comptent pas seulement sur le soutien cubain, mais aussi sur celui des Partis communistes de ces pays, ainsi que sur une certaine tolérance de Moscou. L'URSS ne prend pas de position claire en faveur de la lutte armée, mais elle ne la condamne pas. Par ailleurs, elle achemine des armes et des financements à Cuba, en sachant parfaitement l'usage auquel La Havane les destine. L'Union soviétique envoie instructeurs militaires à Cuba qui mettent en place d'excellentes écoles de guerre et des centres d'instruction militaire[120].

Cependant, la lune de miel entre les communistes, Moscou et les guérillas ne dure pas longtemps. Les succès militaires et politiques escomptés ne sont pas au rendez-vous, ce qui alimente les disputes internes et la décision des PC d'abandonner progressivement les foyers ruraux. Moscou de son côté, après la crise des missiles, tente d'apaiser les relations avec les États-Unis. En outre, l'Amérique latine reste une zone périphérique éloignée et les Soviétiques ne sont aucunement disposés à octroyer des fonds dans le reste du sous-continent comme pour la coûteuse Cuba.

Fidel Castro cherche alors à prendre ses distances vis-à-vis de l'URSS. Cela se traduit par des discours enflammés affirmant l'indépendance de l'île et ne ménageant plus Moscou, ainsi que la recherche des nouveaux partenaires, notamment parmi les Non-alignés et la Chine. En Amérique latine, Cuba entame une période de soutien tous azimuts aux guérillas. Les mouvements armés, désormais délaissés par les Partis communistes, font l'objet de toutes les attentions de La Havane, qui octroie des aides généreuses, ses hommes et ses camps d'instruction. Pour le régime castriste, les guérilleros lui permettent de mener une politique latino-américaine faisant pression sur les gouvernements, jugés responsables de l'exclusion de l'OEA que subit Cuba. Parallèlement, les guérillas sont pour La Havane un moyen de pression sur l'URSS, dont l'aide n'est jamais suspendue mais dont il faut renégocier sans cesse les termes. En effet, malgré ses déclarations enflammées proclamant haut et fort l'indépendance de Cuba et son refus de céder aux pressions soviétiques, Castro n'abandonne pas, loin s'en faut, les liens avec l'URSS. Sans son aide économique, Cuba ne peut survivre[121].

Entre-temps, les échecs et les divisions internes des guérillas soutenues par La Havane se succèdent. Aussi, à partir de 1965, apparaissent les premières critiques de la part des dirigeants guérilleros. Ils jugent que leurs échecs sont dus à une application trop mécanique de l'expérience cubaine, imposée par La Havane qui ne se soucie pas des spécificités nationales[122]. L'échec des foyers de guérilla rurale est si patent que Guevara lui-même effectue une révision de sa théorie du *foco* à partir de 1966, en nuançant ses conclusions.

Cependant, les doutes qui traversent la gauche armée ne sont pas seulement le fait de sa propre expérience, pour le moins décevante. L'attitude de Castro n'est pas exempte d'ambiguïtés. La démission de Guevara et son départ de Cuba peu après son discours enflammé d'Alger, où il critique l'URSS et la taxe d'impérialiste, alimentent les incertitudes. L'absence de Guevara se fait également sentir lors de la Conférence Tricontinentale, célébrée en 1966 à La Havane. Les financements cubains qui coulaient à flot au début des années 1960 se font rares. Cuba investit désormais en priorité dans les centres d'entraînement sur son propre territoire, et devient très parcimonieuse avec les « organisations sœurs ». À partir de 1966-1967, Cuba est disposée à financer les voyages et l'instruction aux méthodes de la guérilla des militants latino-américains sur son sol, mais de plus en plus réticente à appuyer directement les mouvements de guérilla ou de gauche armée latino-américains.

Plusieurs raisons expliquent ce changement d'attitude. En premier lieu, la situation financière de Cuba ne cesse de se détériorer. Les financements soviétiques destinés à la lutte armée et à l'armement transitaient par Cuba, pour être réexpédiés sur le reste du continent jusqu'en 1963. À partir de cette date, les Soviétiques préfèrent remettre des fonds directement aux PC latino-américains[123]. D'autre part, le gouvernement révolutionnaire cubain prend progressivement acte des échecs répétés des guérillas rurales. Elles deviennent une dépense, dont le retour sur investissement n'est pas garanti. L'image de Cuba sort ternie de leurs échecs militaires, dont le plus tragique est la guérilla de Ñancahuazú, où le « Che » meurt assassiné le 9 octobre 1967. Par ailleurs, les mouvements de guérilla, de plus en plus marginalisés dans leur pays, ne sont pas des alliés politiques stables sur lesquels La Havane puisse compter.

1968, l'année du « guérillero héroïque » est aussi celle du repli de Cuba sur elle-même. L'île affronte la plus sévère crise économique depuis la Révolution et l'heure est à l'alignement sur Moscou, seul capable de la sortir du marasme[124]. Ainsi, en août de la même année, Castro soutient l'intervention soviétique en Tchécoslovaquie et resserre les liens avec l'URSS. La réduction du soutien castriste aux mouvements de guérilla n'est, toutefois, pas principalement due aux pressions soviétiques. Politiquement et économiquement coûteux, le soutien cubain à la lutte armée porte peu de fruits. De sorte que Castro commence, à la fin des années 1960, à privilégier les relations diplomatiques plus « traditionnelles », à commencer par les gouvernements amis comme l'Unité Populaire d'Allende ou le Gouvernement Révolutionnaire de la Force Armée du Pérou de Juan Velasco Alvarado[125].

Pour les militants croyant toujours en la gauche armée, Cuba reste une référence centrale, une société idéale et la preuve que le socialisme peut exister en Amérique latine. Mais, l'institutionnalisation de la Révolution cubaine inspire aussi à la gauche radicale latino-américaine des doutes. En ce sens, l'émergence de mouvements de gauche armée ou de courants politiques qui se disent guévaristes, et non pas castristes, est symptomatique de la recherche d'une pureté révolutionnaire perdue, que le « Che » incarnerait.

Quand le MIR est créé, les divisions du mouvement communiste international, les tensions entre Cuba et l'URSS ou la Chine pèsent sur sa fondation. Comme toute organisation marxiste, l'internationalisme est une composante centrale de sa culture et de sa pensée politiques. Ses militants se voient comme partie intégrante du mouvement révolutionnaire mondial. Les évolutions et crises de ce dernier les concernent très directement. Il est, par conséquent, logique que le sort de la Révolution cubaine les occupe. Les fondateurs du MIR sont convaincus que la Révolution cubaine est une révolution authentique qui mérite leur soutien le plus franc. Mais il ne s'agit pas, pour autant, d'une adhésion inconditionnelle à une supposée « voie cubaine ». Le MIR tient à « conserver l'indépendance pour définir sa propre politique nationale »[126].

Cette indépendance s'explique en partie par la diversité des origines politiques des militants qui confluent dans la fondation du MIR. Cette diversité explique d'ailleurs pourquoi le MIR, malgré le poids déterminant des trotskistes, n'adhère pas à la IVe Internationale[127]. La place des trotskistes est, toutefois, perceptible dans l'attitude critique qu'ils adoptent vis-à-vis des régimes socialistes existants. Dans les documents et la presse du MIR, la « bureaucratisation » de l'URSS et de la Chine sont souvent dénoncées. L'est également pour la même raison le gouvernement cubain. En outre, la Révolution cubaine est considérée comme une « insurrection », cette interprétation s'opposant à l'officielle, foquiste, de la direction cubaine. Le regard implicitement ou explicitement critique porté sur Cuba n'est pas étonnant : d'ailleurs, Castro n'est pas non plus cordial avec les trotskistes[128].

Au-delà des débats théoriques, des raisons concrètes expliquent le soutien toujours critique à la Révolution cubaine : il n'existe pratiquement aucun lien direct entre le MIR et Cuba. Surtout, au moment de la fondation du MIR, aucune perspective d'obtenir des financements cubains, ni d'envoyer des militants pour instruction militaire, ne se présente. Même les dirigeants de la « jeune génération », les plus ardents défenseurs de la « voie cubaine », ne visitent Cuba qu'en 1967, deux ans après la fondation du MIR. Enfin, entre 1965 et 1967, les membres fondateurs du MIR s'emploient prioritairement à la structuration du mouvement et au recrutement de nouveaux militants au sein du PS, dans les syndicats et les *poblaciones*. Les relations internationales du MIR, importantes d'un point de vue théorique, ne sont pour l'instant pas une priorité sur le plan pratique.

La question internationale se pose de nouveau en 1966, lors du IIe Congrès du MIR. La position que doit prendre le MIR face à la Chine est la première question abordée[129]. Le MIR pense aux financements que pourrait lui fournir Pékin. La VRM recevait déjà des fonds chinois, une expérience que la nouvelle organisation verrait volontiers renouvelée. Elle sait que sa croissance est directement liée à ses capacités financières. Ainsi, peu après le IIe Congrès du MIR, Miguel Enríquez – le « dauphin » d'Enrique Sepúlveda – réalise un voyage en Chine en tant que représentant de la Fédération des Étudiants de Concepción (FEC). Enríquez est reçu par des délégations étudiantes chinoises, mais il rentre déçu du voyage et critique à l'égard du régime maoïste[130].

Cuba et la Conférence Tricontinentale de 1966 sont les autres sujets internationaux qui occupent le IIe Congrès. Le MIR valide la motion, déjà adoptée par son Comité central, de soutien à Cuba[131]. Mais les déclarations de Castro lors de la Conférence Tricontinentale, qui attaque violemment les trotskistes, sont critiquées, quoiqu'avec beaucoup de ménagement.

Malgré leurs réticences à l'égard de l'évolution politique

de Cuba, les trotskistes du MIR restent convaincus de la nécessité de la lutte armée. Ils ne cessent pas non plus d'appeler de leurs voeux une reconnaissance officielle du MIR par La Havane. Bien plus important que son apport financier, l'île de la Révolution a une aura incomparable. Une reconnaissance du MIR par La Havane équivaut à une véritable entrée sur la scène politique nationale. Mais, après deux ans d'existence, le MIR ne suscite aucun intérêt à La Havane.

Le MIR réalise en 1966 sa première action armée avec le braquage d'une armurerie à Santiago pour « exproprier » des armes. C'est le secteur trotskiste du parti qui s'en charge. L'action mobilise le petit appareil militaire dont dispose alors le mouvement. Celui-ci est un héritage de l'ERTES, l'Armée Révolutionnaire des Travailleurs et des Étudiants de la VRM.

Le passage à la lutte armée – avec encore beaucoup d'amateurisme[132] – et le recrutement de nouveaux militants ne sont pas seulement des moyens pour affirmer la présence du MIR sur la scène politique nationale ou pour attirer l'attention des Cubains. Ils répondent aussi à des logiques internes et sont soumis aux luttes entre les différentes fractions qui existent alors au sein du MIR. L'historien Luis Vitale et le syndicaliste Humberto Valenzuela entre autres, tous deux trotskistes et membres du Secrétariat national, s'y investissent, parce qu'ils considèrent aussi que, par ce biais, ils peuvent imposer leur propre pouvoir dans le parti. Ils cherchent à imposer leur ligne politique contre celle défendue par Sepúlveda, avec qui, en outre, ils partagent une longue antipathie mutuelle et qu'ils accusent d'incapacité à préparer le passage à la lutte armée[133].

Dans le projet d'éviction de Sepúlveda, les trotskistes trouvent un allié inespéré : la « jeune génération », Miguel Enríquez en tête. Enríquez était membre de l'ERTES, il est l'auteur de la thèse politico-militaire de 1965, revue et corrigée par Vitale, et adhère avec enthousiasme aux projets armés des trotskistes. Aussi, ces derniers décident de l'envoyer en décembre 1967 à Cuba, où Enríquez parvient à s'entretenir avec le chef des services secrets cubains Manuel Piñeiro plus connu par son surnom « Barbarroja » (Barberousse)[134]. L'initiative des premiers contacts entre le MIR et Cuba provient donc du MIR et non de Cuba.

Le choix d'envoyer Enríquez qui n'a, à l'époque, que 23 ans, pour une mission aussi importante, peut surprendre. Mais il est plus justifié qu'il n'y paraît. D'une part, les réactions allergiques de Fidel Castro au trotskisme sont connues. Les trotskistes préfèrent donc envoyer à Cuba un jeune dirigeant sans identification fatale. D'autre part, le gouvernement cubain montre une préférence marquée pour les jeunes dirigeants, dont il fait des interlocuteurs privilégiés[135]. Mieux, son âge doit très probablement apparaître comme un gage de malléabilité. Les anciens dirigeants trotskistes envoient d'ailleurs Enríquez à La Havane avec des consignes très strictes : solliciter le soutien de la direction cubaine, tout en préservant l'autonomie politique du MIR. Cela signifie refuser un calendrier politique (par exemple, des échéances pour mettre en place une guérilla rurale ou pour s'engager dans la lutte armée) imposé par Cuba.

Cependant, dès le retour d'Enríquez de Cuba, les trotskistes commencent à percevoir que le jeune homme envoyé a probablement ses propres objectifs. Il se rend au IIIe Congrès du MIR, qui a lieu en décembre 1967, comme candidat au poste de secrétaire général. Il est élu avec le soutien des trotskistes. L'élection n'est pas unanime, sa candidature ne convainc pas tout le monde.

Suite au IIIe Congrès, Miguel Enríquez et ses proches – dirigeants du mouvement étudiant de l'Université de Concepción pour la plupart – s'occupent avec succès de la « création du parti » (c'est-à-dire du recrutement de nouveaux militants et de la création de cellules locales) dans le sud du Chili, et notamment dans la région autour de Concepción. Juste avant et après le IIIe Congrès, Enríquez crée progressivement ses réseaux et renforce son rôle au sein du MIR.

Le contrôle de l'appareil militaire, tout précaire qu'il soit, et la possibilité d'offrir aux militants une instruction « militaire », même rudimentaire, ne sont pas seulement un moyen de se préparer pour la révolution socialiste. Pour Miguel Enríquez et son groupe, l'emprise sur les structures armées du MIR est une emprise sur l'ensemble de l'organisation. D'une part, cela permet d'augmenter leur prestige et de justifier le pouvoir qu'ils concentrent de plus en plus dans un parti qui construit son identité partisane autour de la défense de la « voie armée ». Et d'autre part, cela constitue un puissant argument pour attirer de nouveaux militants, notamment plus jeunes, dont l'Université de Concepción est un formidable vivier[136]. Ainsi, des cours de guérilla pour débutants sont organisés dans les collines qui entourent l'Université de Concepción[137].

En 1965, les écrits du « Che » et les discours de Castro circulent abondamment, de même que les revues et les journaux cubains. Les récits des guérillas sont diffusés dans la presse latino-américaine et reproduits dans les journaux chiliens de gauche et dans *El Rebelde*. Ils suscitent l'enthousiasme des jeunes militants qu'ils soient miristes, socialistes et, dans une moindre mesure, communistes. La stratégie fonctionne, le groupe de Miguel Enríquez ne cesse de se renforcer, particulièrement dans les localités aux alentours de Concepción. Dans cette région, son réseau s'alimente d'une nouvelle génération de militants et cadres moyens attirés par les appels à la lutte armée. Avec les militants plus âgés, des frictions apparaissent. La résistance physique et le penchant pour la lutte armée commencent à devenir des facteurs qui pèsent dans les rapports de pouvoir internes au MIR au niveau local.

Le MIR n'a eu qu'un seul contact avec la direction cubaine et aucun accord formel de reconnaissance officielle ou de soutien. La chronologie compte. Au début des années 1960, Cuba accepte de soutenir la plupart des mouvements politiques qui se revendiquent de sa révolution. À partir de 1965, le gouvernement cubain devient de plus en plus exigeant. Cuba n'ignore pas l'existence du MIR, mais elle porte néanmoins très peu d'intérêt à ce nouveau mouvement. Elle lui préfère des interlocuteurs bien plus « sérieux », en l'occurrence le PC et le PS. Pourtant, l'adhésion plus ou moins enthousiaste à la « voie cubaine » et la capacité – réelle ou imaginaire – de construire un appareil militaire deviennent un moyen d'augmenter l'influence de certains dirigeants ou fractions et d'en marginaliser d'autres au sein du MIR. À ce jeu, la « jeune génération » se montre bien plus habile que la « vieille ».

Pour autant, son adhésion à la lutte armée et son soutien à la Révolution cubaine, beaucoup moins critique que celui des trotskistes, ne sont assurément pas uniquement le fait de considérations pragmatiques et d'ambitions personnelles. La Révolution cubaine est, pour cette génération, qui n'a que seize ans en 1959, sa propre révolution : à la fois, jeune, latino-américaine et accessible. Elle lui offre l'opportunité de construire un parti à son image. Chez les jeunes dirigeants du MIR, loin d'être une simple posture opportuniste, la foi en la pureté révolutionnaire cubaine est réelle, de même que la conviction que la voie prônée sera aussi la plus adaptée au continent latino-américain, pour créer un système socio-économique plus juste et égalitaire.

Il nous faut à présent apprendre à mieux connaître cette jeune génération du MIR.

Chapitre 3

Le MIR, l'université et le mouvement étudiant

Le MIR est fondé un an après l'arrivée au pouvoir de la Démocratie chrétienne (DC)[138]. Il se consolide et croît donc sous la présidence d'Eduardo Frei, dont la « Révolution en liberté », ainsi qu'est nommé son programme mis en œuvre entre 1964 et 1970, mène des réformes ambitieuses. Dans les périphéries urbaines, le programme de « Promotion populaire » crée des associations de quartier, qui deviennent d'extraordinaires instruments de politisation et de mobilisation des secteurs populaires au profit de la DC. Le gouvernement de Frei met aussi en œuvre une réforme agraire et accorde, pour la première fois dans l'histoire du Chili, le droit aux paysans de se syndiquer. Un autre chantier important est la réforme universitaire.

Quoiqu'initialement lié au mouvement syndical et aux partis de gauche extraparlementaire, notamment trotskistes, le MIR compte, à la fin des années 1960, une majorité de ses militants parmi les étudiants ou anciens étudiants. L'Université de Concepción, au sud du Chili, est son principal bastion. Si le succès que le MIR rencontre dans le milieu universitaire s'explique en partie par l'action décidée de quelques brillants étudiants, qui prennent sa direction en 1967, le contexte universitaire de l'époque est aussi un facteur qui favorise son développement.

Deux ans après la formation du MIR, les universités chiliennes sont ébranlées par la réforme. La mobilisation et la politisation des étudiants acquiert des dimensions inédites. Ce processus est particulièrement bénéfique au MIR dont le nombre de militants croît spectaculairement pendant la période. La réforme universitaire et, plus largement, le réformisme démocrate-chrétien laissent aussi leur marque sur la pensée et l'action du MIR.

Faire la révolution en liberté : les années démocrates-chrétiennes (1964-1970)

Le projet politique, social et économique réformiste de la DC a deux sources d'inspiration principales : la doctrine sociale de l'Église et le développementalisme de la CEPAL, la Commission Économique pour l'Amérique latine de l'ONU créée en 1948. La pensée économique développementaliste promeut, entre autres, la modernisation de l'économie nationale et le renforcement du rôle de l'État[139]. À cela, il faut ajouter le soutien de « l'Alliance pour le Progrès » – programme mis en place par les États-Unis suite à la Révolution cubaine pour éviter qu'elle ne fasse des émules. Dans le cadre de ce programme, Washington accorde son soutien financier et politique à des gouvernements progressistes et anticommunistes, qui mettent en place des réformes similaires à celles mises en œuvre à Cuba après la révolution (réforme urbaine, réforme agraire, etc.)[140].

Au Chili, la rénovation de l'institution omnipotente qu'est l'Église catholique devient tangible avec le renouvellement de sa hiérarchie. Une nouvelle génération d'évêques à la sensibilité sociale aiguë apparaît dans les années 1950. Au début des années 1960, prenant résolument le « parti des pauvres », l'évêché chilien prône la participation de l'Église à la réflexion sur le développement national et incite les partis politiques à lancer la réforme agraire, considérée comme une nécessité urgente pour lutter contre la pauvreté et le sous-développement[141]. Ce progressisme n'est pas spécifique à l'Église chilienne ; il s'intègre dans un mouvement plus vaste de réformisme social, dans lequel s'engage l'Église catholique pendant et après le Concile Vatican II (1962-1965).

Dans un contexte difficile, marqué par l'inflation et par une productivité saccadée, la DC s'appuie sur les travaux des économistes de la CEPAL pour mettre en place une politique économique censée conduire à la sortie du sous-développement. L'industrie et l'agriculture nationales sont promues et soutenues par l'État, dont le rôle économique est renforcé. Les services publics sont modernisés. Ces réformes économiques et de l'administration publique sont planifiées en fonction d'études et de plans d'action produits par des chercheurs et des scientifiques proches de la DC. Le gouvernement de Frei inaugure une période où le monde de la politique et celui de la recherche sont imbriqués. Sous l'Unité Populaire, cette symbiose entre les deux univers demeurera d'ailleurs.

Selon la DC, la sortie du sous-développement passe autant par le renforcement de l'État que par la modernisation de la société. Aussi, la DC encourage la création d'organisations populaires. L'objectif est double : moderniser les secteurs « traditionnels » de l'économie, par exemple le secteur agricole, et promouvoir l'intégration des populations « marginales » dans la vie économique et politique de la nation. Les premières cibles sont les habitants des *poblaciones*, les paysans non syndiqués et les ouvriers syndiqués ou non. La DC cherche à s'implanter dans les secteurs populaires, cibles traditionnelles de la gauche. Elle lui dispute l'hégémonie là où la gauche est très enracinée, comme par exemple dans la CUT. Les secteurs dans lesquels la gauche est encore mal implantée, en particulier la paysannerie et les périphéries urbaines, sont des espaces de conquête pour la DC. À la fin des années 1960, quand celle-ci abandonne progressivement son réformisme et commence à réprimer les mobilisations sociales, la gauche parvient à mieux disputer les secteurs ruraux et périphériques urbains qui étaient, jusqu'alors, le terrain privilégié de la DC[142].

Les réformes démocrates-chrétiennes créent des attentes. D'amples secteurs sociaux se mobilisent pour défendre les droits récemment acquis ou pour en conquérir de nouveaux. La politisation et la mobilisation croissantes des secteurs populaires, ainsi que les ambiguïtés inhérentes au projet démocrate-chrétien – qui oscille entre réformisme renforçant l'autonomie des acteurs populaires et charité chrétienne paternaliste – créent, à partir de 1966, des tensions au sein de la DC[143]. Une aile se rapproche de la gauche marxiste, tandis que son aile droite se regroupe autour de Frei. Face aux grèves et aux occupations illégales de terrains qui se multiplient, Frei choisit l'option de la main de fer sans gant de velours. En 1966, la grève des mineurs du cuivre à El Salvador est noyée dans le sang, avec huit morts et une soixantaine de blessés, de même que l'occupation illégale de terrains par des *pobladores* à Puerto Montt en

1969, qui se solde par dix morts et une cinquantaine de blessés. L'aile gauche de la DC ne veut plus assumer l'action gouvernementale de son aile droite. Elle quitte le parti en 1969 pour fonder le Mouvement d'Action Populaire Unitaire (MAPU), qui rejoint l'Unité Populaire de Salvador Allende.

Quant aux grands partis de gauche, ils hésitent entre la coopération et la confrontation avec la DC. Le PS récuse toute alliance avec elle, bien qu'il soutienne certains projets de loi, notamment la réforme agraire. Plus conciliant, le PC cherche à séduire les secteurs plus à gauche de la DC, dans l'espoir d'une future alliance. Parallèlement, socialistes et communistes cherchent à récupérer le terrain social perdu au centre.

Dans le projet réformiste de la DC, l'université occupe une place cruciale. Ceci s'explique, en premier lieu, par l'importance politique que la DC accorde à la jeunesse en général, et à la jeunesse étudiante en particulier. Pour les mobiliser, la DC passe par le biais des associations catholiques de jeunesse et, plus tard, quand la Jeunesse démocrate-chrétienne consolide sa présence dans les universités, par le biais des fédérations étudiantes.

Dès la fin des années 1950, les organisations catholiques de jeunesse, notamment l'Association d'Universitaires Catholiques et de la Jeunesse Ouvrière Chrétienne, dans lesquelles les étudiants sont nombreux, s'investissent dans les quartiers défavorisés et dans les régions agricoles. À la fin des années 1960, leur action sociale inspire les partis de gauche. Les associations catholiques de jeunesse publient également des documents d'analyse sur des questions sociales auxquelles la jeunesse est sensible, telles que le rôle des femmes ou la qualité de vie des jeunes ouvriers. Dans cette période considérée comme une ère propice aux changements, les « jeunes » deviennent un allié incontournable pour la DC, et plus tard pour l'Unité Populaire d'Allende. Perçue comme encline par nature au changement, la Jeunesse est investie d'une mission capitale par la DC : elle doit devenir une force régénératrice de la nation[144].

La DC développe, en effet, un discours élaboré sur la Jeunesse. Ainsi, une des principales consignes démocrates-chrétiennes avant les élections de 1964 est l'appel à la « Patrie Jeune », qui désigne les pans de la jeunesse adhèrant à son projet. Elle ne lésine pas sur les symboles avec l'organisation d'une « Marche de la Patrie Jeune », qui culmine en juin 1964 par un rassemblement de trois cent mille manifestants à Santiago.

Une raison supplémentaire explique pourquoi l'idéologie démocrate-chrétienne accorde un rôle si important à la Jeunesse. Depuis sa fondation en 1957, la DC cherche des sujets populaires qui seraient les protagonistes et/ou les principaux bénéficiaires de sa « Révolution en liberté ». Le souci majeur est d'échapper aux catégories marxistes, comme « prolétariat » ou « travailleurs ». La DC doit trouver d'autres sujets sociaux, s'adressant à ces secteurs populaires et de classe moyenne aspirant certes au changement, mais à un changement non-socialiste. La création du premier département de sociologie à l'Université Catholique offre à la DC les outils conceptuels dont elle a besoin pour penser la société chilienne en dehors des cadres marxistes. Les sociologues de « la Catholique » définissent les secteurs sociaux selon des appartenances concrètes : le lieu de résidence (*pobladores*), l'activité économique (paysans), le genre (création de « Centres de mères », principale organisation féminine de la DC), l'âge (la « Jeunesse »). La DC accorde donc à cette dernière un rôle majeur dans la « Révolution en liberté ».

Étant placés au centre du débat et de l'action de la DC, les jeunes démocrates-chrétiens ou tout simplement chrétiens commencent à se penser, eux aussi, comme des protagonistes de premier ordre de la « Révolution en liberté » que vit le Chili. Ils revendiquent le droit à la parole, au pouvoir et à la prise de décisions. La tendance à la politisation de la jeunesse se renforce. Le culte de la jeunesse, mis à l'ordre du jour par la DC, se répand très vite dans les autres partis. Si les partis de gauche ont toujours eu un secteur de jeunesse, dans les années 1960, la Jeunesse socialiste surtout, communiste dans une moindre mesure, sont davantage intégrées au sein des instances de direction du PS et du PC. L'identité et le discours générationnels font de plus en plus partie de leur arsenal argumentatif. Ces éléments se retrouvent aussi dans le discours du MIR dès 1967. Après l'ascension de Miguel Enríquez au poste de secrétaire général, la direction du MIR cultive une image de mouvement jeune, venu révolutionner une gauche marxiste décrépite et inconséquente, image qui s'inspire sans le revendiquer de la mise en valeur de ce groupe d'âge par la DC.

L'université et le réformisme démocrate-chrétien

L'université devient, sous la DC, une cible prioritaire de son projet réformiste. La démocratisation de l'accès aux études supérieures, la valorisation par la DC du rôle de la jeunesse et la politisation croissante de la jeunesse étudiante augmentent, dans les années 1960, le poids politique de l'université.

L'importance sociale, idéologique, économique et politique de cette institution n'est pas un fait nouveau. Depuis la fin du XIXe siècle, l'université forme les élites économiques, scientifiques et politiques qui dirigent la nation. À partir des années 1910, elle devient également un espace privilégié d'action des partis politiques. Les socialistes, les communistes, mais aussi le Parti conservateur voient en elle une pépinière de cadres et un appendice de la politique nationale. Nombreux sont les dirigeants étudiants qui occupent par la suite des postes importants dans les partis adultes. C'est, par exemple, le cas d'Allende et de Frei qui entrent en politique pendant leurs études.

Depuis l'entre-deux-guerres, les partis prêtent également une attention soutenue aux élections universitaires. La lutte pour le contrôle des fédérations d'étudiants est souvent acharnée[145]. L'enjeu est grand pour tous les partis, mais davantage pour les plus petits d'entre eux – ce sera le cas du MIR. La prise de contrôle d'une fédération étudiante, grâce à quelques milliers de voix seulement, donne à l'organisation qui a emporté les élections une grande visibilité à l'échelle nationale. Ce phénomène s'accentue durant la réforme universitaire, quand l'opinion publique a le regard braqué sur les universités.

Dès la victoire de la DC, l'université devient également l'espace où sont conçues et d'où sont lancées les réformes démocrates-chrétiennes. Dans une décennie marquée par les premiers signes d'épuisement du modèle d'industrialisation, l'université est appelée à produire les idées économiques qui permettent de relancer le développement national et la modernisation des structures économiques. Face à la pénurie de logements, les chercheurs en urbanisme et en sociologie sont invités à penser la réforme urbaine. Les ingénieurs en agronomie sont, quant à eux, incités à planifier et mettre en œuvre la réforme agraire.

L'université joue aussi un rôle culturel et social de premier plan dans les années 1960. Les activités de « diffusion culturelle », destinées aux milieux sociaux exclus de l'éducation supérieure, se multiplient. Elles renforcent les liens entre l'université et les secteurs populaires. En parallèle, elles favorisent les liens entre le mouvement étudiant et les autres mouvements sociaux, que ce soit le mouvement syndical ou les paysans et les *pobladores*. Si le projet culturel du mouvement étudiant s'inspire de plus en plus

de la culture populaire, le contact avec elle renforce aussi la conviction qu'ont les étudiants de connaître le peuple et de pouvoir devenir son porte-parole[146].

L'apparition des chaînes de télévision nationales, toutes gérées par les universités, conforte leur mission culturelle et leur capacité d'action réformatrice de la société. Les chaînes de télévision offrent aux étudiants un puissant levier pour peser sur la scène politique. Elles viennent s'ajouter aux antennes de radio dont disposent déjà les universités. Dans les années 1960, celles-ci, par leur emprise sur ces deux médias, contribuent de façon décisive à former l'opinion publique.

Le rôle politique, socio-économique et culturel de l'université et de son mouvement étudiant devient encore plus important pendant la réforme universitaire qui s'initie en 1967.

La Réforme de la « Catholique », la DC et le MIR

La réforme universitaire qui, sous l'impulsion de la DC, a lieu dans les universités publiques (du Chili, de Concepción) comme privées (Catholique) cherche à allier les deux piliers du projet démocrate-chrétien : la démocratisation et la modernisation. Démocratisation signifie augmentation du nombre d'admis, sollicitée par les classes moyennes qui sont aussi les soutiens électoraux essentiels de la DC[147] ; cela signifie aussi que l'ensemble de la communauté universitaire, les étudiants compris, participe à la prise de décisions. La modernisation concerne la gestion administrative, le contenu des cours et des programmes, le recrutement du personnel enseignant, etc.

Les partis et mouvements politiques présents au sein du mouvement étudiant jouent un rôle central dans la réforme universitaire. Le processus de cette réforme a une influence sur eux et, dans certains cas, il permet à ces partis de connaître un essor qui aurait été inenvisageable dans un contexte moins politisé. C'est aussi le cas du MIR, qui connaît toutefois un essor différent dans chacune des trois grandes universités chiliennes. L'Université Catholique (ou simplement « la Catholique »), par laquelle le processus de réforme commence, marque la pensée du MIR, mais le mouvement n'y prend qu'un essor limité. L'Université de Concepción est celle où le MIR obtient un soutien massif et où il acquiert une tribune nationale. Enfin, dans la plus grande université publique du pays, l'Université du Chili, à Santiago, le MIR trouve son véritable centre intellectuel.

La réforme des universités chiliennes s'inaugure dans la plus élitiste et traditionnelle d'entre elles : l'Université pontificale catholique[148]. Le monde catholique chilien des années 1960 est alors un terrain d'affrontement entre le secteur traditionnel et le secteur progressiste. Les progressistes ont déjà remporté de grandes victoires au sein du clergé et sur la scène politique avec, respectivement, de nombreux évêques acquis au courant social-chrétien et l'ascension d'Eduardo Frei à la Présidence de la République. L'Université Catholique se présente comme la dernière citadelle des traditionalistes. En 1967, les progressistes s'en emparent grâce au processus de réforme universitaire[149].

Depuis le début des années 1960 et surtout depuis la victoire de Frei, les étudiants de la Catholique se mobilisent et demandent que leur université soit réformée. En 1967, la situation s'envenime. Les négociations entre la Fédération d'Étudiants de l'Université Catholique (FEUC) – qui réclame une réforme en profondeur des structures de l'université et de son administration, ainsi qu'une remise en question de sa dépendance à l'Église catholique – et les autorités sont dans l'impasse. Les étudiants décident alors, en août 1967, une grève illimitée accompagnée d'une occupation des locaux de l'université et de sa chaîne de télévision. Cette action – inédite et surprenante au regard de la tradition conservatrice de la Catholique – a un grand retentissement national. L'utilisation des médias est un trait distinctif de l'action des jeunes dirigeants qui entrent dans la vie politique durant les années 1960. Ce sera aussi le cas des dirigeants du MIR.

Outre son formidable impact médiatique, l'occupation (*toma*) de l'Université Catholique est une grande source d'inspiration pour les pratiques de lutte sociale. La *toma* devient une pratique courante dans les années suivantes. L'occupation contient un message symbolique intrinsèquement radical : le « peuple », dont les droits et les intérêts ne sont pas défendus par les autorités légales censées le représenter, a le droit de s'emparer des espaces institutionnels ou physiques dans lesquels il vit, travaille, prie.

Trois jours après le début de l'occupation, une délégation de la CUT se présente dans les locaux occupés pour manifester son soutien aux étudiants en grève. Après une semaine d'occupation, c'est le président Frei qui intervient en personne pour demander aux autorités ecclésiastiques de trouver une issue au conflit. Le processus de la réforme est alors initié. En décembre 1967, Fernando Castillo Velasco devient le premier recteur laïque de la Catholique[150]. Le principe de co-gestion est adopté, les structures internes de l'université sont démocratisées[151]. Il en va de même pour les modalités d'admission des étudiants[152]. Le contenu des études est modifié et une attention nouvelle est accordée à l'action sociale et culturelle de l'université hors-les-murs.

Paradoxalement, l'issue favorable du conflit universitaire génère une crise à l'intérieur de la FEUC à partir de 1968. Une partie de ses dirigeants obtiennent des postes dans l'administration de l'université pour mettre en œuvre la réforme, tandis que l'autre partie reste à la direction de la FEUC. Cette dernière, en gagnant la bataille de la réforme, a perdu sa principale raison d'être. Une scission apparaît. D'un côté, les dirigeants étudiants qui sont organiquement liés à la DC s'investissent dans la défense du gouvernement qui traverse alors une crise et doit faire face à des mobilisations sociales croissantes. D'un autre côté, ceux qui sympathisent mais ne militent pas dans la DC décident de « sauver le mouvement étudiant » de plus en plus démobilisé en le faisant sortir de l'enceinte universitaire. Ces étudiants engagés pensent désormais qu'aucune transformation réelle de l'enseignement supérieur ne peut se réaliser si la société ne subit pas auparavant un changement révolutionnaire. Ils s'investissent dans le travail social en dehors de l'université, prônent la « prolétarisation » des étudiants et, parallèlement, se rapprochent des partis marxistes. À la fin des années 1960 et au début des années 1970 respectivement, ils fondent le Mouvement d'Action Populaire Unitaire (MAPU) et la Gauche Chrétienne[153].

L'occupation de l'Université Catholique est aussi l'occasion pour les partis de gauche, marginaux ou absents de l'enceinte jusqu'alors, d'entreprendre une première approche. C'est une opportunité pour créer des contacts, recruter de nouveaux militants, établir des liens de coopération ou des coalitions avec les partis qui y sont présents. Le MIR réussit à recruter, pendant et après la réforme universitaire de la Catholique, quelques militants de base et cadres moyens démocrates-chrétiens. Ce même phénomène se reproduit massivement au sein de l'Université de Concepción et, dans une mesure bien moindre, dans l'Université du Chili, dominée par les Jeunesses communiste et socialiste.

Pour les militants démocrates-chrétiens et les membres des organisations de jeunesse de l'Église catholique, le PC et le PS ont une image négative. Le PC est associé au totalitarisme et au marxisme athée. Le PS est certes considéré comme moins sectaire que le PC, mais il est associé à la franc-maçonnerie, à la défense d'un État laïque et à la

lutte pour la sécularisation de la vie politique. Le MIR, quant à lui, ne porte pas la croix séculaire de l'anticléricalisme. Il s'investit sans complexe dans le prosélytisme auprès des jeunes militants démocrates-chrétiens[154]. Ce rapprochement est d'autant plus aisé que Clotario Blest – dirigeant connu pour être un catholique croyant – figure parmi les fondateurs du MIR.

Mais le rapprochement entre le MIR et le mouvement étudiant démocrate-chrétien ne s'opère pas seulement à la base militante. Au niveau des directions, les relations personnelles et les liens d'amitié antérieurs à la réforme jouent pleinement. Andrés Pascal Allende est un moteur de ce rapprochement. Issu de l'élite catholique chilienne, il étudie la sociologie à l'Université Catholique, où il est admis grâce au soutien de Roger Vekemans, jésuite belge, directeur du département de sociologie et idéologue de la DC. Par ailleurs, Pascal est à l'époque marié avec Carmen Castillo, fille du futur recteur réformateur de l'Université Catholique, Fernando Castillo Velasco. Ce n'est que plus tard que Castillo devient la compagne de Miguel Enríquez. Ces liens personnels et d'amitié facilitent les relations entre les dirigeants réformateurs de la Catholique et la « jeune génération » du MIR. Cette dernière compte, plus généralement, sur un vaste réseau de relations personnelles ou familiales avec la classe politique et intellectuelle de centre ou de gauche, et sait mettre à profit ces liens pour s'assurer une présence constante sur l'échiquier politique.

Le passage commun par la politique universitaire, ainsi que les liens, contacts et amitiés qui se sont forgés entre la « jeune génération » du MIR et les dirigeants étudiants sociaux-chrétiens de la Catholique perdureront sous l'Unité Populaire. Les deux organisations issues de la radicalisation du mouvement étudiant réformiste, le MAPU et la Gauche Chrétienne, deviendront les plus fidèles alliés du MIR au sein du gouvernement Allende[155].

L'Université de Concepción : un terrain fertile pour la gauche révolutionnaire

La ville de Concepción se situe à 500 km au sud de Santiago. Avec une bourgeoisie locale nombreuse et souvent franc-maçonne et laïque, cette ville est progressiste et riche grâce aux ressources naturelles régionales ou aux mines de charbon situées à proximité, dans les villes ouvrières de Lota et Coronel. Concepción a une vie culturelle active et est l'une des trois plus grandes universités du pays. Dans les années 1960, elle est un centre urbain moderne et dynamique avec un mouvement étudiant et ouvrier énergiques. Le processus de réforme de l'Université de Concepción, moins connu que la réforme de la Catholique, nous concerne aussi plus directement, puisque c'est dans le contexte de l'Université de Concepción et de sa réforme que le MIR se consolide et obtient, pour la première fois, une vraie visibilité nationale.

Un bref récit événementiel de la réforme universitaire à Concepción s'impose. À l'opposé de la Catholique et de l'Université du Chili, à Concepción, la mobilisation étudiante pro-réforme s'étale sur plusieurs années. À partir de 1965, l'Université de Concepción est occupée à plusieurs reprises par les étudiants. Leurs mobilisations s'accompagnent de manifestations de rue qui débouchent régulièrement sur des accrochages violents avec les forces de l'ordre. Mais les conquêtes sont maigres jusqu'en septembre 1967[156]. En 1967, la grève et l'occupation des locaux universitaires se déroulent dans un contexte tout autre : à Santiago, la Catholique est occupée depuis un mois déjà. À Concepción, la pression sur les autorités universitaires est, de ce fait, bien plus forte. En 1968, elles cèdent face à un mouvement de réforme devenu national[157]. En février, le recteur, qui s'était opposé au mouvement étudiant, démissionne. En décembre, des élections avec participation des étudiants nomment le nouveau recteur parmi des candidats qui sont tous, pour la première fois, ouvertement soutenus par des partis, signe sans équivoque que la réforme est une affaire universitaire mais aussi politique. L'élection est finalement remportée par un candidat « indépendant », mais dans les faits lié à la franc-maçonnerie, qui a fondé et qui contrôle en grande partie l'Université de Concepción. Un mois plus tôt, la Fédération des Étudiants de Concepción (FEC) organisait des élections pour rénover sa propre direction. La DC, qui avait sa présidence jusqu'en 1967, est à nouveau battue par le MIR. Ce dernier entame son second mandat à la tête de la FEC.

Le succès que le MIR rencontre à l'Université de Concepción est unique : la FEC est la seule fédération étudiante dont il parvient à conquérir la présidence ; cela s'explique par le terrain particulièrement fertile que le MIR, juvénile et radical, trouve à Concepción. Ici, les rapports sont tendus entre, d'une part, les autorités universitaires, modernisatrices mais élitistes et anti-démocratiques et, d'autre part, un mouvement étudiant extrêmement politisé et de plus en plus radicalisé.

À Concepción, la modernisation de l'université est entreprise par ses autorités dès la fin des années 1950, alors que dans le cas de l'Université Catholique et de l'Université du Chili elle n'est mise en œuvre que lors de la réforme universitaire de 1967. Mais à Concepción, la modernisation se fait sans concertation avec la communauté universitaire et encore moins avec les étudiants ; elle est donc introduite d'en haut. Au milieu des années 1960, la mobilisation étudiante y prend une tonalité différente par rapport aux deux autres grandes universités. Pour les étudiants de la Catholique, rompre avec les autorités ecclésiastiques et avec le traditionnalisme catholique est une priorité. À l'Université du Chili, la question de la modernisation – entendue comme rationalisation du fonctionnement interne, tentaculaire – est cruciale. À l'Université de Concepción, laïque, déjà modernisée et rationalisée, le mouvement étudiant se centre sur d'autres revendications : la co-gestion, c'est-à-dire la participation de toute la communauté universitaire (et donc aussi des étudiants) dans la prise de décisions, ce qui implique une forte contestation de la légitimité des aînés – autorités universitaires et rectorat. Le deuxième moteur des mobilisations étudiantes *penquistas* (du nom des habitants de Concepción) est l'anti-impérialisme, qui se tourne contre les agences gouvernementales et fondations culturelles états-uniennes, avec lesquelles l'Université de Concepción a de nombreux partenariats. Par exemple, les choix architecturaux du Quartier Universitaire est une reproduction des campus états-uniens.

Le poids considérable des financements en provenance des États-Unis, ainsi que les relations privilégiées qu'entretiennent les autorités universitaires avec des institutions nord-américaines, irritent particulièrement les sensibilités étudiantes. Sur ce terrain, les organisations de gauche, et plus particulièrement le MIR, ont une longueur d'avance sur la mouvance démocrate-chrétienne, qui reçoit elle-même des financements états-uniens. L'anti-impérialisme n'est évidemment pas l'apanage du MIR : le PC et le PS dénoncent aussi régulièrement la présence des États-Unis dans le campus. Mais, sur ce terrain, le MIR est plus convaincant que ses concurrents de gauche. Il organise de véritables *happenings*, avec des militants qui brûlent le drapeau étoilé lors de chaque mobilisation étudiante.

Plus spectaculaire, une action assied définitivement la réputation de Miguel Enríquez et de son parti comme authentiquement révolutionnaires. L'incident se déroule lors de la visite officielle du sénateur Robert Kennedy à Concepción en novembre 1965, trois mois seulement après la fondation du MIR. Dans un premier temps, Miguel Enríquez, présent à la réunion d'accueil du célèbre congressiste de Washington, prend la parole. Il dénonce tous azimuts les Kennedy et la politique extérieure des États-Unis et invite le sénateur à visiter les *poblaciones* pour en connaître les effets dévastateurs sur le Tiers-Monde. Il termine son intervention par un avertissement, conseillant au sénateur de renoncer à sa visite prévue le même jour à l'université[158]. Robert Kennedy fait peu de cas du discours enflammé du jeune étudiant et se rend comme prévu à l'université. Il est accueilli sur le campus par une pluie d'œufs et de tomates que lui jettent des étudiants, criant leur haine de l'impérialisme *yankee*[159]. Le sénateur doit fuir en catastrophe avant d'avoir pu admirer les innovations de l'Université de Concepción et ses multiples partenariats avec les institutions nord-américaines. Le MIR sort grandi de l'opération et se forge une solide réputation de mouvement qui ne reconnaît aucune autorité. En 1967, un autre incident place définitivement le MIR à l'avant-garde de la lutte anti-impérialiste du campus de

Concepción. Cette fois, les miristes s'en prennent à quatre membres des *Peace Corps*[160] états-uniens qui résident sur le campus. Ils les expulsent violemment de l'université en les accusant d'être des agents de la CIA[161].

La politisation des étudiants de Concepción, plus accentuée qu'à la Catholique, est due également à la sociologie étudiante de cette ville. L'ambition des élites locales qui ont fondé l'université a rapidement dépassé les frontières de la province. L'Université de Concepción est devenue un aimant attirant les enfants des élites de tout le Sud du Chili, qui étaient jusqu'alors envoyés à Santiago. Le pourcentage considérable d'étudiants venus d'autres provinces a un effet très concret sur les mobilisations étudiantes des années 1960. Les étudiants qui viennent d'autres villes comptent souvent parmi les plus rapidement politisés. Généralement hébergés sur le campus, ils sont d'autant plus réceptifs aux appels des partis que les résidences universitaires sont à l'époque un haut lieu de débat et de politisation. Ils sont également plus disponibles pour un militantisme à temps complet que les étudiants soumis à l'autorité parentale.

Co-gestion et anti-impérialisme indiquent le caractère très politisé du mouvement étudiant *penquista*, qui constitue le cadre favorable au développement d'une organisation politique nouvelle comme le MIR. Car, c'est l'image que le MIR a à Concepción, où la « vieille génération » est moins présente. Les appels de la FEC à la co-gestion et à la rupture avec les États-Unis sont souvent promus par le biais d'actions musclées de protestation, dans lesquelles les militants et dirigeants du MIR se distinguent[162].

Durant la période pendant laquelle l'Université de Concepción est le quartier général du MIR, le groupe de Miguel Enríquez met au point une pratique qu'il n'abandonne plus jusqu'au coup d'État de 1973. Les actions sont certes spectaculaires, mais d'une violence limitée ; elles revêtent avec le temps et leur mise en récit des significations politiquement convaincantes. Dans un premier temps, la description de ces actions est diffusée par la presse, ce qui accroît la visibilité publique du MIR. Des actions éparses dans le temps acquièrent de l'importance avec leur mise en récit. Robert Kennedy chahuté lors de sa visite ou l'expulsion de quatre volontaires états-uniens du campus de Concepción sont des faits ponctuels, qui prennent tout leur sens en étant présentés comme des épisodes de la lutte anti-impérialiste et révolutionnaire du mouvement étudiant chilien[163]. Ainsi, le succès que connaît le MIR dans le milieu étudiant de Concepción, emportant les élections de la FEC en novembre 1967, doit beaucoup à la capacité de ses dirigeants à résonner avec les désirs de radicalité du mouvement étudiant *penquista*.

La politisation du mouvement étudiant de Concepción est aussi perceptible dans les liens nombreux que les étudiants nouent avec la société, et notamment avec ses secteurs populaires. Ces liens sont créés dans les années 1920, mais ils se renforcent à partir de la fin des années 1950, grâce aux travaux d'été institués par la Jeunesse démocrate-chrétienne dans les *poblaciones* et dans les régions agricoles de la province. Le MIR adhère aussi à la mission sociale de l'université auprès de ses secteurs populaires ; il ne faut pas oublier ses origines syndicalistes, trotskistes et dissidentes communistes, ni ses relations avec le monde ouvrier et *poblador*.

Il est important de remarquer que l'université se situe géographiquement au cœur de Concepción. En 1924, l'université achète un terrain, *La Toma*, où est construit le *Barrio Universitario*, à une dizaine de pâtés de maison de la Place d'Armes et du centre ville. En se situant près du coeur de l'activité régionale, l'Université de Concepción et les diverses activités culturelles et sociales qui s'y organisent se rendent, ainsi, plus accessibles et ouvertes à la population, notamment les secteurs populaires.

L'architecture même du campus est tournée vers l'extérieur. Ses nombreux jardins, principaux espaces verts du centre ville, attirent la population non étudiante. En 1957, la construction de nouveaux édifices, accueillant la bibliothèque et les nouvelles facultés ainsi que les départements issus des réformes, s'accompagne de l'inauguration d'un forum ouvert. Placé à mi-chemin entre les anciens édifices et les nouveaux, ce forum ouvert a un sens symbolique et politique fort. Dans les années 1960, il accueille les principales manifestations tant artistiques que politiques. Des rassemblements massifs et des assemblées étudiantes y sont organisés mais, surtout, il devient un lieu de rencontre privilégié entre la politique universitaire et la politique régionale et nationale[164].

La proximité du campus universitaire du centre-ville offre au mouvement étudiant un formidable moyen d'être présent dans l'espace public de Concepción. Les manifestations de rue, organisées aux alentours de l'université, présentent un double avantage. D'une part, du fait de la proximité avec le centre-ville, elles sont immédiatement connues de la population non-étudiante. D'autre part, l'autonomie du campus interdit l'intervention de la police dans son enceinte, qui devient une base arrière lors des fréquents affrontements violents. Cet espace stratégique permet aux étudiants d'user au maximum de la tactique de l'affrontement, avec des coûts (en blessures et arrestations) réduits pour un gain médiatique non négligeable.

À l'action sociale de l'université et de son mouvement étudiant, il faut ajouter l'action culturelle. Depuis les débuts du XXe siècle, les fondateurs francs-maçons de l'université se pensent comme des élites éclairées qui ont le devoir de répandre leurs lumières et d'aider les couches populaires à s'engager sur la voie du progrès. Pour développer la « diffusion culturelle », l'Université de Concepción invite des artistes et des intellectuels chiliens et latino-américains. À la fin des années 1960 et sous l'Unité Populaire, le MIR non seulement participe aux missions de « diffusion culturelle », mais il parvient aussi à recruter de nombreux intellectuels, universitaires, artistes et étudiants latino-américains qui travaillent ou étudient à Concepción grâce à l'ambitieuse politique d'internationalisation de l'institution.

Faire de la politique à Concepción

Depuis le début du XXe siècle chilien, le lien entre politique étudiante et politique nationale est étroit. L'Université Catholique est le lieu de formation des cadres des partis conservateurs, auxquels se sont ajoutés ceux de la Phalange, puis de la Démocratie chrétienne. Les Universités du Chili et de Concepción forment, quant à elles, les futures élites politiques laïques et libérales. Nombre de cadres du PC, du PS et du Parti radical font leurs études dans ces deux universités. Ceux qui occupent des postes de direction dans les fédérations sont pratiquement assurés d'une carrière politique à la fin des études[165].

Bien que, jusqu'au coup d'État de 1973, aucun dirigeant du MIR ne candidate aux élections, le passage de la « jeune génération » du MIR par les postes de direction de la FEC n'est pas moins décisive pour leur transition de la politique universitaire vers la politique nationale. Or, le MIR est à l'époque la seule petite organisation de gauche extraparlementaire – et il y en a pléthore à la fin des années 1960 – à avoir conquis l'une des principales fédérations étudiantes du pays.

L'accès de la « jeune génération » du MIR aux postes de direction de la FEC devient possible grâce à deux facteurs principalement. Le premier réside dans les liens politiques que la future « jeune génération » du MIR noue, au début des années 1960, avec les dirigeants des autres partis de gauche représentés au sein de la FEC. En 1963, une coalition inédite (qui allie le PC, le PS et la VRM) remporte les élections de la FEC. Elle est dirigée par Miguel Enríquez[166]. Cette première alliance permet à Enríquez de remporter une victoire, qui fait de lui un leader étudiant connu.

Le second facteur qui offre à Enríquez, et plus tard à d'autres membres de la « jeune génération » du MIR tels Bautista Van Schouwen et Luciano Cruz, de diriger la FEC, sont leurs réseaux étendus – familiaux, amicaux, sociaux et politiques – à Concepción et à Santiago.

Concepción est une ville d'environ 150 000 habitants. Les réseaux d'amitié, de parenté et de militantisme commun y jouent un rôle déterminant. Dans cette ville de province de taille moyenne, l'extraction sociale privilégiée de la « jeune génération » et future direction nationale du MIR est un avantage. Miguel Enríquez, comme ses amis et collaborateurs proches, sont pour la plupart issus de familles de classe moyenne ou de l'élite politique et intellectuelle de Concepción. Cette extraction sociale renforce leur légitimité comme acteurs centraux du mouvement étudiant de l'Université de Concepción, tout d'abord vis-à-vis des autorités de l'établissement, avec lesquelles ils savent comment négocier. Sous l'Unité Populaire, le père de Miguel Enríquez sera d'ailleurs recteur de l'Université de Concepción[167]. En outre, le fait que Miguel Enríquez et son frère Edgardo, lui aussi membre de la direction nationale après 1967, soient issus d'une famille de l'élite intellectuelle et politique *penquista*, et non de l'élite économique, est significatif pour la suite de leur parcours. Leur famille fait partie d'une élite non capitaliste, orgueilleuse de son ascension sociale grâce au savoir et à ses capacités intellectuelles.

Le succès du MIR à l'Université de Concepción est également dû à la capacité de ses dirigeants à démontrer que leur très bonne insertion politique et sociale ne les empêche pas d'être de vrais contestataires. Le MIR attaque sans répit les accointances entre la franc-maçonnerie et la direction universitaire. La virulence des accusations contribue à façonner une image de jeunes révoltés contre la génération des parents, car nul n'ignore les liens familiaux qui unissent les miristes aux notables de la franc-maçonnerie locale, dont le père, les oncles et tantes de Miguel Enríquez.

Grâce à leurs origines sociales, les dirigeants les plus en vue de la « jeune génération » du MIR comptent aussi sur une formation intellectuelle solide. Cet atout est essentiel aux jeunes tribuns pour s'engager dans des joutes électorales universitaires. Par ailleurs, dans le contexte d'extrême politisation du mouvement étudiant, marqué par des débats passionnés dans les amphithéâtres et le forum de l'Université de Concepción, la formation pointue des membres du groupe de Miguel Enríquez est un recours essentiel. Elle ne permet pas uniquement de séduire les autorités universitaires et les étudiants, elle est aussi une arme de persuasion auprès des autres organisations politiques étudiantes.

Les assemblées étudiantes sont autant de scènes pour mettre en valeur les redoutables atouts des dirigeants miristes. La conception architecturale des locaux de l'université qui favorise le débat, avec un grand nombre d'étudiants participant régulièrement aux assemblées de la FEC, offre un avantage aux dirigeants du MIR. Charismatiques et cultivés, ils ne peinent pas à s'imposer. Pour nombre d'étudiants de Concepción, les jeunes dirigeants brillants du MIR rappellent Castro et ses compagnons, dont le parcours révolutionnaire avait commencé lorsqu'ils étaient eux aussi étudiants.

La « jeune génération » du MIR de Concepción tisse également dans cette même ville des relations avec la « nouvelle gauche » latino-américaine, en premier lieu, brésilienne, argentine, bolivienne et péruvienne. Après 1964 et le coup d'État brésilien puis le coup d'État argentin de 1966, l'Université de Concepción devient une terre d'asile pour de nombreux militants et intellectuels de cette « nouvelle gauche ». Ceux-ci sympathisent pour la plupart avec le MIR, voire commencent à militer dans le mouvement. C'est le cas d'importants intellectuels qui travaillent pendant un temps à l'Université de Concepción comme le Brésilien Ruy Mauro Marini ou l'Argentin Juan Carlos Marín. Dans l'esprit des étudiants de Concepción, les liens entre la jeune direction du MIR et ces imposantes figures intellectuelles latino-américaines augmente plus encore le prestige de la première.

Dès le début des années 1960, la future « jeune génération » du MIR impressionne par les liens qu'elle entretient avec des personnalités politiques de la capitale. En 1965, Miguel Enríquez rencontre Clotario Blest qui reste, malgré son expulsion de la CUT, une figure emblématique du syndicalisme chilien. Dès lors, Enríquez voyage souvent à Santiago pour rencontrer Blest, qui travaille à l'organisation du Congrès de l'Unité Révolutionnaire donnant naissance au MIR. Blest est par ailleurs un habitué de la région de Concepción. Il entretient d'anciens liens avec les dirigeants syndicaux et avec le mouvement étudiant. Il jouit d'une grande réputation dans la région[168].

Après la fondation du MIR, les contacts avec le monde militant et ouvrier de Santiago permettent aux dirigeants étudiants du MIR à l'Université de Concepción de présenter leur mouvement comme enraciné à l'échelle nationale, un avantage important face aux autres groupes étudiants de gauche radicale locaux, qui leur offre aussi de concurrencer le PS et le PC.

De la politique universitaire à la politique nationale

À partir de 1967, certains dirigeants démocrates-chrétiens, mais aussi une partie de l'électorat de la Démocratie chrétienne universitaire (DCU) de Concepción se tournent vers le MIR. Le processus de radicalisation politique d'un secteur de la DCU profite presque exclusivement au MIR. D'une part, l'aversion ou la méfiance que ressentent les démocrates-chrétiens à l'égard des deux grands partis de gauche les en éloigne irrémédiablement. D'autre part, le MIR adopte une stratégie qui alterne habilement alliances et concurrence avant de conquérir la présidence de la FEC à la fin de l'année 1967.

C'est le seul moyen, pour un petit parti de fondation récente, de conquérir la troisième fédération étudiante du pays. Pour le MIR, comme pour toute la gauche marxiste, « l'université fait partie d'une superstructure sociale »[169]. Cela signifie, d'une part, que la transformation de l'enseignement supérieur que souhaite le MIR ne peut théoriquement se réaliser que si l'ensemble des structures économiques et sociales se modifie ; et d'autre part, que la politique à l'université est légitime, selon le MIR, uniquement dans la mesure où elle promeut une transformation révolutionnaire de la société. Par conséquent, les mobilisations qui visent à l'amélioration du fonctionnement interne de l'établissement sont secondaires pour le MIR. Il les encourage car elles sont un moyen de conquérir le pouvoir universitaire, dont il peut user pour promouvoir son programme politique général[170].

La flexibilité de la politique d'alliances et de collaborations que mène la « jeune génération » au sein du MIR est évidente à l'observation de sa trajectoire dans l'Université de Concepción. On l'a vu, en 1963, le groupe de Miguel Enríquez participe à la coalition qui lie le PC, le PS et la VRM trotskiste. Néanmoins, les jeunes miristes n'ont guère infléchi la politique des deux grands partis. Un an plus tard, la coalition se désagrège et la DCU remporte les élections.

La « jeune génération » du MIR suit une tactique qui consiste à souligner les points communs entre son programme et celui de la DCU, tout en radicalisant ce dernier afin d'attirer son électorat et certains de ses dirigeants. Dans un premier temps, les dirigeants du MIR tiennent un discours relativement modéré qui rappelle celui de la DCU et qui permet un rapprochement entre miristes et démocrates-chrétiens. Une fois consolidée, la collaboration avec la DCU et le mouvement pour la réforme bien engagé, le MIR suit une double stratégie. En 1966 et 1967, le MIR collabore avec la DCU pour la formulation du programme de la réforme et les négociations avec les autorités. Dans le même temps, il s'attaque avec opiniâtreté à la DCU dans tous les rassemblements publics[171].

Cette stratégie du MIR suit un double objectif. Il s'agit d'abord de se distinguer idéologiquement de la DCU, les assauts publics permettant de prévenir toute confusion due à la collaboration entre les deux partis. D'autre part, les jeunes dirigeants miristes se savent dans un rapport de force favorable lors des débats publics. Les joutes oratoires publiques sont pour le MIR l'occasion de séduire l'électorat démocrate-chrétien. Les dirigeants miristes effectuent aussi un patient travail de cooptation des dirigeants démocrates-chrétiens[172]. Avec la crise de la DCU en 1967, les fruits de ce labeur commencent à porter.

Trois ans après la fondation du MIR, la « jeune génération » peut dresser un très bon bilan de ses activités. Il s'est implanté durablement dans l'Université de Concepción, le nombre de militants et de dirigeants a sensiblement augmenté et la plupart de ses mobilisations ont obtenu satisfaction. Néanmoins, jusqu'à la fin de l'année 1967, les répercussions de ces succès ne dépassent pas l'université et la scène politique régionale.

L'entrée de la « jeune génération » du MIR dans l'arène politique nationale ne débute véritablement qu'après sa victoire aux élections de la FEC en décembre 1967. La conquête de la FEC se réalise grâce à l'alliance du MIR avec l'organisation étudiante du PS. Cette coalition doit beaucoup à la politique nationale : elle naît après le revirement du PS lors du Congrès de Chillán de novembre 1967. La JS se prononce certes depuis le début des années 1960 en faveur de la Révolution cubaine et de la voie armée. Elle adopte depuis longtemps des positions radicales, bien plus proches du MIR que de la direction du PS. Pour autant, les accords de principe entre les jeunes socialistes et le MIR ne se traduisent pas par une alliance, à laquelle s'oppose la direction nationale du PS qui privilégie la collaboration avec les communistes. Mais le PS effectue une volte-face en 1967. Le Congrès de Chillán marque ce changement radical du PS qui dénonce les projets de nouvelles alliances avec le PR et prône la lutte armée.

Les « thèses de Chillán » ont un immense retentissement sur l'opinion publique. De toute évidence, le PS n'engage pas la lutte armée. Mais son soutien explicite et enthousiaste à la guérilla « pour conquérir le pouvoir » est un coup de timon à gauche qui marque les esprits. Pour effectuer son virage à gauche, le PS utilise la JS comme un laboratoire pour de nouvelles alliances, notamment avec le MIR. De plus, la menace d'une coalition avec le MIR est un excellent moyen de pression sur le PC avec qui les relations sont désormais tendues. Ainsi, les alliances au sein de la FEC et de la FECH sont autant des ballons d'essai pour une éventuelle coalition entre le PS et la gauche radicale au niveau national, qu'un message adressé au PC.

La victoire de la coalition JS-MIR à Concepción offre à la « jeune génération » du MIR une grande visibilité publique à l'échelle nationale, pour le moins disproportionnée par rapport au millier de suffrages étudiants exprimés en sa faveur[173]. Les élections des fédérations d'étudiants ont, depuis leur création, un grand retentissement national. Mais, à la faveur du processus de la réforme universitaire, elles occupent, à la fin des années 1960, une place centrale. Désormais, le MIR est systématiquement associé dans la presse nationale à sa « jeune génération », et plus particulièrement aux dirigeants étudiants de Concepción.

Néanmoins, la politique universitaire n'est pas qu'instrumentale pour la « jeune génération » du MIR. La coalition avec la JS (appelée « Brigade Universitaire Socialiste » ou BUS, dans l'enseignement supérieur) est une expérience qui, plus tard, structurera la politique du MIR à l'égard des partis qui composent l'Unité Populaire entre 1970 et 1973. Dans le contexte de l'alliance avec la BUS, la jeune direction du MIR se convainc que deux camps s'empoigneraient au sein de la gauche, les révolutionnaires et les réformistes – et que sa mission est de renforcer et de diriger les premiers[174]. Cette conception, fondamentale pour comprendre les positions du MIR sous le gouvernement d'Allende, émerge donc à l'Université de Concepción lors de son alliance avec la JS et son opposition à la JC.

L'idée d'une division radicale de la gauche entre réformistes et révolutionnaires est renforcée par les liens créés entre le MIR et le PS au sein de l'Université du Chili et plus précisément du *Pedagógico*, qui réunit les humanités et les sciences sociales. Le *Pedagógico* est connu jusqu'à aujourd'hui pour ses étudiants politisés et pour ses mobilisations fréquentes. Au début des années 1960, Miguel Enríquez établit des contacts avec des étudiants du *Pedagógico* de l'Université du Chili, notamment d'anciens militants de la Jeunesse communiste[175]. Les étudiants du *Pedagógico* forment, après son élection au secrétariat général du MIR, le cercle rapproché de Miguel Enríquez. L'essor du MIR est bien plus limité à Santiago qu'à Concepción, raison pour laquelle nous ne nous y attarderons pas ici. Il convient, toutefois, de signaler que si le MIR de l'Université du Chili ne réussit pas à créer une base militante massive comme à Concepción, son importance réside dans les apports à la pensée politique et économique du parti, conçus par ses dirigeants étudiants ainsi que par des universitaires recrutés dans cette institution. En effet, plusieurs professeurs et chercheurs de l'Université du Chili rejoignent le MIR à la fin des années 1960. Ces intellectuels contribuent à leur tour à forger la pensée politique et économique miriste sous l'Unité Populaire.

Ce premier noyau du MIR se constitue autour des cours de Juan Rivano, puis de sa revue publiée par le département de philosophie, la *Revista de Filosofía*[176]. Cette revue joue un rôle important dans l'évolution du MIR : elle structure le projet et la pensée des miristes et de l'aile radicale des socialistes. Pour le MIR, le recrutement du groupe constitué autour de Rivano, fort d'une cinquantaine de militants, est une aubaine. Doté d'une solide formation intellectuelle et d'une grande cohésion, le groupe a développé une critique importante des grands partis de gauche, avec laquelle il alimente les débats dans les assemblées étudiantes. Patiemment, il effectue un travail de recrutement et il tisse des liens avec les autres fédérations étudiantes de Santiago. C'est ce groupe de philosophie qui se déplace à l'Université Catholique, pour soutenir les étudiants grévistes, lorsqu'elle est occupée en août 1967[177]. Ce sont à nouveau eux, accompagnés d'étudiants en architecture et en économie, qui participent à partir de 1967 aux travaux d'été dans les *poblaciones* – ils deviendront durant l'Unité Populaire des bastions du MIR[178].

Outre les étudiants regroupés autour de Rivano, les dirigeants étudiants miristes du *Pedagógico* recrutent à l'Université du Chili des enseignants et chercheurs latino-américains exilés. Leurs travaux et leur seule présence au sein du MIR renforcent sa légitimité intellectuelle et par conséquent sa légitimité politique ; ils lui permettront de revendiquer, sous l'Unité Populaire, le rôle d'avant-garde éclairée de la révolution chilienne[179]. La présence de ces intellectuels dans le MIR donne également à sa direction l'accès aux journaux et aux revues contrôlés par l'aile gauche du PS qui connaissent, à partir de la fin des années 1960, un grand essor. Cette diffusion médiatique des positions du MIR augmente sa visibilité, sa popularité, ainsi que son influence sur les décisions gouvernementales après l'ascension d'Allende au pouvoir.

Chapitre 4

Après la réforme, la révolution ?

Les écrits sur le MIR qui ont étudié son histoire n'ont pas seulement eu tendance à sous-estimer ou à occulter le rôle crucial de la « vieille génération ». Ils ont souvent présenté le MIR comme une organisation révolutionnaire créée par des étudiants de la génération de '68[180], niant les différences entre la « jeune génération » et celles et ceux, plus jeunes encore, qui ont participé à la fondation du MIR, recrutés à partir de 1967. Il faut, pourtant, distinguer trois vagues parmi les plus jeunes recrues du MIR. La première est la « jeune génération » qui se structure autour de Miguel Enríquez ; elle participe à la fondation du MIR, puis partage la direction avec la « vieille génération » à partir de 1967 et, enfin, l'assume entièrement en 1969. Principalement composée d'étudiants qui ont déjà milité dans d'autres partis, elle est formée par la « vieille génération » dont elle garde l'héritage marxiste-léniniste comme principe idéologique fondamental.

Bien distincte, une seconde vague de jeunes militants rejoint le MIR lors de la réforme universitaire. Celle-ci se caractérise par l'hétérogénéité des parcours antérieurs de ses membres. Loin de l'unicité de leurs aînés marxistes, les militants de la deuxième vague proviennent d'un large spectre politique allant de la gauche extraparlementaire au centre (radical ou démocrate-chrétien), voire d'organisations chrétiennes ou paramaçonniques. Ces militants occupent rapidement des postes importants dans le MIR, étoffent l'appareil du parti dans sa structure clandestine ou à la tête de « fronts de masse ».

Enfin, la troisième vague rejoint le MIR en 1969 ou durant

l'Unité Populaire. Ce sont principalement des étudiants ou lycéens[181], bien que durant cette période le MIR recrute aussi des personnes issues d'autres milieux sociaux, mais qui restent le plus souvent de simples sympathisants. Contrairement aux deux vagues précédentes, les militants de la troisième vague sont vierges de tout militantisme. Pour elles et pour eux, l'adhésion au MIR constitue la première expérience partisane. Ce militantisme premier est parfois si marquant qu'il entraîne une adhésion presque inconditionnelle aux positions de la direction du MIR. Dans d'autres cas, l'engagement politique est, au contraire, faible et à temps partiel et l'identité miriste ne représente qu'une identité parmi d'autres (« étudiant », « jeune », « ouvrier », etc.). Dans ce dernier cas, les militants plus tardifs quittent le MIR durant l'Unité Populaire ou bien lors du coup d'État.

L'attention accordée à la sociologie du militantisme miriste présente un intérêt historiographique double. D'une part, elle permet de faire une histoire du MIR qui ne soit pas celle de sa seule direction. D'autre part, elle éclaire les nombreuses relations et influences réciproques entre le MIR et d'autres milieux politiques - surtout le catholicisme social -, ainsi qu'entre le milieu étudiant et d'autres secteurs sociaux, notamment les *pobladores* et les ruraux. Cette histoire de la « nouvelle gauche » chilienne n'est pas internaliste, elle est pensée à travers les relations du MIR avec le monde dans lequel il s'est forgé et a agi.

Quels sont les modèles et les voies pour construire un nouveau parti politique ? Comment faire pour recruter de nouveaux membres et quels effets ces choix ont-ils sur l'organisation ? Comment penser et construire les rapports avec différents acteurs sociaux, et dans quelle mesure les hiérarchies sociales établies se reproduisent-elles ou non dans une organisation politique qui prône l'émancipation ?

Parti de cadres ou parti de masses ?

Avant et pendant la réforme, la « jeune génération » du MIR recrute essentiellement des cadres pour le parti. Le premier objectif est la création dans chaque université d'un noyau dur composé de quelques dizaines de militants entièrement dévoués au parti. La constitution d'une base militante plus ample est alors un objectif très secondaire. Ce qui intéresse davantage est de séduire ponctuellement l'électorat pour obtenir des résultats honorables aux élections universitaires et avoir ainsi des élus dans les fédérations étudiantes[182].

Ce mode de recrutement hautement sélectif et ciblé suit une double logique, pragmatique et idéologique. À l'évidence, un cadre peut contribuer à renforcer l'organisation plus qu'un simple militant pour plusieurs raisons. En premier lieu, un dirigeant étudiant a déjà conquis un certain nombre de militants enclins à le suivre, ou pour le moins à voter en sa faveur quelle que soit son étiquette partisane. De plus, le MIR gagne en prestige chaque fois qu'un cadre abandonne son ancien parti. Par ailleurs, les cadres, qui ont déjà de l'expérience, sont donc rapidement en mesure de fournir un travail politique de qualité, ce qui épargne temps et efforts au MIR, dont les ressources sont limitées. Ce sont aussi des hommes et des femmes qui ont conscience des exigences du militantisme et qui sont généralement disposés à donner le temps et l'énergie nécessaires. Enfin, leur adhésion est consciente et leur engagement est plus solide et durable que celui des militants de base.

Le recrutement sélectif n'est certainement pas une invention de la « jeune génération » du MIR. Le concept de « parti de cadres » a une longue histoire. Au Chili, les partis trotskistes fonctionnent ainsi depuis les années 1930 : ils ont survécu aux aléas de la politique et aux nombreuses désertions principalement grâce à cette caractéristique sélective.

La nouveauté résiderait plutôt dans le rôle central attribué par la « jeune génération » du MIR aux étudiants, présentés comme la nouvelle élite révolutionnaire latino-américaine. Là aussi, l'argument n'est pas nouveau. À partir de 1959, les dirigeants cubains n'ont eu de cesse de souligner le rôle que les étudiants avaient à jouer dans la révolution latino-américaine.

Mais il n'y a pas que l'exemple cubain qui pousse la « jeune génération » à voir dans les étudiants des moteurs de la révolution. On l'a vu, les années 1960 chiliennes s'ouvrent sur le thème de la « Patrie Jeune » proclamé par la DC. Les « jeunes », parmi lesquels les étudiants occupent une place de choix, sont considérés par la DC comme des acteurs de premier plan. L'idée est reprise par les partis de gauche[183], dont le MIR[184]. La réforme universitaire vient encore conforter cette idée. Dans le contexte international de 1968, l'explosion des mouvements étudiants en Europe, aux États-Unis et en Amérique latine avalise la thèse d'une jeunesse étudiante à l'avant-garde de la révolution mondiale.

Pourquoi militer au MIR ? Les chrétiens sociaux répondent

Le MIR participe pleinement d'un phénomène qui caractérise les années 1960-1973 : la politisation généralisée de la société chilienne, et *a fortiori* de la jeunesse, qui se manifeste par l'augmentation sensible du nombre de militants de tous les partis politiques. C'est aussi le cas du MIR. Un phénomène fréquent mais moins généralisé est celui de la forte mobilité des militants qui passent d'une organisation à l'autre, cherchant l'espace idéal pour s'engager en politique. Ce phénomène est particulièrement visible dans le cas du MIR qui, à partir de 1967, accueille un grand nombre de cadres venus d'autres partis. La seconde vague du MIR est très hétéroclite quant aux origines idéologiques et sociales de ses membres, bien plus que dans la plupart des autres partis politiques, y compris le PC et le PS. Cela amène à poser une question intéressante : en adhérant au MIR, que cherchent ces jeunes venant de milieux politiques aussi divers que la Jeunesse démocrate-chrétienne, les associations catholiques ou francs-maçonnes, le PS, le Parti radical, et bien plus rarement le PC ? Pourquoi rejoignent-ils cette organisation-là précisément et pas une autre ?

Les militants qui adhèrent au MIR durant la réforme universitaire sont attirés pour différentes raisons à mettre en relation avec leurs fidélités politiques antérieures. L'engagement dans la gauche extraparlementaire et radicale de militants démocrates-chrétiens ou de membres d'organisations de jeunesse catholique, pour la plupart issus de familles croyantes, a de quoi surprendre. Il a souvent été considéré comme une rupture avant tout familiale. Cependant, pour les jeunes chrétiens du MIR, l'engagement à gauche est vécu comme une continuité avec les valeurs religieuses de la famille. Le MIR se comporterait de manière éthique, ce qui le distinguerait des autres partis et le rapprocherait d'une foi religieuse sincère.

L'accent sur la morale est une composante centrale de la culture politique démocrate-chrétienne, que les ex-militants de la DC devenus révolutionnaires retrouvent dans le MIR. Ce point commun ne signifie pas que le MIR ait emprunté son discours et sa conception du militantisme à la DC. En revanche, cela permet d'établir des parallèles entre des forces politiques et leurs imaginaires respectifs, généralement considérés comme opposés en tous points.

La perception du MIR comme une organisation à la morale irréprochable est largement le fruit d'une image publique construite par les dirigeants miristes qui affirment souvent publiquement être des hommes incorruptibles et désintéressés – la direction nationale étant à l'époque exclusivement de sexe masculin. Le refus de participer aux élections apparaît comme une preuve de la probité des cadres, de même qu'un ensemble de valeurs – le devoir, le sacrifice ou la fidélité – que le MIR fait siennes. Ces valeurs ne sont pas étrangères aux chrétiens pratiquants. La constante évocation de nouveaux héros, martyrs de la Cause, tels que le « Che » ou le prêtre révolutionnaire Camilo Torres[185] rapproche davantage les militants catholiques du MIR. Ainsi, pour les catholiques, l'adhésion au MIR ne constitue pas une rupture, mais la poursuite d'un engagement chrétien.

La nature du militantisme miriste offre aussi un certain épanouissement aux chrétiens. Le petit parti de cadres exige de ses militants un engagement à temps complet. La faiblesse numérique doit être récompensée par la présence sur tous les fronts de ses membres et un prosélytisme à toute épreuve. Tels de nouveaux missionnaires – le terme étant utilisé sans ironie par des ex-militants pour décrire leur engagement politique –, ils partent « prêcher la parole » de la révolution socialiste. Les dimensions réduites d'un parti, avec des idées ultra-minoritaires à l'échelle du pays, convoquent le mythe des premiers chrétiens persécutés. Il est intéressant de signaler que la comparaison entre le labeur militant des premiers cadres miristes et celui des premiers chrétiens est évoquée y compris par les dirigeants du MIR qui ne sont pas croyants.

L'ascension au pouvoir des démocrates-chrétiens met à mal nombre de leurs principes moraux, notamment lorsque, à partir de 1966, la répression s'abat sur les mobilisations ouvrières ou de *pobladores*, faisant des morts parmi les manifestants. Certains jeunes militants ou sympathisants restent au parti, mais critiquent sa direction ; d'autres préfèrent rejoindre l'aile gauche de la DC ou le MIR. Quant aux organisations de jeunesse catholiques, elles sont freinées dans leur radicalisation à gauche par une hiérarchie qui entend reprendre le contrôle de ses membres. Les plus virulents d'entre eux sont souvent simplement expulsés, et tous peuvent constater les limites de la tolérance ecclésiastique.

Lorsque les chrétiens militants quittent leurs structures d'origine, ils rejoignent des organisations politiques qui incarnent le mieux leurs valeurs. Deux critères principaux orientent leur choix. Le parti ou le mouvement auquel ils adhèrent doit être, en premier lieu, « hors système ». Cette caractéristique est perçue comme un garde-fou aux tentations du pouvoir, considéré comme foncièrement corrupteur, et à l'institutionnalisation, la transformation en une force politique fermée et figée. Le deuxième critère est la « jeunesse » du parti. Ils sont enclins à considérer cette caractéristique comme essentielle pour juger des capacités d'un parti à transformer le monde. Dans ces conditions, la date de fondation, récente, et l'âge des dirigeants sont d'importants critères de sélection du parti.

Le MIR conjugue parfaitement ces deux éléments. Ses discours virulents attaquent la DC et la « gauche traditionnelle ». La première pour son grand écart entre son discours social et la répression des mobilisations populaires, la seconde pour ses compromissions électoralistes. Le MIR quant à lui refuse de participer aux élections. Ce sont autant d'arguments pour convaincre les jeunes chrétiens anticonformistes que le MIR est « hors système ». Le MIR est donc facilement considéré comme un parti jeune. La « vieille génération » est de plus en plus marginalisée et, à partir de 1967, le mouvement est systématiquement associé aux dirigeants de la « jeune génération » par tous les médias nationaux.

La presse participe en effet grandement à forger une image du MIR comme mouvement intimement lié à la « jeunesse » des années 1960, chilienne et mondiale. Cette interprétation apparaît durant la réforme, et *a fortiori* après 1968. Le MIR est souvent présenté comme la version chilienne des « gauchistes », anarchistes ou situationnistes français[186]. Cela a deux conséquences : d'une part, le MIR s'impose sur la scène nationale comme l'expression politique la plus authentique de la jeunesse et, d'autre part, on lui reconnaît une portée qui dépasse largement les frontières nationales.

À partir de 1967, la « jeune génération » a un discours qui revendique expressément ce caractère juvénile du MIR. Le concept pas si orthodoxe de « classe d'âge » fait alors son apparition dans les documents, articles et entretiens du MIR, avant d'être abandonné après 1969, lorsque les autorités universitaires se chargent de mettre la réforme en œuvre.

Socialistes, radicaux, franc-maçons et communistes : les raisons d'une conversion

La « jeunesse » du MIR n'attire pas seulement les chrétiens en rupture de ban. Le MIR séduit aussi nombre de militants d'organisations de gauche ou du centre laïque, pour des raisons différentes dans chacun des cas. Le phénomène de transfert de militants vers le MIR prend sa plus grande ampleur au sein de la Jeunesse socialiste. Mais, contrairement aux autres partis, les militants socialistes ne quittent pas forcément le PS pour adhérer au MIR. À la fin des années 1960 et durant les années de l'Unité Populaire, le double militantisme MIR-PS devient extrêmement fréquent dans le milieu universitaire[187].

Il serait inexact d'expliquer l'attirance qu'exerce le MIR chez les jeunes socialistes par une quelconque « rupture générationnelle ». En premier lieu, parce que les liens étroits qui unissent le PS et le trotskisme datent des années 1930. La « jeune génération » du MIR hérite de ces relations. Elle-même provient d'ailleurs, dans sa majorité, de la JS. Ensuite, parce que le double militantisme est parfaitement connu et toléré par la direction adulte du PS. Le MIR apparaît comme une annexe commode du PS, où les militants de la JS épris de guévarisme peuvent exprimer plus librement leur fascination pour la lutte armée. Le PS ne peut pas se permettre de prendre publiquement les positions du MIR sur la question de la lutte armée, sans perdre sa crédibilité électorale. Le double militantisme des jeunes socialistes est un bon compromis pour les retenir sans pour autant abandonner la « voie chilienne vers le socialisme », autrement dit les urnes.

Cela étant dit, l'aile gauche de la direction adulte du PS a une réelle sympathie pour les jeunes dirigeants du MIR qui refusent les arrangements avec le pouvoir. Leur radicalité et leur anticonformisme sont des vertus auxquelles le PS est contraint de renoncer du fait de ses engagements envers le PC, ainsi que du coût politique de telles positions. Le MIR serait donc l'expression des aspirations sincères du PS, sa « conscience critique », comme l'étaient aussi les trotskistes depuis les années 1930.

Les militants de la JS, de leur côté, retrouvent dans le MIR des éléments constitutifs de la culture politique socialiste, plus particulièrement de son aile gauche. La critique de la voie électorale, la condamnation de la corruption, de la recherche du pouvoir personnel et des alliances avec le centre, ainsi que l'enthousiasme pour la Révolution cubaine sont autant d'éléments communs aux secteurs de gauche du PS et au MIR.

Quant aux militants issus du Parti radical (PR) ou de la

franc-maçonnerie, il semblerait que l'élément décisif expliquant leur passage au MIR sont les liens familiaux des principaux dirigeants de la « jeune génération » avec des personnalités éminentes de la franc-maçonnerie et du PR. Le cas de la famille Enríquez en est un bon exemple. Les parents Enríquez sont des dirigeants radicaux ou des dignitaires francs-maçons, leurs fils sont des dirigeants du MIR. Les jeunes radicaux ou francs-maçons conçoivent leur propre adhésion au MIR comme une évolution naturelle, justifiée par la radicalisation politique propre à la « jeunesse » ou bien à leur génération. Cette évolution ne comporte cependant pas de rupture avec les valeurs défendues par la génération précédente, bien au contraire.

Enfin, les jeunes militants miristes venus du PC sont bien moins nombreux que ceux issus des autres partis. À l'origine de l'engagement des anciens militants communistes dans le MIR se trouve le sentiment que le PC est resté dans le passé et peine à être en phase avec son époque. À la fin des années 1960, deux événements marquants ont pu motiver l'adhésion de jeunes militants communistes au MIR. Le premier est la mort en Bolivie d'Ernesto Guevara, symbole de l'esprit de sacrifice et de l'anticonformisme de la jeunesse latino-américaine. Sa mort – attribuée par tous les partis de gauche, à l'exception du PC chilien, au refus du PC bolivien de soutenir la guérilla guévariste – provoque le désarroi et la déception chez certains jeunes militants communistes attirés par le projet politique armé du « Che ». Ils interprètent la méfiance du PC bolivien à l'égard de Guevara comme le résultat de la crainte des communistes d'être dépassés par les nouveaux héros de la révolution continentale. Le MIR, chaque fois plus associé, à partir de 1967, à Cuba, à Guevara et à la défense de la voie armée, attire ces jeunes militants communistes à la recherche d'un nouveau parti plus en phase avec les vents révolutionnaires qui soufflent sur le continent[188].

Le deuxième événement marquant pour la génération de militants de la JC est l'invasion soviétique en Tchécoslovaquie. Condamnée par l'ensemble des partis politiques chiliens, elle détériore fortement l'image publique de l'Union soviétique, mais aussi du PC chilien, qui est le seul à la soutenir. Or, le soutien des communistes chiliens à l'invasion soviétique déçoit une partie des militants du PC. Ce soutien, motivé autant par leur fidélité envers Moscou que par la distance géographique, donne à sa direction le sentiment d'être à l'abri de la politique que l'Union soviétique met en œuvre en Europe[189]. D'autant plus que la tentative de construction d'un « socialisme à visage humain » en Tchécoslovaquie ressemble beaucoup au programme que le PC veut mettre en oeuvre au Chili.

Le MIR, en revanche, condamne sans détours l'invasion soviétique. Il est de surcroît l'héritier de la critique trotskiste de l'Union soviétique, qui reste incontestablement la mieux construite, la plus solide et la seule critique du système soviétique à gauche. Ces éléments sont susceptibles d'attirer des jeunes communistes souhaitant continuer à adhérer à un parti marxiste-léniniste, mais qui désapprouvent désormais la dépendance du PC chilien vis-à-vis de Moscou[190].

Par ailleurs, le MIR est à certains égards une option plus cohérente pour les jeunes communistes que le PS. Ce dernier garde en son sein des dirigeants de l'aile droite qui avaient accordé leur soutien à González Videla, puis à Ibáñez et ne s'étaient guère opposés à la proscription du PC. Enfin, la forme de militantisme miriste, qui exige un engagement total de la part des militants, est proche du militantisme communiste, alors que le PS est connu pour son modèle d'engagement politique plutôt laxiste.

Cependant, les militants des Jeunesses communistes sont moins nombreux à rejoindre le MIR que ceux provenant du PS, du PR et de la DC. La cause première réside dans les relations exécrables entre le PC et le MIR. Ce dernier tente, dans un premier temps, un rapprochement. Mais, devant la méfiance des communistes, il ne tarde pas à changer d'attitude et formule, dès lors, des attaques d'une rare violence contre le PC. Celui-ci n'est pas en reste, avec une campagne anti-miriste qui se déploie quotidiennement dans ses organes. L'aversion inculquée aux jeunes communistes à l'égard du MIR, régulièrement accusé de travailler pour la CIA ou d'être un agent provocateur de la droite, est si forte qu'elle constitue probablement un obstacle à leur adhésion au MIR.

Bien que d'un point de vue idéologique, le MIR soit beaucoup plus proche du PC que de la DC, le passage d'un communiste au MIR peut être vécu par le militant comme une rupture violente dans sa trajectoire, alors que cela n'est pas le cas des démocrates-chrétiens ou des catholiques[191]. L'adhésion à la DC ou l'appartenance à une organisation de jeunesse catholique est motivée avant tout par des considérations morales. En revanche, l'adhésion au PC comporte une solide formation théorique marxiste et une adhésion à des principes idéologiques. La deuxième raison relève de la tradition politique familiale. La DC est un parti récent et n'a, par conséquent, pas de fidélités partisanes intergénérationnelles. Les jeunes militants communistes, en revanche, sont souvent issus de familles qui militent au PC depuis une, deux, voire trois générations. Aussi le poids de la tradition familiale est-il un facteur à prendre en considération pour expliquer pourquoi si peu de jeunes militants du PC choisissent le MIR[192].

Il convient enfin de rappeler que le PC est l'un des partis qui, à la fin des années 1960, connaissent un immense succès auprès de la jeunesse. Traditionnellement ancré dans les secteurs populaires, le PC s'ouvre alors aux classes moyennes et aux jeunes intellectuels. De nombreux lycéens et jeunes universitaires, issus de familles de classe moyenne, qui soutenaient traditionnellement le centre laïque, rejoignent désormais le PC. Sur ce terrain, le PC est en concurrence avec le MIR, qui recrute aussi parmi les jeunes issus de familles proches du PR. Les programmes politiques miriste et communiste s'excluant mutuellement, le choix d'un jeune militant pour le PC ou pour le MIR équivaut à rejeter l'autre, ce qui n'est pas le cas des membres du PS ou du PR.

Rajeunir le parti, c'est le changer

L'arrivée de nouveaux militants au MIR, qui deviennent des cadres du parti avec des responsabilités importantes dans son appareil, produit un changement qui n'est pas que quantitatif. Les victoires électorales que le MIR emporte aux élections étudiantes bouleversent les rapports de pouvoir internes, la balance penchant désormais en faveur de la « jeune génération » au détriment de la « vieille ». En 1967, Miguel Enríquez et ses proches collaborateurs, tous issus de sa propre génération, occupent la quasi-totalité des postes de direction dans la Commission politique du MIR. Ils deviennent aussi le visage médiatique du mouvement. Dans la presse, mais aussi dans l'esprit de nombre de militants miristes, le parti est presque exclusivement associé à ses jeunes dirigeants. Cette évolution renforce une certaine tendance au culte de la personnalité qui ira en s'affirmant au fil des années[193].

La marginalisation de la « vieille génération » modifie aussi la culture politique et les positions théoriques du MIR. Le trotskisme constitue moins une source d'inspiration ou une grille d'analyse dans les documents produits par la direction du MIR. En parallèle, l'influence des militants chrétiens devient considérable. Auparavant la morale était circonscrite à certains thèmes, elle distinguait le MIR des partis de gauche « électoralistes » et leur supposée avidité du pouvoir, ou bien elle était illustrée par des héros tombés au champ d'honneur de la révolution. À la fin des années 1960, la morale envahit toutes les actions et les discours du MIR. La représentation de la gauche devient manichéenne, se divisant en « révolutionnaires » et « contre-révolutionnaires », qui ne tardent pas à se transformer en « bons » et « mauvais ».

Le nouvel éthos révolutionnaire, qui est désormais exigé des militants, s'accompagne de nouvelles pratiques. Ces pratiques sont particulièrement fréquentes chez les militants miristes chrétiens, mais elles s'étendent bientôt à l'ensemble des militants, touchant ceux qui proviennent de la gauche laïque ou athée. À partir de la fin des années 1960, de nombreux militants constituent des « communautés rebelles » dans les quartiers marginaux des grandes villes, où ils choisissent une vie à l'écart de la « société capitaliste », dans l'austérité la plus « parfaite » possible[194]. Caractérisée par certains auteurs comme « foquisme communautaire »[195], c'est dans certains cas une pratique héritée des prêtres ouvriers venus d'Europe[196] et, dans d'autres, le prolongement des travaux sociaux dans les *poblaciones* de la Jeunesse démocrate-chrétienne. Les anciens militants de la JDC qui ont intégré le MIR souhaitent ainsi transformer l'aide ponctuelle apportée aux plus démunis en un engagement quotidien auprès d'eux. Il s'agit moins d'améliorer les conditions matérielles des plus pauvres, et plutôt d'une expérience presque mystique d'élévation morale du militant qui souhaite parvenir à une « communion transcendantale » avec le peuple en rejoignant la condition des plus pauvres[197].

Les militants de base ne sont pas seuls incités à observer une morale irréprochable. Les dirigeants de la « jeune génération » construisent aussi leur image publique sur leur intégrité et s'érigent, ainsi, en incarnation du nouvel éthos révolutionnaire. Les parcours et les choix personnels des dirigeants sont mis en exergue comme autant d'exemples.

En plus de ces nouvelles formes d'engagement militant total, la force du MIR se fonde aussi progressivement sur la cohésion de son groupe de militants, qui repose elle-même sur le mélange entre liens politiques et liens affectifs. Les dirigeants de la « jeune génération » du MIR sont, de nouveau, les premiers exemples. Ils forment un groupe d'amis, pour la plupart camarades depuis le collège avec, en sus, des liens familiaux ou d'alliance. Ils incarnent une image de camaraderie, d'amitié et de « fraternité » que les bases militantes sont appelées à reproduire.

La confusion entre les deux registres – l'amical / affectif et l'action militante – est favorisée par la moyenne d'âge des miristes, assez homogène à partir de 1969. Le poids des sociabilités, des amitiés, des liens personnels – phénomène qui se retrouve dans les autres partis de gauche et dans la DC – est d'autant plus grand que dans le MIR, les militants n'ont pas eu le temps de construire d'autres réseaux de sociabilité. Du fait de leur âge, les jeunes miristes n'ont pas eu la possibilité de développer des amitiés dans le milieu professionnel ou autour des réseaux de sociabilité qui s'agrègent à la fondation d'une famille. Cette caractéristique est renforcée par la pratique, fréquemment employée par la « jeune génération » du MIR, d'utiliser les réseaux préexistants – les groupes catholiques ou maçonniques, les fédérations d'élèves d'un lycée, un groupe spécifique de socialistes, radicaux ou communistes, qui sont déjà le plus souvent aussi des groupes d'amis.

La « jeunesse » est une autre composante de l'identité partisane miriste, qui existait déjà mais qui se renforce à la fin des années 1960. Le modèle de militantisme promu, axé sur l'engagement total et l'esprit de sacrifice, est de fait plus adapté aux jeunes gens. En règle générale, les étudiants et les lycéens n'ont pas les mêmes contraintes que leurs aînés. Ils n'ont pas d'enfants à charge ou l'obligation de travailler, en tout cas pas à temps plein. Ils s'adaptent donc bien mieux à un militantisme qui exige un engagement entier, peu ou pas rémunéré.

La défense de la « voie armée » est la dernière composante de l'identité miriste, telle qu'elle se forge à la fin des années 1960. Elle fait partie de ces éléments capables de fédérer des militants aux cultures politiques ou religieuses très différentes. La « voie armée » est une position qui rassemble des catholiques, des socialistes, des communistes et des radicaux. Au-delà des valeurs diverses que chaque secteur voit incarnées dans le MIR, tous conçoivent les armes comme le seul moyen de défendre les leurs.

Pour les militants d'extraction plus « politique », venus des partis socialiste, communiste ou radical, la lutte armée s'oppose à la « voie électorale » – une des raisons principales de leur défection à l'ancien parti est « l'électoralisme ». Prendre les armes équivaut à s'engager dans une action concrète pour changer la société et montrer sa réelle détermination à promouvoir la révolution, quand les autres partis s'en tiennent aux discours théoriques. Dans le cas des militants chrétiens, deux idées sont associées à la lutte armée, qui ne coexistent cependant pas toujours chez tous les miristes chrétiens. D'une part, l'idée que la lutte armée n'est pas un choix, mais une nécessité. C'est une violence nécessaire et légitime pour faire face à la violence, illégitime mais légale, exercée par l'ordre établi. Ici, la lutte armée est moins une attaque du *statu quo* qu'une défense des plus démunis[198]. La seconde idée qui anime les miristes chrétiens, directement liée à leur confession, est l'esprit de sacrifice. Pour eux, prendre les armes est le sacrifice ultime. Le passage à l'acte comporte le don de sa vie, il est la façon la plus élevée de démontrer son amour pour l'humanité[199].

La fin de la révolution universitaire

À partir de 1968, et de manière plus prononcée après 1969, la « jeune génération » du MIR, qui dirige désormais l'organisation, abandonne petit à petit l'université. Elle cesse de considérer les étudiants comme le moteur de la révolution. La politique universitaire lui a permis de gagner en visibilité nationale et de redéfinir la corrélation des pouvoirs à l'intérieur du MIR. La victoire aux élections de la FEC en décembre 1967 la projette sur la scène nationale, de même qu'elle affirme sa position face à la « vieille génération ». Une fois ces deux objectifs atteints, la politique universitaire présente moins d'intérêt pour Miguel Enríquez et ses proches. D'ailleurs, cette première grande victoire électorale coïncide avec la fin des études des dirigeants de la « jeune génération », qui les éloigne de fait de l'institution[200].

Le désengagement vis-à-vis de l'université s'explique aussi par le succès des mobilisations de 1968 pour la réforme. Suite à la victoire, bon nombre d'étudiants engagés dans le mouvement pour la réforme retournent à leurs études. Pour l'ensemble des organisations liées au mouvement étudiant, la mise en œuvre de la réforme ouvre une période de crise. Le reflux des mobilisations oblige à redéfinir des objectifs. Le MIR ne fait ici pas exception, mais il préfère sortir de l'université plutôt que rénover son programme à destination du mouvement étudiant. La réforme universitaire fut toujours considérée comme un simple moyen de promouvoir des transformations sociales plus amples. De sorte que, pour lui, la concrétisation de la réforme marque seulement le début d'une nouvelle phase déjà prévue. Il s'agit désormais de politiser au maximum le mouvement étudiant qui est appelé à abandonner ses revendications universitaires pour le programme révolutionnaire.

Cette tendance à l'abandon du front étudiant est accentuée par l'éloignement de l'université des cadres moyens du MIR eux-mêmes, qui étaient jusqu'alors les plus engagés dans les mobilisations étudiantes. Ces derniers considèrent les objectifs de la réforme atteints. Leur « mission » accomplie – terme employé par les miristes eux-mêmes –, ils se sentent « appelés » par d'autres fronts sociaux, notamment par l'engagement auprès des plus démunis, tandis que le milieu universitaire est perçu comme privilégié.

Mais le MIR n'abandonne pas totalement le monde étudiant. Il n'y recherche plus ses cadres mais des militants de base. L'étudiant n'est plus le protagoniste de la révolution mais une force d'appoint. Aussi, les étudiants permettent, en y participant, de rendre les manifestations de rue plus massives et donc plus visibles et importantes pour l'opinion publique et apportent des voix lors des élections universitaires ou encore se voient confier des missions militantes ponctuelles. L'université n'est plus le centre de la révolution. Le nouveau projet appelle à créer une « université militante » au service d'autres causes plus importantes qu'elle.

L'université reste une institution stratégique pour le MIR, mais en tant que lieu de production des savoirs, centre névralgique de la vie économique et politique régionale ou nationale. Elle est également essentielle pour ses activités de diffusion culturelle et pour la masse disponible de militants potentiels dans une université en cours de massification.

Pendant que le poids politique des étudiants comme acteurs de la révolution chilienne se réduit, la Commission politique du MIR accorde une importance croissante aux intellectuels et aux professeurs universitaires. La collaboration entre le groupe de Miguel Enríquez et les universitaires devient, pour la première fois, public lors des élections de 1969 pour le poste de recteur à l'Université de Concepción. Le MIR présente alors ses propres candidats qui sont largement soutenus par le corps enseignant de l'université. Cette collaboration ne cesse de se renforcer.

La direction du MIR confie plusieurs missions aux intellectuels et professeurs pro-miristes. La première est la « conscientisation » des étudiants. Les cours ont désormais vocation à aiguiser les préoccupations sociales et politiques des étudiants non-engagés et à former politiquement ceux qui militent déjà dans le MIR.

La recherche intéresse aussi le MIR, mais surtout dans la mesure où elle s'oriente vers des objectifs politiques. La recherche est ainsi axée sur l'étude des problèmes politiques et sociaux du pays et à l'échelle internationale. Les enquêtes de sociologie ou d'anthropologie menées sur le monde universitaire, les quartiers populaires des grandes villes, ou encore les régions agricoles, permettent des analyses qui sont reprises par la direction et les cadres moyens du MIR dans la préparation d'un plan d'action à visée révolutionnaire. En cela, la démarche s'inspire de la DC qui pense et planifie ses réformes sur la base des études et recherches produites par des intellectuels et des chercheurs qui lui sont proches. Sauf que dans le cas du MIR l'objectif est la révolution, et l'acteur des changements n'est pas l'État ni le gouvernement, mais les secteurs sociaux visés eux-mêmes, guidés par le MIR.

C'est une grande nouveauté qui voit le jour dans les années 1960. Les deux registres – l'intellectuel et le militant – se trouvent de plus en plus imbriqués. Le mouvement de politisation du savoir produit par l'université est initié par la DC. Elle construit son programme, le formule puis le met en œuvre en se fondant sur des recherches en sciences sociales. La gauche ne tarde pas à la rejoindre sur ce terrain. Parallèlement à l'utilisation du savoir universitaire par les partis, une nouvelle conception du rôle social et politique de l'intellectuel, qui contribue davantage à la politisation de ce milieu, gagne du terrain dans l'université. Dans les années 1960, la production théorique est censée être accompagnée d'action concrète. Toutes les théories en vogue à cette époque font état de l'imbrication entre production intellectuelle et engagement militant, du besoin de combiner théorie et action.

Cependant, il existe aussi une raison plus prosaïque. Dans les années 1960, la plupart des intellectuels ne sont plus issus des élites économiques et ne peuvent compter sur le soutien financier de l'État. Ils sont désormais confrontés à l'instabilité de l'emploi et à une concurrence acharnée pour les postes[201]. La co-gestion offre aux partis, à travers les fédérations d'étudiants, un poids décisif dans les instances décisionnaires de l'université. Aussi, les intellectuels à la recherche d'un emploi en appellent-ils aux partis pour soutenir leurs candidatures, soutien qui peut s'avérer précieux[202].

Cette relative dépendance de l'intellectuel à son parti est encore renforcée par son public. Les attentes de ce dernier se manifestent plus clairement et plus ouvertement qu'auparavant, notamment du fait des modifications des méthodes pédagogiques. Les cours magistraux sont abandonnés pour des cours en forme de dialogue, durant lesquels l'auditoire étudiant manifeste immédiatement son approbation ou son rejet des positions du professeur. Les étudiants exercent ainsi une pression directe sur les positionnements théoriques et politiques de l'enseignant[203].

Le lien étroit entre les missions d'intellectuel et de militant de parti entraîne-t-il une subordination des intellectuels et de leur travaux aux logiques partisanes ? Dans le cas des intellectuels miristes, une tension constante s'observe lorsqu'il s'agit de hiérarchiser, ce qui est souvent nécessaire, entre les activités académiques – enseignement et surtout recherche – et les activités militantes. Ici s'opère un premier partage des eaux entre ceux qui choisissent de privilégier l'engagement politique aux dépens de la recherche sans finalité politique et ceux qui, inversement, se désengagent de l'activité politique pour se dédier entièrement aux travaux intellectuels, bien que ceux-ci adoptent souvent une perspective engagée. D'autres, moins nombreux, tentent de concilier leurs deux activités.

Cependant, les intellectuels du MIR ne sont pas les seuls à devoir gérer la tension entre la subordination aux logiques partisanes et la défense de l'autonomie de la pensée. La « jeune génération » du MIR doit aussi y faire face. Cette dernière développe une dépendance croissante vis-à-vis des intellectuels qui militent dans le parti. Elle a été formée par la « vieille génération », et plus particulièrement par les trotskistes qui accordaient une grande importance à la solide formation intellectuelle. En désaccord avec son image d'une nouvelle gauche peu préoccupée par la théorie et aiguillonnée par l'action, la direction du MIR investit beaucoup d'énergie dans la réflexion et dans sa propre formation théorique. Cela explique qu'elle offre un rôle central aux intellectuels au sein du parti. L'influence de leurs écrits sur les documents et les analyses élaborés par la « jeune génération » est aussi profonde qu'évidente[204].

Par ailleurs, dans un contexte où le savoir scientifique est fortement mis en valeur par tous les partis politiques, la direction du MIR ne peut ni ne veut en faire l'économie. Les travaux théoriques, sociologiques et économiques des intellectuels miristes lui fournissent des données et des informations nécessaires à toute analyse sérieuse du contexte national et international. Et ils confèrent à leur tour de la légitimité aux politiques que la direction du MIR propose de mettre en oeuvre[205].

Le MIR entre l'université et la société

La contribution de la « vieille génération » est décisive pour l'implantation du MIR dans les secteurs populaires. Cette influence s'exerce, en premier lieu, d'un point de vue théorique. Clotario Blest comme les trotskistes n'ont de cesse de souligner la nécessité, pour un parti qui se veut révolutionnaire, de prendre racine dans les milieux populaires alors que le groupe de Miguel Enríquez est bien plus attiré par le foquisme guévariste, doctrine axée sur l'exemplarité d'une élite révolutionnaire. En second lieu, c'est la « vieille génération » qui apporte les premiers contacts avec des dirigeants de quartiers marginaux de Santiago et, dans une moindre mesure, avec des paysans. De plus, elle entretient des liens, certes orageux mais solides, avec des dirigeants socialistes qui sont bien mieux insérés dans les quartiers populaires et dans certaines zones agricoles. La « jeune génération » hérite de ces liens, ce qui lui permet de créer ses premiers réseaux militants en dehors du milieu étudiant[206].

Enrique Sepúlveda, Humberto Valenzuela et Luis Vitale sont les personnes clés qui font le lien entre le MIR et les *pobladores*. La VRM de Sepúlveda compte des militants à La Victoria, l'une des *poblaciones* les mieux organisées et des plus engagées politiquement[207]. Valenzuela et Vitale, quant à eux, recrutent Herminia Concha, militante du POR puis du MIR, qui recrute à son tour Víctor Toro, porte-parole des *pobladores* du MIR après l'expulsion des trotskistes et durant toute l'Unité Populaire. Toro sera aussi, en 1970, le principal instigateur et organisateur de nouvelles occupations de terrains et de construction de *poblaciones*, comme Lo Hermida, qui deviennent des bastions du MIR.

Quant à Herminia Concha, elle est dès le début des années 1960 une des dirigeantes les plus actives et reconnues de la población Santa Adriana, construite à la suite d'une occupation de terrain[208]. Et Santa Adriana n'est pas n'importe quelle *población*. Il s'agit de la deuxième grande occupation de terrain après La Victoria, autre bidonville mythique dans l'histoire urbaine du Chili. La construction de Santa Adriana est un événement marquant du début des années 1960 car elle consolide le mouvement naissant des *pobladores* et fait découvrir à l'opinion publique la gravité du problème du logement à Santiago. De plus, elle l'instaure comme un problème national (connu sous le nom de *cuestión poblacional*) et oblige les autorités publiques à assumer leurs responsabilités[209]. Le militantisme d'Herminia Concha – une dirigeante reconnue d'un bidonville symbolique – est pour le MIR une source de légitimation dans ce milieu social.

Santa Adriana est aussi le lieu où se consolide la collaboration entre le MIR et le PS sur la question du logement populaire. Le succès de l'occupation de terrains (*toma*) sur lesquels se construit Santa Adriana doit beaucoup au soutien que lui accordent les dirigeants socialistes. La « vieille génération » du MIR entretient des relations étroites avec eux, leur action sociale étant souvent acclamée dans les pages de l'organe du MIR *El Rebelde*. Au début des années 1960, les trotskistes introduisent le groupe de Miguel Enríquez auprès des dirigeants socialistes familiarisés avec la problématique du logement. Ce sont des contacts que la « jeune génération » mobilise par la suite pour consolider sa présence dans les quartiers périphériques. Elle obtient souvent d'eux un soutien, ou du moins une tolérance des autorités pour de nouvelles occupations de terrain réalisées par les pobladores miristes.

Dans les régions agricoles, les contacts de la « vieille génération » avec des paysans, syndiqués ou non, et des Mapuche, sont plus marginaux. Ils passent soit par le biais des socialistes et des trotskistes de la ville de Talca, qui rejoignent le MIR lors de sa fondation, soit par des personnalités socialistes dans la zone centrale du Chili. En particulier, le député socialiste de Colchagua, Joel Marambio, joue un rôle important dans ce processus. Il s'agit d'un député engagé dans sa région, particulièrement auprès des paysans, participant à l'organisation de leurs mobilisations. Or, il est très proche du MIR. D'une part, parce qu'il connaît de longue date les dirigeants de la « vieille génération », et plus particulièrement ceux qui forment la tendance trotskiste au sein du PS. Cette proximité est renforcée par la défense de la Révolution cubaine qui l'amène à éprouver des sympathies pour l'appel aux armes du MIR, avec lequel il partage la critique de la « voie électorale ». D'autre part, ses deux fils, Max et Marcel Marambio, incités par leur père, rejoignent le MIR à la fin des années 1960. Le premier, Max Marambio, s'engage dans le MIR après un long séjour à Cuba. Avec d'autres jeunes dirigeants miristes, il est introduit par son père auprès des paysans de Colchagua. C'est ainsi que le MIR a toute latitude pour participer aux mobilisations paysannes de la région et, même, pour entreprendre la formation militaire des paysans les plus motivés[210].

Quant au peuple indigène des Mapuche, ils suscitent un intérêt modéré[211]. Leurs différences culturelles sont, somme toute, considérées comme secondaires. Seule leur fonction productive est réellement comprise : c'est en qualité de paysans qu'ils attirent l'attention des trotskistes[212].

Cependant, jusqu'à l'ascension de la DC au pouvoir et la loi de réforme agraire et de syndicalisation paysanne de 1967, ces contacts restent relativement marginaux. Le monde paysan n'est pas encore assez organisé pour permettre l'implantation d'un parti comme le MIR. Les syndicats paysans sont très fragiles, avec des dirigeants souvent poursuivis ou brutalement réprimés par les grands propriétaires fonciers, qui comptent sur la complicité de la police locale[213]. Alors que les populations des villes sont déjà organisées en syndicats, associations de quartier, fédérations et autres organisations sociales avec, pour certaines, une longue histoire de mobilisations en défense des intérêts des populations citadines, les populations rurales chiliennes ont beaucoup moins de possibilités d'être politisées à gauche – à cause du contrôle exercé par les grands propriétaires fonciers – et n'ont pas le droit de créer des syndicats.

Lorsque la « jeune génération » du MIR tente de sortir du milieu étudiant pour investir de nouveaux espaces sociaux, elle ne se tourne pas immédiatement vers les *pobladores* ou les paysans, mais plutôt vers les lycéens. Le MIR est d'abord attiré par les lycées car ils sont des pépinières de militants facilement accessibles. Dans le Chili des années 1960-1970, il existe un lien traditionnel entre les études supérieures et le secondaire qui se prolonge à travers leurs fédérations respectives[214]. De fait, le lycée général (et non pas professionnel) est traditionnellement considéré comme l'antichambre de l'université. Les lycéens se sentent donc directement concernés par les mobilisations étudiantes. Les universités sont leur destination suivante. Un grand nombre de militants universitaires entraîne donc, presque mécaniquement, un recrutement dans les lycées. Cela se confirme dans le cas du MIR à Concepción.

Il y a certainement une question d'image qui joue fortement en faveur des étudiants miristes. Les lycéens sensibilisés à la politique ressentent probablement plus facilement respect et admiration pour de jeunes étudiants intrépides que pour des députés tapis dans les couloirs d'un lointain Parlement. Les dirigeants miristes sont des leaders qu'ils admirent dans les journaux mais qu'ils peuvent rencontrer *de visu*. La « jeunesse » des dirigeants du MIR ne peut que favoriser la proximité et le sentiment d'être représenté.

L'engagement des lycéens est profitable à bien des égards au MIR. Ils constituent, avant tout, une masse considérable aux manifestations organisées par le parti. Ils sont aussi, bien évidemment, une excellente main-d'œuvre aux

« petites tâches » du parti (coller les affiches, vendre les journaux, distribuer les tracts, etc.). Enfin, ils apportent la diversification sociale à laquelle aspire le MIR. Issus de milieux sociaux bien plus hétérogènes que les étudiants, les lycéens permettent au MIR de s'introduire dans des couches sociales encore inexplorées, ils font connaître le parti dans leur quartier, leur église, leur association sportive[215], etc. À la fin des années 1960, les dirigeants lycéens miristes obtiennent même des postes à la direction du parti et certains sont même intégrés au Comité central[216].

Au-delà des lycéens, le MIR utilise les organisations de jeunesse catholique et de la DCU pour atteindre plus directement certains secteurs populaires (notamment dans les *poblaciones* et les régions agricoles). Ainsi, le MIR se situe dans la continuité du travail social mené par la Jeunesse Étudiante Chrétienne et la Jeunesse Ouvrière Chrétienne depuis les années 1950[217]. Les étudiants démocrates-chrétiens assurent, quant à eux, une présence constante auprès des secteurs sociaux les plus défavorisés par la pratique des travaux d'été. Cette pratique est introduite à partir de 1959 et se généralise. Elle construit des liens entre les universitaires et les secteurs populaires urbains et ruraux. Durant les vacances d'été, les étudiants s'installent dans des zones urbaines délaissées ou des régions agricoles pour y effectuer des travaux d'intérêt commun ou participer aux labeurs quotidiens des habitants, ou encore donner des cours d'alphabétisation[218].

Le basculement des étudiants catholiques ou démocrates-chrétiens dans le MIR est très souvent motivé par la conscience d'une injustice sociale acquise lors des travaux d'été. La connaissance concrète des conditions matérielles des plus défavorisés radicalise considérablement l'engagement[219]. Ensuite, les étudiants apportent au MIR leurs réseaux et connaissances acquis durant leurs séjours et souvent consolidés par la suite[220]. Ces relations durables sont essentielles aux recrutements des *pobladores* et des paysans : ils sont recrutés par des personnes de confiance qui ont déjà fait preuve de leur désintéressement. L'occupation de ces espaces par le MIR est d'autant plus redevable à la DC que celle-ci a fortement accru sa présence jusqu'à la fin des années 1960. Elle a même réussi à créer des organisations de quartier ou des syndicats paysans qui rassemblent une grande partie de la population. Ce sont autant de structures qui rendent plus facile l'introduction, puis l'expansion du MIR qui n'arrive pas sur un terrain totalement en friche.

Pour résumer, la géographie de la présence du MIR hors des universités en 1973 met en évidence deux foyers principaux, à partir desquels le MIR s'enracine. D'une part, nous retrouvons les lieux où la « vieille génération » avait établi de solides contacts. D'autre part, l'enracinement réussit autour des villes universitaires où le MIR connaît ses plus grands succès[221]. Dans ce cas, ce sont principalement les lycéens et les étudiants qui sont les vecteurs d'expansion du MIR dans les zones populaires. Les lycéens parce qu'ils sont très souvent eux-mêmes issus de quartiers populaires, de villes voisines sans lycée ou des campagnes environnantes. Quant aux étudiants, ce sont principalement ceux venus du monde chrétien qui poursuivent leur insertion en milieu modeste initiée lors des travaux d'été. Aussi, ce sont surtout les *poblaciones* de Santiago et de Concepción, ainsi que les zones rurales proches de Concepción et de Talca qui sont investies par le MIR.

Durant l'Unité Populaire, le rayon d'action du MIR s'étendra plus au Nord et au Sud. Les antennes provinciales de l'Université du Chili contribueront fortement à cette expansion. Après l'élection d'Allende, les contacts du MIR hors des universités ne dépendendront plus directement de la constellation des organisations chrétiennes progressistes. Cependant, celles-ci restent essentielles pour comprendre le terrain sur lequel s'implante le MIR. Elles ont créé et continuent de développer un tissu social bien plus réceptif à la politisation.

La pensée sociologique de la DC et le MIR

Le MIR connaît une croissance rapide du nombre de ses militants et cadres durant les trois dernières années de la présidence de Frei. On l'a vu, plusieurs de ses propres cadres militent d'abord au sein de la mouvance démocrate-chrétienne avant de rejoindre le MIR. Ils s'éduquent dans des universités profondément transformées par la réforme démocrate-chrétienne.

La « jeune génération » du MIR elle-même n'est pas insensible à la pensée démocrate-chrétienne, plus précisément celle de son aile gauche. Le MIR est un parti récent, le discours et les pratiques de sa « jeune génération » sont moins construits et définis que ceux du PC ou du PS ou encore de la « vieille génération » du MIR. De plus, force est de reconnaître que les intellectuels et chercheurs démocrates-chrétiens – qui seront nombreux à rejoindre l'Unité Populaire en 1970[222] – produisent, à la fin des années 1960, des catégories d'analyse et proposent des approches pour penser la société chilienne d'une manière neuve. Les catégorisations classiques du PC, quelque peu schématiques, ont peu évolué depuis les années 1930. L'intérêt de la sociologie social-chrétienne réside également dans le fait qu'elle cherche à rendre compte des réalités sociales d'un pays qui a beaucoup changé depuis le début des années 1950. Ici, il s'agit donc d'identifier les passerelles intellectuelles et la circulation d'idées entre la DC et le MIR, habituellement considérés comme étrangers l'un à l'autre. Il convient, toutefois, de rappeler que les intellectuels démocrates-chrétiens de la fin des années

1960 sont, contrairement à ceux qui resteront affiliés à la DC après 1971, porteurs d'une pensée radicale qui est elle-même en dialogue avec le marxisme et d'autres pensées critiques.

La DC chilienne, fondée peu avant la Révolution cubaine, se développe à la fois en dialogue et par opposition à elle. Les démocrates-chrétiens se pensent non seulement comme une force de modernisation et de démocratisation politique et sociale dans la société chilienne, mais aussi comme un rempart contre les vents révolutionnaires qui soufflent sur le continent. Le gouvernement cubain repense la révolution socialiste latino-américaine, avec des acteurs imprévus, en plaçant au premier rang les paysans, suivis par les étudiants. En contrepoint, la DC doit trouver les acteurs de sa « Révolution en liberté ». Le marxisme a déjà mis une option sur le prolétariat, les démocrates-chrétiens cherchent donc ailleurs.

La DC s'attache ainsi à identifier les principaux problèmes sociaux et les groupes qui y sont confrontés afin de les ériger ensuite en protagonistes de sa « Révolution en liberté ». Il y a principalement deux problèmes sociaux urgents pour le pays depuis les années 1950 : celui du logement dans la périphérie des grandes villes (*cuestión poblacional*) ; et celui de la réforme agraire. Cela constitue deux acteurs : les *pobladores* et les paysans, petits propriétaires ou sans terre, d'origine mapuche ou non.

Le courant progressiste de l'Église catholique a déjà une forte présence au sein de ces secteurs et y développe un travail social depuis les années 1950[223]. Mais ce travail « sur le terrain » prend toute son amplitude et acquiert un contenu proprement politique seulement lorsqu'il est théorisé. Les *pobladores*, les paysans sans terre, les Mapuche deviennent les nouveaux acteurs de la révolution seulement à partir du moment où ils sont nommés et définis comme des groupes spécifiques avec des luttes et des revendications propres. En ce sens, les sciences sociales – notamment la théorie du développement et la « théorie de la marginalité » – imposent ces nouveaux acteurs sur la scène politique[224]. Cette dernière est développée par le fondateur de l'École de sociologie de l'Université Catholique, Roger Vekemans, avec qui – rappelons-le – le dirigeant de la « jeune génération » Andrés Pascal Allende a étudié. Vekemans a une conception dualiste de la société latino-américaine, avec la population d'origine européenne qui participe en jouissant de la modernité d'une part et, de l'autre, la population indigène ou métisse qui n'a jamais pu intégrer la société moderne. Pour Vekemans, tous les secteurs populaires sont « marginaux ». Leur marginalité est à la fois passive (ils ne reçoivent ni les services ni les bénéfices sociaux de l'État) et active (ils ne participent pas à la prise de décisions). Pour lutter contre la marginalité et la passivité des secteurs populaires et pour les transformer en acteurs politiques et socio-économiques modernes, Vekemans propose un plan de « promotion populaire » en trois étapes. La première étape est l'organisation des secteurs marginaux par la DC au sein d'associations ou de syndicats ; la deuxième est leur intégration dans la communauté nationale (à travers l'action du gouvernement et de l'État) ; et enfin leur intégration dans la société nationale, une fois qu'ils seront devenus politiquement et culturellement modernisés et économiquement autonomes à l'issue de la deuxième étape[225].

L'action sociale et politique de la DC qui promeut l'émergence de nouveaux acteurs sociaux et politiques, offre incontestablement au MIR des opportunités d'expansion dans des milieux sociaux extra-universitaires. La politisation des *pobladores* et des paysans non syndiqués est un processus très récent. En l'absence de loyautés politiques héritées depuis plusieurs générations comme peuvent en avoir les travailleurs organisés, ces catégories sociales peuvent aisément intégrer un nouveau parti ou passer d'un parti à un autre sans états d'âme[226]. Elles sont bien plus accessibles, pour un nouveau parti, que les secteurs sociaux dont l'identité collective est en partie construite autour de leurs fidélités partisanes. Ce sont des éléments qui jouent en faveur du MIR, parti récent et sans compromis avec le pouvoir.

Car ces secteurs qui surgissent sur la scène politique nationale sont particulièrement méfiants envers l'État, mais aussi envers tous les partis institutionnalisés. Il ne faut pas oublier que ce sont des acteurs qui ont été durant des décennies totalement occultés dans la société chilienne (dans le cas des *pobladores*), voire pendant plus d'un siècle (dans le cas des paysans sans terre ou des Mapuche). Ils furent systématiquement ignorés par tous les gouvernements, de toutes les politiques sociales de l'État et de tous les projets de modernisation de la société et de l'économie nationales. Subitement, en l'espace de seulement trois ans, ces secteurs sont placés au centre du débat public et sont les cibles privilégiées des politiques sociales et des projets de modernisation de la DC.

Le récent engouement des politiques provoque des sentiments mitigés chez les premiers intéressés. La méfiance prédomine dans un premier temps, qui laisse le pas à un sentiment d'urgence pour profiter au maximum de la situation tant qu'elle se prolongera. Puis aussi l'espoir d'être, enfin, pris en compte[227]. Cette inflation des attentes, associée à une méfiance persistante, explique probablement la rapide désillusion qui accompagne les premiers échecs démocrates-chrétiens. La DC au pouvoir ne tient pas toutes ses promesses, la réponse des nouveaux acteurs sociaux se traduit par un durcissement très net des mobilisations, des occupations de terrain et des affrontements violents[228]. Dès lors, le MIR, avec son discours anti-parti et anti-système, trouve un auditoire favorable et réussit à percer dans ces milieux.

En dehors de la facilité relative qu'offrent des secteurs sociaux encore peu investis par les autres partis, le MIR est attiré par les acteurs émergents pour des raisons politiques. La « jeune génération » et les militants recrutés pendant la réforme universitaire entretiennent le sentiment qu'une flambée révolutionnaire est imminente, qu'il suffit d'une étincelle pour que la société s'embrase. Leur lecture de la société est conditionnée par l'urgence d'une révolution socialiste. Le MIR trouve donc les protagonistes de la révolution qu'il appelle de ses vœux à travers les vigoureux acteurs qui surgissent sur la scène politique lors d'actions spectaculaires et souvent violentes. Le vocabulaire miriste s'étoffe alors de termes comme « secteurs détonants de la société », auxquels les intellectuels proches de la « jeune génération » donnent bientôt quelque consistance.

Il existe des différences d'interprétation entre la « vieille » et la « jeune » génération quant au rôle que sont appelés à jouer ces « secteurs détonants ». La première estime que *pobladores* et paysans sont les secteurs sociaux capables de se constituer en « soviets chiliens ». Ils sont donc considérés comme le fer de lance d'une révolution de type soviétique, qui se déclenchera lorsque les nouveaux acteurs seront suffisamment organisés et armés. Dans cette perspective, le MIR doit, selon la « vieille génération », éduquer les masses marginales pour les mener vers l'insurrection populaire. Mais, entre 1967 et 1969, la « jeune génération » voit les choses autrement. Ses contacts avec Cuba sont plus soutenus et elle conçoit la révolution chilienne selon des modalités similaires. Pour elle, les paysans offrent principalement l'intérêt d'ouvrir des foyers de guérilla, ou un soutien pour ces foyers, dans les campagnes, conformément au modèle cubain. Quant aux *pobladores*, ils participeront à la guérilla urbaine[229]. Toutefois, paradoxalement, en 1970 après l'expulsion de la « vieille génération », la

« jeune génération » révise sa position pro-guérillera pour se rapprocher davantage de la thèse des trotskistes expulsés[230].

Mais, pour la « jeune génération », outre le facteur prioritaire qu'est l'espoir et l'engagement sincères pour l'émancipation des couches sociales les plus défavorisées, le recrutement de militants issus du milieu *poblador* ou paysan est aussi une question d'image, voire d'identité du mouvement. Contrairement à la « vieille génération », le groupe de Miguel Enríquez est entièrement issu du milieu étudiant et, après l'expulsion de la celle-ci en 1969, le MIR dans son ensemble risque d'être perçu comme un parti d'intellectuels. La présence du MIR dans certaines *poblaciones* et zones rurales permet ainsi à la « jeune génération » de se démarquer de son image universitaire pour adopter un profil plus populaire. Des actions médiatiques, telles que l'envoi d'une généreuse donation à la *población* dirigée par Víctor Toro – argent qui provient des braquages de banques perpétrés par le MIR –, ou encore des occupations illégales de terrains en ville ou dans la campagne réalisées au nom du MIR, contribuent à forger progressivement l'image d'un mouvement plus proche du peuple et plus éloigné des universités. À partir de 1970, les articles consacrés au MIR dans la presse ne parlent plus guère de l'Université de Concepción ni du mouvement étudiant, sinon de *pobladores* et, dans une moindre mesure, de paysans et de Mapuche miristes.

La pensée démocrate-chrétienne influe sur la façon dont la « jeune génération » du MIR théorise les nouveaux acteurs sociaux chiliens, puis cherche à les mobiliser. Par exemple, l'expression « les pauvres de la ville et de la campagne » utilisée dans tous les documents du MIR à partir de 1968[231] pour désigner ces nouveaux acteurs est un terme inspiré directement de l'action de l'Église dans les *poblaciones* et de la « théorie de la marginalité » de Vekemans. Le MIR place la ville et la campagne dans le même concept selon la ligne de fracture qui sépare les populations entrées dans la modernité de celles qui en sont toujours exclues. Les *pobladores* sont pensés bien plus comme une extension de la campagne non-moderne que comme une expansion de la ville. Par conséquent, ils sont plus proches de cette paysannerie qui est, selon Guevara, le moteur de la révolution latino-américaine.

L'utilisation de ce concept de « pauvreté » est aussi fort révélatrice. Le PS aussi utilise un concept similaire dans les années 1970, mais ses intellectuels utilisent les termes « travailleurs de la ville et de la campagne », et non pas « pauvres ». L'utilisation de ce terme signifie que les intellectuels miristes définissent ces populations non pas selon leur position dans le système de production, mais par leur manque de moyens, par leur marginalité sociale, leur exclusion de la production de richesse et du secteur moderne de l'économie. La conception miriste de la société émane donc en partie de la « théorie de la marginalité ».

En 1969-1970, suite à l'expulsion des trotskistes, la direction du MIR, sous l'impulsion de Miguel Enríquez, entreprend un vaste chantier : repenser la structuration interne du parti et l'articulation entre la direction, les cadres moyens, les bases militantes et les fronts sociaux. Pour organiser ses fronts sociaux, le MIR s'imprègne des pratiques politiques de la DC. Aussi les fronts sociaux du MIR sont les mêmes que ceux de la DC : la jeunesse étudiante (lycéens et étudiants universitaires regroupés au sein du Front d'Étudiants Révolutionnaires) ; les paysans (Mouvement Paysan Révolutionnaire) ; les pobladores (Front des *Pobladores* Révolutionnaires) ; les travailleurs industriels (Front des Travailleurs Révolutionnaires) ; et sous l'Unité Populaire, le Front des Femmes Révolutionnaires, mais qui ne prendra jamais son envol. Ainsi, les catégories de la DC structurent l'action politique et sociale du MIR, ainsi que les rapports organiques avec la société.

Les affinités théoriques et conceptuelles entre la DC et le MIR s'expliquent, en premier lieu, par les liens personnels évoqués plus haut, qui existent entre ces deux milieux politiques. Outre ces rapports de personne à personne, nous pouvons aussi remarquer de fortes accointances idéologiques. En théorie économique, de nombreux points communs unissent le développementalisme démocrate-chrétien avec la théorie de la dépendance, à laquelle adhèrent les intellectuels et les jeunes dirigeants du MIR. Les deux théories économiques sont développées à la CEPAL, la première dans les années 1940-1950, la seconde dans les années 1960-1970. La théorie de la dépendance s'approprie l'analyse développementaliste d'un ordre économique mondial divisé entre pays du centre et pays de la périphérie. La différence est que la première, pour lutter contre les inégalités globales, appelle à la révolution socialiste plutôt qu'à la réforme du système existant. Ensuite, le latino-américanisme est aussi un axe de la pensée développementaliste et de la théorie de la dépendance[232]. Or, le latino-américanisme est aussi un élément fondamental de la culture politique de la « vieille génération » du MIR qui est transmis à la « jeune ». La réforme agraire, les populations indigènes et les populations marginales des grandes villes comme conséquence de l'exode rural sont les trois problématiques qui, pour le développementalisme et la théorie de la dépendance, peuvent résumer à elles seules le XXe siècle latino-américain. Ce sont les questions sociales à partir desquelles s'expliquent toutes les tensions et les problèmes sociaux, économiques et politiques qui touchent les couches populaires. Les solutions proposées par le développementalisme comme par la théorie de la dépendance sont aussi continentales, bien qu'elles s'appliquent, dans un premier temps, à l'échelle nationale.

Un dernier point commun entre la DC et le MIR est le rapport ambigu que les deux partis entretiennent avec les secteurs populaires. Selon la DC, la conscience de la condition sociale marginale de ces derniers et de l'oppression dont ils sont victimes ne peut surgir spontanément. Elle doit être aiguisée par des agents extérieurs, tels que l'État, le gouvernement et les élites progressistes de la nation, dont la jeunesse étudiante fait partie. L'action politique et sociale de la DCU auprès des groupes sociaux les plus démunis est traversée par une tension entre avant-gardisme et populisme[233]. La direction et les cadres étudiants du MIR présentent une ambiguïté similaire. Leurs relations avec les secteurs populaires oscillent entre le rôle d'élite éclairée que la direction et les cadres moyens s'attribuent ; et leur volonté d'apprendre du peuple, les étudiants étant alors vus comme force d'accompagnement du peuple plutôt que comme élite éclairée.

À partir de 1968 et jusqu'à la fin de l'Unité Populaire, la « jeune génération » du MIR s'investit dans les *poblaciones*. Dans les *poblaciones* ou lors des occupations de terrains qui donnent lieu à la construction de nouveaux campements, les étudiants miristes dessinent les plans d'urbanisation, participent à la construction de nouveaux logements ou y assurent la permanence et les soins dans les centres médicaux[234]. Dans les zones agricoles, les étudiants miristes participent au labeur paysan, aident à construire de nouveaux logements ou à améliorer ceux qui existent, et organisent des cours d'alphabétisation[235]. La transmission des connaissances techniques ou l'aide matérielle offerte par les militants, outre l'amélioration des conditions de vie, est généralement accompagnée de la volonté d'« éclairer » politiquement ces secteurs sociaux, dans le but d'éveiller leur conscience révolutionnaire.

La mise en œuvre de l'action sociale et politique des étudiants miristes dans les fronts *poblador* et paysan évolue dans le temps. À la fin des années 1960, les premiers pas de la « jeune génération » dans les milieux populaires sont plutôt hésitants. Les activités sociales et culturelles de propagande politique organisées par le MIR dans les *poblaciones* et les zones rurales montrent une certaine naïveté et la méconnaissance de la réalité sociale des milieux populaires. Durant cette période, se rapprocher du peuple consiste, d'une part, à imiter ses modes de vie. Et d'autre part, à reproduire fidèlement les propos et la propagande adressés au milieu étudiant, sans prendre en compte les spécificités des nouveaux publics. Par exemple, les travaux d'été, les activités culturelles ou les aides matérielles sont l'occasion pour le MIR d'appeler les *pobladores* ou les paysans à prendre les armes. Le message n'est pas toujours très bien reçu ; il provoque même souvent des rejets ou n'est tout simplement pas compris.

Cependant, à partir du début des années 1970, le message est progressivement affiné pour mieux s'adapter au public visé, *pobladores* ou paysans, d'origine mapuche ou pas. Les cadres du MIR connaissent désormais mieux le terrain dans lequel ils agissent. Ils prennent aussi plus en compte les revendications propres à chaque milieu social et s'adaptent mieux aux répertoires d'action revendicative spécifiques à chaque groupe.

À partir de 1969, la « jeune génération » qui occupe désormais sans partage la direction du MIR développe des politiques adaptées à chaque « front de masse ». Ces politiques se construisent sur des connaissances toujours plus pointues des traditions politiques et culturelles, des dynamiques internes de politisation et des modes d'action revendicative spécifiques à chaque groupe. Cette connaissance découle, d'une part, du travail social et politique déjà mené par le MIR sur le terrain et, d'autre part, des travaux sociologiques et anthropologiques réalisés par les intellectuels miristes sur chaque problématique sociale.

Dans les *poblaciones*, les militants miristes soutiennent les occupations de terrain qui se multiplient à la fin du gouvernement démocrate-chrétien, pratique qui devient très courante dans le milieu *poblador* pour résoudre les problèmes de logement. Dans les zones rurales, le processus est plus lent, et le MIR dit vouloir respecter les rythmes propres à ce milieu social.

Le MIR manifeste un intérêt particulier pour les mobilisations dans les zones rurales et investit des efforts importants pour mieux connaître le milieu paysan, avec ses traditions et ses spécificités. La « jeune génération » accorde aussi une attention particulière aux Mapuche. Les dirigeants miristes qui investissent ce terrain inventent une modalité d'action plus adaptée aux pratiques revendicatives des communautés mapuche que les occupations de terrain. Il s'agit de la *corrida de cerco* (« pousser le bornage »), qui consiste à repousser les délimitations d'une propriété appartenant jadis aux Mapuche, mais qui avait été progressivement annexée aux grandes propriétés foncières environnantes.

Parallèlement aux répertoires d'action adaptés aux traditions de mobilisation de chaque milieu, la jeune direction du MIR développe progressivement un langage et un discours adaptés à l'univers culturel des acteurs auxquels il s'adresse. Par exemple, les documents destinés aux Mapuche emploient leur vocabulaire, avec leur vision du monde et leurs revendications les plus récurrentes. Ils égrènent aussi des références historiques propres à leur ethnie, en reprenant les griefs qu'ils entretiennent envers les Chiliens. Ces documents prennent également en compte l'illettrisme qui touche une grande partie de la population mapuche paysanne, utilisant un graphisme accessible, une police de grande taille et pas plus de cinq phrases brèves par page.

Cet effort de dialogue, d'apprentissage et d'adaptation aux

différents milieux coexiste, bien entendu, avec la poursuite des objectifs politiques généraux fixés par la direction du MIR. Les revendications spécifiques des nouveaux acteurs sociaux qui rejoignent le MIR en sont le point de départ. L'objectif est de faire monter en généralité ces revendications spécifiques pour éveiller la conscience révolutionnaire, pour rendre ainsi possible, finalement, le passage à l'action révolutionnaire.

Dans le cas des Mapuche, leurs revendications spécifiques et leur culture sont reconnues, mais considérées comme secondaires. Le passé guerrier des Mapuche, qui ont longtemps résisté à la domination espagnole, attire aussi l'attention du MIR. Cet antécédent crée, selon le MIR, une prédisposition favorable à la lutte armée[236]. À cela s'ajoute le fait qu'ils sont paysans. Ce groupe économique et social est considéré, depuis la Révolution cubaine, comme l'un des protagonistes et des promoteurs les plus actifs de la révolution latino-américaine. En outre, les structures communautaires mapuche sont, pour le MIR, une sorte de proto-socialisme et un terrain fertile pour expérimenter la redistribution collective des terres (en opposition à une redistribution individuelle).

Aux Mapuche et aux paysans, viennent s'ajouter les « pauvres des villes », les *pobladores*. La DC, le PC et le PS restent incomparablement mieux implantés que le MIR dans les *poblaciones* et les zones rurales. Cependant, il faut bien constater que le MIR réussit, en l'espace de quatre années (1969-1973), à se tailler un espace conséquent dans ces zones. Les contacts hérités de la « vieille génération », ainsi que les réseaux mis en place par la DC et par l'Église catholique expliquent en partie cet essor. Dès que le MIR obtient un noyau dur de militants dans un espace, celui-ci connaît une rapide expansion. Autrement dit, lorsqu'il y a une « masse critique » de militants miristes dans une *población*, une zone rurale, une université ou un lycée, le

MIR bénéficie d'un effet d'entraînement qui lui attire une quantité plus grande de militants et de sympathisants. Mais ces premiers contacts et recrutements initiaux n'expliquent pas de façon satisfaisante pourquoi de simples contacts se convertissent en bases de militants ou de solides sympathisants.

Dans le cas des *pobladores*, l'accès au logement puis, dans un second temps, à l'éducation et à la santé reste le principal souci et l'objectif premier. Toutes les actions du MIR dans les bidonvilles – occupation de terrains, construction d'un centre médical et d'une école, manifestations de rue –, qu'elles soient ou non accompagnées d'un discours révolutionnaire, visent avant tout à répondre à ces nécessités de base. Ce sont également ces actions qui sont les plus mobilisatrices et les plus appréciées par les *pobladores*[237].

La « jeune génération » du MIR est tout à fait consciente de la force des actes et des apports matériels. Ainsi, suite à un braquage de banque en 1970, le MIR envoie une bonne partie du butin à la *población* dirigée par Víctor Toro. Un appel accompagne l'envoi de cette généreuse donation. Il est adressé à la presse et à l'opinion publique, mais aussi aux *pobladores*. Il offre une incitation financière à tous les *pobladores*, paysans et ouvriers qui décideront de rejoindre le MIR. Par ailleurs, l'argumentaire en faveur du socialisme se fonde sur des considérations bien plus matérielles qu'idéologiques. En parallèle, la destination de l'argent donné à la *población* est précisée dans le détail pour ne pas laisser croire qu'il ira dans les poches des dirigeants.

La stratégie de communication ne varie pas beaucoup dans les campagnes. Il s'agit encore de promettre des améliorations substantielles aux conditions de vie. Pour les paysans salariés, la mobilisation sera récompensée par de meilleures conditions de travail. Pour les paysans sans terre, elle aboutira à une redistribution des terres. Et pour les Mapuche, la récupération des terres des ancêtres sera l'aboutissement de la Révolution.

Comme dit précédemment, laissés pour compte pendant longtemps, les *pobladores* et les populations rurales marginales se méfient de l'État et du gouvernement, tout en ayant un sentiment d'urgence qui les incite à chercher une solution immédiate à leurs problèmes. La méfiance et ce sentiment d'urgence sont renforcés par les flottements des politiques sociales de la Démocratie chrétienne, ainsi que par la répression violente de certaines mobilisations et occupations de terrain commandée par le gouvernement dès 1966 et régulièrement en 1969-1970. En parallèle, les actions plus radicales et directes – notamment les occupations de terrain dans la périphérie urbaine et dans la campagne – sont, à la fin des années 1960, perçues par les *pobladores* ou les paysans comme le moyen le plus efficace et le plus rapide pour résoudre le problème du logement ou de la terre, face à des démarches administratives lentes et à l'issue incertaine[238]. Les occupations de terrain, si elles ne sont pas immédiatement dispersées, mettent les organismes d'urbanisme ou de réforme agraire devant le fait accompli, obligeant le gouvernement à investir dans les infrastructures[239].

Le MIR intervient dans les occupations de terrain précisément à l'époque des désillusions des *pobladores* et des paysans provoquées par le gouvernement démocrate-chrétien. Le MIR perçoit, à travers son prisme idéologique, les occupations comme les prémices d'une explosion sociale. Il apporte donc un soutien enthousiaste, tandis que *pobladores* et paysans, gagnés par la déception, multiplient les occupations de terrain[240]. Au même moment, en vue des élections présidentielles de 1970, le PC et le PS se font discrets ou évitent de se montrer lors des occupations. Leur implication dans des actions qui dépassent les frontières de la légalité est immédiatement dénoncée par la presse de droite, qui voit là un excellent moyen d'effrayer la population en stigmatisant le communisme qui ne respecte ni la loi, ni la propriété. De sorte que la relative discrétion de la gauche et la droitisation de la DC laissent le champ libre au MIR. Dans les zones rurales, le MIR remplace la DC, dont l'aile gauche avait organisé les premières occupations de terrain[241], et le PS, dont certains cadres furent les figures marquantes d'occupations retentissantes, avec des affrontements violents contre les forces de l'ordre[242].

Le MIR accompagne les occupations en tentant d'organiser des milices et une justice « populaires » dans les *poblaciones*. Il met en place des mécanismes d'autogestion dans les quartiers marginaux ou les grandes propriétés expropriées, dans lesquels il voit des germes de « pouvoir populaire », autrement dit, les premiers soviets du pays (bien que le terme ne soit que rarement explicitement employé). Du côté des *pobladores* et des travailleurs ruraux, les structures autogestionnaires s'accordent avec leur méfiance à l'égard de l'État, dont la principale manifestation reste la police.

Des éléments supplémentaires du discours et de l'action du MIR dans les *poblaciones* et les régions rurales sont positivement reçus et perçus par ces populations. Souvent, ils résonnent avec les pratiques et discours d'autres institutions et acteurs politiques, présents dans les périphéries urbaines ou les zones agraires. Comme la DC et l'Église, le MIR attribue, en partie, la détresse de ces populations aux problèmes moraux. Il pense y remédier en s'attaquant à des problèmes tels que l'alcoolisme, la violence intrafamiliale, ce qui est fortement apprécié par les *pobladores* et ruraux, notamment par les femmes[243]. Comme la DC, le MIR ne considère pas les *pobladores* et les paysans comme des « forces auxiliaires » du mouvement ouvrier, mais comme des acteurs à part entière, autonomes . Comme la DC, le MIR accorde une grande importance à l'échelle locale et territoriale, au sein desquelles s'organisent les populations « marginales » : au niveau du quartier, du village ou de la communauté. Mais, comme les autres partis de gauche, il développe également l'organisation des *pobladores*, des paysans et des Mapuche à l'échelle nationale, en créant ses différents « fronts de masse » ou des coordinations nationales ou provinciales pour les mêmes groupes sociaux. S'inspirant du PS, le MIR fait la distinction entre légalité et légitimité, en privilégiant la seconde, ce qui permet de justifier des actions comme les occupations de terrains.

Le MIR offre aussi un attrait tactique aux populations marginalisées. Celles-ci peuvent compter sur la notoriété du mouvement et ses remarquables aptitudes médiatiques pour sortir de l'ombre. Longtemps invisibilisés par les pouvoirs publics et la population, les *pobladores* comme les paysans modestes ont conscience de vivre à la périphérie de la société. Les *pobladores*, avec des taux d'analphabétisme moins élevés qu'à la campagne[244], ont parfaitement compris que leurs problèmes sont entrés dans les agendas publics suite à l'intérêt marqué par la presse. Ils ont aussi remarqué que la présence de militants ou de dirigeants communistes, socialistes puis démocrates-chrétiens lors des occupations de terrain, favorisait le succès et la médiatisation. Or, les *pobladores* savent que le succès dépend en partie de cette médiatisation.

La « jeune génération » a, dès 1967, prouvé sa capacité à occuper la scène médiatique lors de la réforme universitaire. Mais elle a amplifié le phénomène en 1969-1970, grâce aux braquages de banques qui font la une de tous les grands quotidiens, comme on le verra dans le chapitre suivant. Pour les *pobladores* qui adhèrent au MIR, ce mouvement est un excellent tremplin médiatique pour attirer l'attention publique sur les bidonvilles.

Pour certains, militer au MIR est aussi une façon d'occuper un lieu privilégié et inédit sur la scène politique. En ce sens, le parcours de Víctor Toro est paradigmatique. Jeune *poblador*, sans formation, sachant à peine lire et écrire, il se hisse à la direction d'un mouvement politique en pleine expansion à la fin des années 1960 et fait souvent la une des journaux, fait inédit au Chili pour des personnes issues du monde *poblador*.

Dans les zones rurales, des personnalités emblématiques n'émergent pas forcément et le mécanisme est différent. Les paysans sont moins conscients du rôle de la presse et des médias en général. Mais ils savent que l'intervention d'agents extérieurs ou la présence de militants ou de fonctionnaires est une condition *sine qua non* pour que leur voix soit entendue. Ceux qui viennent de l'extérieur sont perçus comme des courroies de transmission de la réalité de la campagne – une réalité restée confinée et méconnue – vers la ville, d'où émanent le pouvoir et les décisions[245].

À la fonction de courroie de transmission des revendications de la campagne vers la ville, il faut ajouter la fonction de légitimation propre aux agents extérieurs. Dans le monde rural, les paysans éprouvent des difficultés à transgresser l'ordre ; le MIR semble donner l'accord de la ville pour que l'ordre de la campagne soit transgressé.

Phénomène courant, les dirigeants miristes issus du milieu *poblador*, paysan ou mapuche, ou encore les étudiants qui s'installent dans les zones marginales, attirent de nouveaux militants et sympathisants vers le MIR. Toro, après avoir promu l'occupation de nouveaux terrains dans le sud de Santiago et organisé les campements, jouit d'une popularité sans égal dans ces nouvelles zones urbaines. Les habitants des campements qu'il dirige ou qu'il a contribué à fonder adhèrent massivement au MIR.

La question la plus épineuse, celle du rapport des « pauvres de la ville et de la campagne » à la lutte armée, donne encore lieu à des interprétations aussi contradictoires que polémiques. D'aucuns considèrent, calquant la lecture officielle du MIR, que le choix des armes est dans les années 1960 et 1970 le chemin authentique des classes populaires qu'elles auraient emprunté sans hésiter si le « réformisme ouvrier » ne les en avait pas empêchées. D'autres voient dans l'adhésion d'une partie des couches populaires aux appels à la lutte armée miriste une manipulation.

Une nouvelle fois, il est difficile de tirer des conclusions générales. Y compris dans le cas des militants miristes issus du milieu étudiant et plus familiarisés avec les débats théoriques de la révolution, le soutien à la voie armée n'est ni univoque ni unanime. Certains y adhèrent mollement et théoriquement, considérant la lutte armée comme inévitable, mais lui préfèrent dans les faits la lutte politique. D'autres la soutiennent avec ardeur, avec une vision idéalisée de la lutte armée tirée des journaux du « Che » et des récits mythiques de la direction cubaine sur son expérience révolutionnaire. D'autres, enfin, s'y engagent avec conviction après avoir bien lu les écrits militaires des grands révolutionnaires. Il est probable que les militants ou sympathisants miristes des bidonvilles ou des zones rurales soient moins enclins que les étudiants aux débats théoriques sur la question.

Encore une fois, la campagne et la ville vivent des expériences très différentes. Dans les zones rurales, l'emploi des armes lors des occupations de terrains est inauguré par le PS et, après seulement, repris par le MIR. La direction du MIR considère la défense armée des occupations de terrain comme une préparation indirecte à la guérilla rurale. Cependant, elle présente aux paysans cette lutte comme une simple mesure d'auto-défense. Il n'est jamais question ici de lutte armée prolongée contre la bourgeoisie. Il faut remarquer, par ailleurs, la grande violence des conflits sociaux dans les zones rurales. Les paysans sont, le plus souvent, très durement réprimés par les hommes de main des grands propriétaires fonciers, parfois accompagnés de policiers. Aussi les travailleurs ruraux sont-ils réticents à entreprendre une occupation de terrain sans une protection qui garantisse leur intégrité physique[246]. Les partis politiques peuvent dans ce cas offrir une double protection. D'une part, dans les cas du PS puis du MIR, ils apportent des armes, qu'elles soient à feu ou plus rudimentaires, qui permettent de répondre aux attaques des sbires du propriétaire. D'autre part, les agents extérieurs (députés ou militants du parti qui soutiennent la *toma*) peuvent s'interposer entre les paysans et les forces de l'ordre et, le cas échéant, dénoncer dans la presse la violence des pouvoirs publics ou du propriétaire.

La capacité de mobiliser quelques militants armés pour soutenir une occupation de terrain se convertit, en quelque sorte, en une preuve du sérieux de l'organisation politique qui soutient la *toma* et une garantie de son succès. Le recours à la violence politique se trouve, ainsi, justifié et légitimé non pas idéologiquement, mais par son utilité pratique et immédiate. Autrement dit, le recours aux armes est accepté ou sollicité par les paysans qui occupent un terrain parce que c'est un moyen de défense.

La conception instrumentale de la violence politique est aussi présente chez les *pobladores*, mais elle est moins centrale que chez les paysans. Car le degré de violence est moins important à la ville. En effet, la plupart des terrains occupés appartiennent à l'État, et non pas à un propriétaire bien plus réactif à la perte sèche de terres. De plus, à la différence des campagnes, les *tomas* ont déjà une tradition bien établie en ville. Elles sont souvent tolérées par les autorités. À part quelques cas de délogement violent des occupants par la police avec des blessés et des morts, le gouvernement démocrate-chrétien tente d'éviter les dénouements tragiques en raison de leur coût politique élevé.

Par conséquent, les militants ou sympathisants miristes issus des quartiers marginaux sont moins motivés par des raisons pratiques que par une attirance pour la voie armée. La fascination des jeunes *pobladores* pour la lutte armée a aussi à voir avec une certaine conception de la masculinité. La valorisation de leurs capacités physiques, qui leur permet d'accéder à des postes de responsabilité au sein du MIR, offre la possibilité de se réaliser. La figure du militant miriste, du guérillero, est aussi le prototype du mâle, figure qui résonne avec le machisme coutumier de la culture populaire. Un mot qui revient souvent pour décrire le MIR et ses militants est le terme *choro*, gaillard. Le MIR est, pour eux, un parti de « mecs » qui manient les armes, qui s'affrontent sans peur à la nature, qui survivent en se battant.

Cette caractéristique n'est d'ailleurs pas l'apanage du front *poblador* du MIR, elle est vraie pour l'ensemble de l'organisation. Les étudiants du MIR n'échappent pas à l'évolution des mœurs qui se développe dans le reste de la société, et plus spectaculairement chez les jeunes de classe moyenne. Il y a toujours plus de militants qui vivent en couple sans nécessairement être mariés, ce qui était pratiquement inconcevable dix ans plus tôt. Pourtant le MIR ne théorise pas le phénomène. La problématique du genre n'est pas développée, ni même évoquée, dans les documents internes et publics du MIR, pas plus que dans son organe officiel. Aucune spécificité n'est reconnue aux femmes, aucune réflexion n'est menée sur leurs problèmes particuliers et le féminisme est considéré comme une « déviation petite-bourgeoise »[247]. En effet, le mélange entre le marxisme-léninisme et le guévarisme ne laisse pas beaucoup de place au féminisme[248]. Les militantes sont, avant d'être des femmes, des combattantes. Pour obtenir une égalité de traitement, elles doivent prouver qu'elles sont aussi fortes, résistantes et courageuses que les hommes.

Il en va de même des minorités sexuelles, l'homophobie et la transphobie étant de mise au moins jusqu'au début des années 1980. La révolution socialiste, populaire et armée ne laisse pas beaucoup de place à ces autres projets d'émancipation, non seulement collective, mais aussi individuelle.

Chapitre 5

Le choix des armes. Récits et usages de la violence révolutionnaire en politique (1967-1970)

Jusqu'au coup d'État de 1973, le Chili a généralement été perçu — par ses propres acteurs politiques et à l'étranger — comme un pays d'ordre et de longue tradition démocratique et républicaine[249]. La recherche de consensus et de stabilité institutionnelle serait la force motrice de son histoire contemporaine. Cet imaginaire explique probablement pourquoi le MIR a souvent été considéré, à l'époque, comme une organisation en rupture avec la tradition politique nationale.

En 1967-1968, le MIR occupe une place de plus en plus importante sur la scène politique nationale. La réforme universitaire et la conquête par le MIR de la présidence de la FEC lui assurent, pour la première fois, une ample couverture médiatique. Les noms des dirigeants de la « jeune génération » se font connaître bien au-delà des cercles militants de Concepción. En parallèle, le nombre de militants ne cesse de croître, surtout dans le milieu étudiant. Mais dans les *poblaciones* et les régions rurales, le nom « MIR » résonne aussi souvent, notamment lors des occupations de terrain. Le MIR n'est pas la seule organisation de gauche extraparlementaire à être créée au Chili à cette époque. Mais il est le seul à obtenir une telle visibilité et à croître aussi vite. En 1968, le MIR est déjà considéré comme une organisation qui pèse sur la conjoncture politique nationale.

Ainsi, sa défense très publique de la lutte armée à partir de 1967 et l'arrivée de Miguel Enríquez au poste de Secrétaire général du MIR, doublée de la condamnation des élections, font l'effet d'un coup de tonnerre dans un ciel serein. En

1968, les premiers braquages de banque miristes suscitent l'émoi. De nombreux jeunes militants de gauche, toutes tendances confondues, en sont admiratifs. Les détracteurs du MIR, quant à eux, y puisent des arguments pour présenter cette organisation politique non seulement comme dangereuse, mais aussi comme étrangère aux coutumes nationales. Mettant à jour un vieil adage anticommuniste, la presse de droite et centriste voit dans ce choix des armes le fruit de l'ingérence d'agents étrangers — le MIR serait un pantin de Castro télécommandé depuis La Havane, un pantin dangereux, car armé et capable de subvertir l'ordre démocratique. Après le coup d'État, cet argument servira pour justifier la répression qui s'abat sur les militants et militantes du MIR, bien plus meurtrière que pour les autres partis de gauche. Les communistes, quant à eux, considèrent les actions armées du MIR comme une mauvaise imitation « gauchiste » de la geste révolutionnaire cubaine. Cette répétition de l'histoire comme une « farce » ne manquerait pas de devenir aussi une tragédie, mettant en péril le projet politique de la gauche institutionnelle et, plus généralement, la démocratie. Après 1973, pour le PC chilien, le MIR serait l'un des principaux coupables du coup d'État et de la violence contre-révolutionnaire qui s'est abattue sur la gauche.

Le MIR et son rapport à la lutte armée est le chapitre de son histoire qui a suscité le plus grand nombre de controverses et de mythes, le présentant souvent comme une organisation militarisée très efficace, capable de subvertir l'ordre démocratique. Les enjeux politiques et mémoriels de ce sujet sont lourds. Ils touchent d'ailleurs à une question épineuse de l'histoire des gauches révolutionnaires mondiales : celle de leur rapport à la violence. La violence est-elle une composante incontournable de tout projet et de tout processus révolutionnaires ? Pourquoi, quand et comment les acteurs révolutionnaires choisissent-ils les armes ? Est-il possible de fixer des limites au recours à la violence ou bien tout acteur révolutionnaire finit-il tôt ou tard par basculer vers la Terreur, comme l'a souvent affirmé l'historiographie libérale ? Quelle est la relation entre idéologie et violence révolutionnaires ?

Le choix de la voie armée se fait dans un contexte spécifique marqué par de vifs débats nationaux, continentaux et mondiaux sur la révolution et sur le rapport entre révolution et lutte armée. La direction du MIR prend la voie des armes après une longue réflexion, à l'issue de controverses souvent violentes et sans se faire manipuler par des États étrangers. Elle fixe aussi des limites à son recours à la violence politique. Le MIR n'est d'ailleurs pas la seule organisation politique chilienne à faire ce choix : elle est l'une parmi d'autres tant à gauche qu'à droite, ce qui montre l'importance de la question armée dans le Chili des années 1960 tout en relativisant la supposée exceptionnalité du MIR en la matière. La relation entre idéologie et pratique n'est pas non plus linéaire et unidirectionnelle, comme l'historiographie libérale l'a souvent affirmé : les idées peuvent orienter momentanément les actions, mais la pratique de la lutte armée amène systématiquement à la révision et à la réinvention de la théorie.

Les jeunes miristes qui braquent des banques et qui essaient de mettre en place – sans beaucoup de succès, il faut l'avouer – un appareil militaire qui puisse mener à bien une révolution armée, ne sont pas des fanatiques aveuglés par une idéologie assassine. Ce sont des jeunes personnes critiques de la démocratie dans son acception exclusivement politique et libérale. Elles sont convaincues de la nécessité d'une révolution armée pour faire advenir une plus grande justice sociale, mais aussi conscientes du besoin d'imposer des limites à l'usage de la force dans un cadre démocratique, pour que la violence ne perde pas son sens émancipateur. La nécessité ou pas de la violence pour faire triompher une révolution est un vaste débat, qui ne sera pas tranché dans les pages qui suivent. Celles-ci donnent plutôt des clés pour réfléchir au rapport entre violence et révolution dans toute sa complexité, sans tomber dans le piège de cette question omniprésente lorsqu'on parle du sujet : « êtes-vous pour ou contre la violence ? ». Question omniprésente, et néanmoins inutile si l'on veut comprendre plutôt que condamner une forme de violence – la révolutionnaire – pour mieux en défendre une autre, généralement émanant de l'État.

Entre la plume et le fusil : penser et écrire la violence révolutionnaire

Le MIR est fondé en 1965 sur la base d'un consensus entre les partis et militants qui le composent autour de quelques principes aussi fondamentaux que flous. Ainsi, les miristes s'accordent sur la condamnation de la « gauche traditionnelle » et de ses méthodes, en particulier la « voie électorale », considérée comme une voie sans issue pour la révolution socialiste. Ils s'accordent également sur la nécessité de conquérir le pouvoir par les armes. Cette appréciation est, d'ailleurs, partagée par d'autres secteurs de la gauche. Notamment par l'aile radicale du PS qui s'abstient de rejoindre le MIR, ainsi que par les maoïstes, dont une partie rallie le MIR et une autre fonde le Parti Communiste Révolutionnaire.

L'adhésion de principe à la voie armée garantit, dans un premier temps, la cohésion interne du MIR. Cependant, elle devient au fil des années le principal point d'achoppement et mène, à terme, à la division du mouvement. Les divergences apparaissent dès que les modalités concrètes de l'action armée sont débattues. Les formes de la lutte armée et le moment opportun pour l'initier sont les deux points sur lesquels l'unanimité s'effrite.

Derrière les débats techniques sur les modalités concrètes de la lutte armée se profile un désaccord bien plus profond et essentiel lié à la définition même du politique, lui-même relatif à des débats qui divisent la gauche à l'échelle mondiale.

Dans la première moitié des années 1960, les textes théoriques de la VRM, du PS et des partis trotskistes qui traitent de la voie armée s'inspirent de Lénine, de Mao Tsé-toung et de Guevara. Il est alors principalement question de récuser les pratiques électorales. Cependant, à partir de la seconde moitié des années 1960, la question armée change d'importance avec l'émergence de la « jeune génération ». La « vieille génération » ne change pas fondamentalement de position : il est toujours question de différencier les pratiques « révolutionnaires » des pratiques « réformistes ». La voie électorale est généralement condamnée pour une question pratique et les armes sont considérées comme un moyen plus efficace pour la conquête du pouvoir. L'important ici est de bien remarquer que la « vieille génération » distingue très clairement la fin (la révolution socialiste) et les moyens (voie armée ou voie électorale).

Il en va tout autrement chez la « jeune génération », pour qui les fins et les moyens se confondent. Ici, l'action armée a une signification politique en elle-même, elle est un fondement du politique. Dans la pensée de la « jeune génération », le politique et le militaire sont imbriqués, voire fusionnés. Les débats techniques sur la lutte armée prennent donc une tout autre ampleur puisqu'ils révèlent le discours politique. Ils sont le discours même. L'action est le signifiant. Ainsi, les auteurs de référence ne changent pas mais leur lecture est très différente. Ce sont désormais les conseils pratiques qui occupent le cœur de la lecture. Les arguments de légitimation de la lutte armée sont délaissés par la « jeune génération » qui s'intéresse aux tactiques et stratégies militaires qui sont considérées, en soi, comme un discours politique. Les débats ne sont pas entre « voie électorale » et « voie armée » mais entre, par exemple, « guerre prolongée » et « *focos* guérilleros » qui sont des options politiques très différentes. Ce même désaccord théorique se retrouve, d'ailleurs, au sein du Parti Socialiste, où l'ELN (Armée de libération nationale)[250] défend la même conception politico-militaire que la « jeune génération » du MIR.

Dans ce lent processus de division interne, la culture écrite joue un rôle fondamental. Tout d'abord, les débats et les désaccords théoriques entre les tendances au sein du MIR se nourrissent, se réfèrent à et se légitiment par des auteurs qui traitent de la violence révolutionnaire, parmi lesquels se trouvent Fanon, Lénine, Trotsky, Mao, Hô Chi Minh, Giap, Guevara, Debray et Marighella, pour ne citer que les plus importants. La plupart des auteurs de référence de la première moitié des années 1960 restent présents dans la seconde. Cependant, les textes choisis ne sont plus les mêmes et de nouveaux auteurs sont ajoutés à la liste des références théoriques du MIR et, plus généralement, de la gauche armée. C'est pourquoi le rôle des médiateurs, autrement dit des acteurs qui se chargent de la diffusion des textes, est central.

La guerre révolutionnaire et la violence politique en mots

La légitimité de la violence en politique est toujours une question d'actualité. Elle est posée à tous les partis de gauche, avec le dilemme entre la voie armée et la voie électorale[251]. Elle n'est pas non plus l'apanage de la gauche. Si l'on observe le recours quotidien à la violence politique dans le Chili des années 1960, il faut bien admettre qu'il était encore bien plus largement répandu. La violence politique envahit les rues des grandes villes et la campagne à partir du gouvernement d'Eduardo Frei et s'accentue considérablement sous Allende. Tous les partis, qu'ils soient de gauche, du centre ou de droite ont eu recours à la violence, à un moment ou à un autre, durant la période[252]. Sous Allende, d'ailleurs, l'organisation qui y a le plus systématiquement recours avec des formes de violence politique inédites ou rares au Chili (attentats à la bombe, sabotages d'infrastructures, assassinats de militants, etc.) est le parti d'extrême droite *Patria y Libertad* (Patrie et Liberté).

Pour revenir à la gauche, la conquête du pouvoir par les armes a régulièrement été proposée en son sein depuis la fin du XIXe siècle. Ce furent d'abord les anarchistes qui la prônèrent, le Parti communiste la préconisa ensuite jusqu'à la fin des années 1920 et, enfin, des fractions du PC et du PS reprirent le flambeau dans les années 1930. Dans les années 1950, les secteurs les plus radicaux de la CUT appellent à l'armement général des travailleurs et à l'action directe.

À l'orée des années 1960, le débat sur l'usage de la violence change progressivement d'ampleur et de nature. Il gagne l'ensemble de la gauche dont une partie importante glisse lentement vers la survalorisation de la lutte armée. Désormais, les débats portent en grande partie sur les modalités concrètes que devrait prendre la violence. Simultanément, le mythe de l'insurrection des masses est abandonné pour celui de l'apparition d'un noyau de militants « décidés », capables de conquérir le pouvoir. Or, la centralité de la lutte armée dans l'imaginaire de la gauche chilienne et latino-américaine de cette période ne s'explique pas par sa seule efficacité dans quelques cas concrets, comme Cuba, l'Algérie ou plus tard, le Vietnam. L'histoire latino-américaine des années 1960-1967 compte d'ailleurs plus de cas où l'assaut du pouvoir par les armes se révèle un échec. Ce sont moins les expériences historiques que les textes théoriques sur la violence révolutionnaire adoptant un point de vue philosophique ou technique, qui expliquent la centralité de la lutte armée dans la pensée et l'action de la gauche latino-américaine de cette période.

Paru aux éditions Maspero en 1961 et publié en 1963 dans sa version espagnole[253], *Les Damnés de la Terre* tente une approche philosophique et anthropologique de la violence révolutionnaire et populaire. Il inaugure la voie d'une ample littérature qui propose une nouvelle lecture de la violence. Fanon est un tenant de la théorie expansive de la violence, qui s'attaque frontalement au « monopole de la violence légitime » de l'État. Cette théorie marque les années 1960, elle constitue une base argumentaire sur laquelle s'appuie la « nouvelle gauche » non seulement en Amérique latine, mais aussi en Europe et aux États-Unis.

En Amérique latine, les thèses de Fanon sur la violence populaire sont reprises par le gouvernement cubain lors de la IIe Déclaration de La Havane puis durant la Conférence Tricontinentale (1966). Par son biais, elles sont massivement diffusées dans tout le continent latino-américain. Dans ce contexte régional, la vision fanonienne de la violence populaire sert à affirmer l'échec de l'intégration des masses par la voie des urnes et la démocratie libérale. Fanon permet aux Latino-américains de lire la guerre de libération nationale algérienne et, plus généralement, les décolonisations africaines et asiatiques dans une perspective révolutionnaire. Par l'intermédiaire de Fanon, la « nouvelle gauche » latino-américaine des années 1960 peut renouer avec sa propre histoire des guerres d'Indépendance des débuts du XIXe siècle contre l'Espagne ou le Portugal (dans le cas du Brésil), ainsi qu'avec une figure centrale de cette période révolutionnaire : celle du peuple en armes.

Fanon considère aussi que la « violence libératrice » est un germe qui sommeille dans le peuple. Elle a seulement besoin d'être réveillée pour enflammer la communauté dans son ensemble. À l'exception de Cuba, et bien plus tard du Salvador et du Nicaragua, l'une des faiblesses de la gauche armée latino-américaine est sa constante incapacité à mobiliser les couches populaires. Fanon offre un argument qui comble cette lacune par une certitude : la violence sommeille dans le peuple. Dès lors, s'il n'a pas empoigné le fusil, c'est qu'on n'a pas su le réveiller, il ne peut s'agir d'une volonté pacifique de sa part. De sorte que la gauche armée peut envisager, à la fin des années 1960, les différents échecs des guérillas latino-américaines qui parsèment la décennie sans remettre en cause son postulat sur les couches populaires.

Un autre point central dans la pensée de Fanon, qui le relie aux autres penseurs de la violence révolutionnaire lus par la « nouvelle gauche » latino-américaine, est l'abolition de la division entre les sphères militaire et politique. « La tactique et la stratégie se confondent », dit Fanon, « l'art politique se transforme tout simplement en art militaire. Le militant politique, c'est le combattant. Faire la guerre et faire de la politique, c'est une seule et même chose »[254]. L'abolition des limites entre le politique et le militaire, entre la fin et les moyens est une conséquence logique qui découle naturellement de l'autre thèse de Fanon, celle qui voit dans la violence une force libératrice. Dès lors qu'il établit une équation entre le recours à la violence et la libération des opprimés, l'action armée n'a pas besoin d'être contextualisée ou encadrée par le politique pour être légitimée. Elle porte en elle-même son sens politique, le moyen remplaçant et incarnant la finalité.

Dès lors que le politique et la lutte armée sont imbriqués, le débat peut se reporter uniquement sur la seconde et se centrer sur ses aspects techniques. C'est à cela que contribuent les écrits militaires d'éminents révolutionnaires, amplement diffusés dans la seconde moitié des années 1960. Les références sont nombreuses, elles vont de « classiques » (et pas forcément révolutionnaires) tels que Clausewitz, Lénine et Trotsky à d'autres plus récents, Guevara évidemment, mais aussi Marighella, en passant par Mao et Hô Chi Minh. Cependant la gauche armée lit les auteurs classiques de manière différente des partis communistes ou des trotskistes.

Alors que Trotsky a le regard résolument tourné vers l'Europe, Mao Tsé-toung propose une lecture qui échappe à l'eurocentrisme[255]. C'est peut-être une des raisons expliquant qu'il fut incontestablement l'auteur ayant influencé de façon décisive la « nouvelle gauche » latino-américaine. Sa pensée militaire, « avatar particulier et imprévu du léninisme »[256], porte l'empreinte de Lénine et de Clausewitz, tout en révolutionnant la pensée de ces deux auteurs.

Mao Tsé-toung reprend à son compte les principes techniques qui régissent la guerre irrégulière présentée par Clausewitz. Si les observations techniques de Mao sont entièrement empruntées à l'officier prussien, il s'en éloigne résolument sur l'importance de la guerre des partisans, qui est centrale chez lui. Pour Mao, la guerre révolutionnaire est une guerre populaire, du moins dans un premier temps. Il accorde ainsi une place primordiale à la guerre de partisans, elle n'est plus un appendice de la guerre régulière, qui peut ponctuellement aider l'armée professionnelle, comme c'était le cas chez Clausewitz[257].

Les conséquences de cette inversion, avec la primauté de la « guerre de guérilla », ne sont pas minces. C'est toute la manière de comprendre de la guerre qui change. À la conception de la guerre moderne basée sur l'affrontement entre les États à travers leurs armées régulières, Mao préfère une forme d'affrontement armé plus traditionnelle avec la guerre des partisans. L'État n'est plus la figure centrale de la guerre, il est le principal ennemi, à abattre avec des forces dispersées et mobiles. À cette forme « traditionnelle », Mao ajoute des protagonistes aussi plus « traditionnels ». Le centre de la révolution n'est plus à la ville, mais à la campagne. De sorte que les principaux acteurs de la révolution ne sont pas les prolétaires, mais les paysans[258].

Le théoricien Mao acquiert rapidement une stature internationale, car sa théorie de la guerre formule des principes généraux qui dépassent de loin le cadre chinois dont il s'inspire. Sa théorie peut s'appliquer à de nombreux pays qui partagent quelques éléments avec la réalité chinoise. Cette adaptabilité, ainsi qu'une richesse de la pensée, explique la résonnance que la théorie de guerre révolutionnaire de Mao a eue en Amérique latine dans les années 1960-1980. Cependant, les révolutionnaires latino-américains ont une lecture sélective, et laissent de côté des éléments centraux de la pensée politico-militaire de Mao. En premier lieu, l'importance de la présence réelle d'un ennemi étranger, d'une armée étrangère sur le sol national – les Japonais, en l'occurrence – comme facteur déclencheur qui amène la population à rejoindre les rangs de l'Armée rouge. Le second élément largement ignoré par les lecteurs latino-américains est la puissance de l'armée révolutionnaire. L'Armée rouge chinoise est une organisation politico-militaire très structurée et disciplinée, capable de contrôler une grande partie du territoire national, qui encadre et mobilise la population paysanne. En parallèle, le soutien populaire dont jouit l'Armée rouge est une condition préalable avant d'entamer l'affrontement. Enfin, le dernier élément, mais pas des moindres, concerne la guerre irrégulière. Mao la considère certes comme la seule et unique forme de la guerre révolutionnaire lors sa première étape. Cependant, dès que l'Armée rouge est consolidée, les partisans doivent l'intégrer pour entrer dans une guerre régulière. Il n'est pas question de prolonger la guerre de partisans, avec des unités éparses. Au contraire, il insiste sur la centralisation de l'Armée rouge, contre les tenants d'un esprit partisan[259].

La vision politico-militaire des Vietnamiens Hô Chi Minh et Vô Nguyên Giap s'accorde dans l'ensemble avec celle de Mao. Les deux théoriciens vietnamiens introduisent, toutefois, des éléments novateurs.

À la dimension de temps introduite par Mao (guerre prolongée), ils ajoutent une dimension d'espace. Ils ne se contentent pas de constater que les zones rurales doivent être le principal théâtre des opérations militaires et de la « guerre de guérilla ». Ils organisent et structurent l'espace rural en distinguant différentes échelles, articulées entre elles et associées à la dimension temporelle. Dans une première étape, l'organisation politico-militaire se fait à un niveau local (village ou canton) et a un caractère défensif. Elle passe ensuite à un niveau régional et combine la défense à l'attaque. Enfin, les forces révolutionnaires se coordonnent au niveau national, pour l'offensive générale. Ce n'est que lors de la dernière étape que les contingents ruraux unissent leurs forces à celles du prolétariat[260]. L'articulation et l'imbrication entre les trois niveaux géographiques et les modalités de combat correspondantes est reprise par le MIR à la fin des années 1960.

Le poids décisif de la subjectivité du combattant est un autre élément nouveau apporté par les Vietnamiens. Pour Giap, davantage que pour Hô Chi Minh, le moral, la combativité, l'esprit de décision, le courage et la solidarité entre les combattants sont des éléments qui peuvent décider de l'issue d'un combat. Pour Giap, ce sont là des armes tout aussi importantes, voire plus, que la puissance de feu de l'armée révolutionnaire[261]. Cet aspect est particulièrement apprécié par les révolutionnaires latino-américains qui, dans le discours, exacerbent l'importance des qualités morales.

Un autre élément novateur de Giap est le lien qu'il établit entre la guerre de guérilla et le peuple. « La guérilla », dit-il, « est la forme de lutte armée des larges masses populaires »[262]. Le caractère populaire de la guérilla – qui est incontestablement une forme de guerre plus accessible que la guerre régulière pour les combattants non professionnels – est un constat logique auquel arrivent tant Clausewitz que Mao Tsé-toung. Or, Giap attribue une fonction spécifique à la guerre de guérilla. Elle est aussi une guerre qui permet aux masses de construire un nouveau pouvoir, le « pouvoir populaire »[263]. Cette forme de pouvoir, que Lénine situait dans les soviets, Giap le place dans les troupes irrégulières renforçant ainsi l'imbrication du politique et du militaire, qui se trouve au fondement de sa pensée.

Les deux derniers apports de la guerre révolutionnaire au Vietnam sont plus de l'ordre de la pratique. Le premier est l'ennemi : l'impérialisme des États-Unis, qui aurait montré son vrai visage au Vietnam. Ainsi, un lien unissait les expériences vietnamienne et cubaine puis, plus généralement, latino-américaine. L'armement vietnamien fut aussi une source d'inspiration pour les guérilleros d'Amérique latine. En effet, la guerre populaire au Vietnam fit preuve d'une grande imagination et de beaucoup d'inventivité dans la fabrication d'armement artisanal. Ses trouvailles en la matière furent par la suite rassemblées dans des mini-manuels, diffusés par le biais de Cuba aux quatre coins du sous-continent latino-américain.

Si Mao est « un avatar particulier » du léninisme, Ernesto Guevara est probablement la même chose pour le maoïsme. Ses textes sur la guerre de guérilla empruntent beaucoup à la pensée militaire maoïste, même si cette dernière n'est pas toujours citée : l'importance accordée à la guerre de guérilla, qui doit être rurale ; les mêmes étapes de la guerre révolutionnaire, dont la guerre irrégulière est la première, mais aussi la plus importante[264] ; la défensive stratégique et l'offensive tactique ; le soutien populaire comme condition indispensable au succès de la guerre de guérilla[265].

Il y a cependant aussi des différences entre les deux auteurs, qui apparaissent dès les premiers textes de Guevara, et qui s'accentuent au fur et à mesure qu'il simplifie et théorise son expérience du maquis cubain. La première divergence porte sur les conditions préalables à la guerre révolutionnaire, nécessaires à son succès et au soutien de la population. Mao commence par une analyse des spécificités politiques, économiques et sociales de la Chine pour montrer la viabilité de la guerre révolutionnaire. En revanche, Guevara se contente de deux conditions pour commencer l'affrontement : la crise du régime et l'exacerbation des revendications paysannes, autrement dit l'accès à la terre. D'après lui, ces conditions furent présentes et suffisantes à Cuba, et le sont pour le reste de l'Amérique latine. En ce qui concerne la crise du régime, la position de Guevara est floue, voire contradictoire. D'un côté, il considère que là où un gouvernement a accédé au pouvoir par la voie des élections – frauduleuses ou pas –, autrement dit là où les possibilités de lutte civique n'ont pas été épuisées, le foyer de guérilla ne peut pas rencontrer de succès[266]. De l'autre côté, il affirme qu'il existe toujours des conditions, même minimum, pour installer un foyer de guérilla. Après quoi, il est toujours possible de gagner le peuple à sa cause, en lui montrant l'impossibilité de la lutte sociale dans le cadre des institutions existantes[267]. Cette contradiction finit par annuler la crise du régime en tant que condition préalable à l'installation d'un foyer de guérilla. En fin de compte, une fois la guérilla installée, il sera toujours temps de trouver les failles du système qui permettront à la guérilla de subsister et d'obtenir le soutien de la population.

Mais c'est surtout en considérant les revendications économiques des paysans comme la principale, sinon l'unique condition qui permet à la guérilla d'avoir une base populaire solide et, finalement, de conquérir le pouvoir, que Guevara prend ses distances vis-à-vis de Mao. Guevara se centre uniquement sur la dimension économique, celle-ci étant réduite à la question de la terre. Cela lui permet de prétendre à l'universalisme de sa théorie sur la guerre de guérilla[268], ou du moins à sa viabilité dans le reste de l'Amérique latine où l'accès des paysans à la terre reste l'une des principales questions sociales. Plus généralement, il évacue tous les éléments fondamentaux du succès de l'Armée rouge chinoise ou de la force de l'armée révolutionnaire vietnamienne. Ainsi, il considère par exemple la présence japonaise sur le sol chinois comme une « parenthèse »[269], et non pas comme un facteur déterminant les paysans à rejoindre l'Armée rouge. En résumé, il insiste sur un facteur très général (la demande des paysans d'accéder à la terre), en oblitérant toute considération susceptible de révéler les spécificités du cas cubain, ce qui montrerait les limites de sa théorie militaire.

La focalisation sur les seules conditions économiques a de lourdes conséquences. D'une part, elle compromet fortement les possibilités de succès des mouvements de guérilla guévaristes – comme leur histoire le prouvera bientôt. En réduisant au minimum les « conditions objectives » pour prendre les armes, le *foco* guérillero est particulièrement vulnérable. D'autre part, elle conditionne aussi l'ensemble de sa pensée politique à son aspect militaire. Le mépris que Guevara manifeste pour le politique et pour l'idéologie le mène à exacerber la dimension militaire. Pour lui, le politique disparaît au profit du militaire. De sorte que, d'après la théorie guévariste, il n'est besoin que d'un groupe réduit de combattants décidés, une élite révolutionnaire qui commence des actions armées dans un contexte économique difficile (présent dans tous les pays latino-américains), pour que les masses réjoignent la guerre révolutionnaire. Le foyer de guérilla, composé de l'élite révolutionnaire armée, crée les conditions de la révolution.

Les textes politico-militaires du « Che » font partie d'une théorie plus générale sur la révolution, que Guevara développe dans un grand nombre de textes qui portent sur l'économie, sur l'art, sur la construction du socialisme à Cuba, sur l'homme nouveau. Mais la pensée guévariste qui se diffuse en Amérique latine et qui contribue à forger la culture politique de la « nouvelle gauche » continentale est surtout celle contenue dans les textes militaires du « Che », le plus souvent diffusés à travers la version simplifiée qu'en livre Régis Debray.

Résumée ainsi, la théorie guévariste de la révolution consiste en ce qui suit : un extrême volontarisme, accompagné d'une surévaluation des capacités d'un foyer de guérilla, ainsi que la subordination du politique au militaire et la conviction qu'un foyer de guérilla peut conquérir le pouvoir en très peu de temps. Ceux-ci sont les principaux legs du guévarisme à la « nouvelle gauche » latino-américaine. Ces éléments se retrouvent, avec des proportions différentes, dans tous les mouvements de gauche armée latino-américains des années 1960. Il faudra plusieurs années et de très nombreux échecs de mouvements de guérilla pour que la théorie du *foco* soit remise en cause.

Les nombreux échecs des guérillas rurales amènent, d'abord, les tenants du *foquisme* à reconsidérer la pertinence du monde rural comme principale zone des opérations militaires, sans toutefois questionner la thèse sur la capacité d'un noyau réduit de révolutionnaires armés à renverser le régime en place. Le foquisme rural partait du principe que la campagne échappe plus facilement à l'emprise du pouvoir, dont le centre est toujours situé dans la ville. Cela offrirait donc, en théorie, un terrain favorable pour former les révolutionnaires. Les zones rurales étaient conçues comme une *tabula rasa*, qui avait échappé à la contamination de la modernité, sur laquelle les révolutionnaires pouvaient esquisser à souhait leur utopie socialiste.

Or, la distance qui les séparait de la ville et la dispersion de la population paysanne – beaucoup plus prononcée en Amérique latine qu'en Asie – n'ont pas épargné les guérilleros de la répression. De plus, elles ont aussi limité la répercussion de leurs actions, confinée aux régions où les foyers de guérilla se sont installés.

Le Brésilien Carlos Marighella met l'accent, lui, sur l'utilité de la guérilla urbaine dans son célèbre *Mini-manuel du guérillero urbain*[270], qui offre des conseils pratiques pour mener la lutte armée dans la ville. Avant de devenir guérillero et théoricien de la lutte armée, Marighella a été un dirigeant communiste important, avec une longue expérience des luttes sociales urbaines, ainsi que de la clandestinité. Le Brésil est, en effet, l'un des pays latino-américains où les communistes ont été le plus longtemps réprimés et mis hors-la-loi, un pays de grande tradition contre-révolutionnaire, à la police et aux forces armées particulièrement répressives. Avec Marighella, les braquages de banques, les enlèvements, les vols de voitures, les assauts de casernes pour s'approprier de l'arsenal entrent dans le menu révolutionnaire, de même que les exécutions de policiers et de militaires. Néanmoins, bien que Marighella déplace le centre géographique des premières opérations dans la ville, il subordonne la guérilla urbaine à la guérilla rurale. La guérilla urbaine n'est destinée qu'à subvenir aux besoins en argent et en armes de la guérilla rurale. De plus, sa conception du rapport entre le politique et le militaire et des relations entre la guérilla et la population ne diffère en rien de celle de Guevara[271].

Marighella n'est pas le premier à prôner la guérilla urbaine. Bien qu'ils ne l'aient pas revendiqué, les guérilleros vénézuéliens et guatémaltèques y avaient déjà eu recours au début des années 1960. Surtout Abraham Guillén, exilé en Argentine puis en Uruguay après la Guerre d'Espagne, théorise réellement la guérilla urbaine dans *La stratégie de la guérilla urbaine* en 1966[272]. L'auteur espagnol puise ses références parmi les insurrections urbaines en Europe, notamment la Commune de Paris et la Révolution russe, ainsi que la défense de Madrid contre Franco, à laquelle il a participé. Mais il est aussi un fin observateur de la réalité latino-américaine, dont il tire les conclusions des échecs des foyers ruraux. Il participe, à Montevideo, à la fondation des Tupamaros, bientôt célèbres pour leur guérilla urbaine.

Guillén partage avec Guevara la vision continentale de la Révolution. Mais il conteste la conception hautement élitiste au coeur de la théorie du foyer de guérilla, pour des raisons philosophiques et pratiques. Pour lui, ce sont des organisations de masse, qui réunissent syndicats, partis politiques, organisations de jeunesse et guérillas, qui doivent voir le jour à travers tout le continent. La lutte armée doit être soutenue par le dense réseau social que supposent ces organisations. De plus, Guillén inverse la hiérarchie entre la ville et la campagne. À partir du constat de l'urbanisation accélérée en Amérique latine et des échecs successifs des foyers ruraux, il insiste sur la primauté de la guérilla urbaine. Celle-ci doit être secondée et soutenue – seulement quand les conditions l'imposent – par une guérilla rurale[273].

Or, l'oeuvre de Guillén, très probablement lue dans les mouvements de gauche armée du Cône Sud qui s'engagent dans la guérilla urbaine, n'est jamais citée comme référence théorique. Plusieurs raisons expliquent cette désaffection. D'une part, Guillén a été personnellement impliqué dans la Guerre d'Espagne, autrement dit une révolution qui a échoué. Les défenseurs de la guérilla rurale, en revanche, étaient des leaders de révolutions triomphantes, ce qui légitimait leurs théories militaires[274]. D'autre part, Guillén n'accède jamais au statut de théoricien officiel de la guérilla urbaine parce qu'il se garde de formuler un dogme strict et une théorie à ambitition universelle de la lutte armée. Plus spécifiquement, il n'offre pas de recettes, pas plus qu'il ne présente précisément les étapes de la lutte armée. Chez Guillén, il n'y a aucune prétention de « lois scientifiques »[275] qui régiraient « l'art de l'insurrection ». Cela n'est guère attractif pour des guérilleros, encore inexpérimentés, qui s'apprêtent à jouer leurs vies dans une entreprise incertaine.

Les Tupamaros font donc exception en revendiquant Guillén comme référence théorique. Cependant, seule une partie de la pensée de Guillén est réellement mise en pratique par le mouvement qu'il a contribué à fonder. Le projet de construction d'organisations de masse continentales n'est jamais mis en oeuvre par les Tupamaros. Le foquisme – certes urbain – est, en revanche, toujours à l'ordre du jour. Mais il ne se révèle pas plus efficace que son cousin des champs pour changer durablement l'ordre établi. Surtout, les actions armées des Tupamaros provoquent une répression de l'État qui se déchaîne bien au-delà des guérilleros, rapidement marginalisés. Ce bilan pour le moins mitigé des Tupamaros ne les empêche pas d'exercer une très grande influence sur les autres groupes de guérilla urbaine du Cône Sud. Ceux-ci adoptent nombre de pratiques inaugurées dans la région par les Tupamaros, notamment la « compartimentation ». Cet apport fondamental est inspiré du Front de libération nationale (FLN) algérien, mais les écrits militaires chinois et vietnamiens soulignent aussi la nécessité de la clandestinité, du moins durant la première phase, lorsque le soutien populaire n'est pas encore massif[276]. Ces mesures de sécurité se généralisent rapidement et sont reprises par les autres mouvements de gauche armée du Cône Sud, dont le MIR. Efficaces dans certains cas, ces mesures ont surtout des conséquences assez néfastes pour le fonctionnement interne de l'organisation qui les adopte : elles provoquent notamment une extinction progressive des débats internes et une hiérarchisation et une centralisation extrêmes des partis[277].

Diffusion et interprétation des écrits sur la violence révolutionnaire

De nombreux travaux voient dans l'essor des mouvements de gauche armée en Amérique latine une influence du modèle cubain de la guerre révolutionnaire. Ils considèrent que les guérilleros latino-américains – soit par mimétisme, soit grâce au soutien direct de Cuba – auraient opté pour la lutte armée, dans le but de reproduire dans leur pays l'expérience cubaine. Cette thèse est soutenable pour les guérillas rurales qui émergent au tout début des années 1960, avec des financements, des orientations et parfois des cadres militaires qui viennent directement de La Havane. En revanche, cette interprétation tient du fantasme en ce qui concerne le Cône Sud.

Encore en 1965, malgré de sévères déconvenues, un certain optimisme subsiste quant aux possibilités de l'expansion de la Révolution cubaine à travers la guérilla. Mais, en 1967, Cuba ne participe plus directement aux guérillas latino-américaines. Sur le plan théorique aussi, la direction cubaine prend progressivement ses distances vis-à-vis du foquisme rural. D'un côté, elle prône désormais la guérilla urbaine. D'un autre, elle devient la médiatrice de théories venues d'ailleurs. Désormais, Cuba traduit et diffuse sur le continent des théories de guerre révolutionnaire, principalement chinoises et vietnamiennes.

Le rôle des médiateurs – gouvernements, maisons d'édition et revues militantes – qui se chargent de diffuser ces textes est fondamental. D'abord, parce que ces acteurs permettent au public latino-américain de découvrir des textes auparavant introuvables ou rares ou écrits dans des langues inaccessibles. Ensuite, parce que la profusion des textes politico-militaires qui marque le paysage éditorial de la fin des années 1960 impose progressivement – dans les cercles militants puis dans l'espace public – la guerre révolutionnaire comme un thème central de l'actualité. Les médiateurs, enfin, ont une incidence décisive sur le contenu et la tournure que prend le débat sur la lutte armée. D'une part, parce qu'ils opèrent un choix parmi les textes disponibles sur la question. D'autre part, parce qu'ils accompagnent souvent la publication du texte original d'une analyse qui oriente la lecture.

Les régimes socialistes sont parmi les acteurs privilégiés qui diffusent les textes théoriques sur la guerre révolutionnaire dans la seconde moitié des années 1960. Leur politique éditoriale est conditionnée par les objectifs de leur politique étrangère. Ainsi, ils développent une politique culturelle qui vise à asseoir le rayonnement international de leur régime et à attirer la sympathie des intellectuels. Et par ailleurs, la diffusion de leur idéologie particulière permet d'offrir une armature conceptuelle à leurs adeptes, qui seront ainsi armés pour s'affronter sur le terrain très concurrencé des idéologies révolutionnaires. Or, la défense de l'idéologie révolutionnaire passe, dans la seconde moitié des années 1960, par la publication de textes sur la guerre révolutionnaire et la guerre de guérilla.

Sur ce point, la Chine est pionnière, avec la première édition en espagnol de *Problèmes stratégiques de la guerre de guérilla anti-japonaise* de Mao Tsé-toung en 1960[278]. Le régime chinois fonde dès 1952 une maison d'édition spécialisée dans la traduction, qui a une politique éditoriale très dynamique envers l'Amérique latine à partir de la seconde moitié des années 1950 et davantage dans les années 1960[279]. En 1968, elle publie les *Œuvres choisies* de Mao Tsé-toung[280], composées en bonne partie de textes militaires. À cette date l'échec de l'implantation des partis pro-chinois est patent. Pékin se tourne alors vers les gouvernements élus, avec lesquels il tente d'établir des relations, tout en essayant parallèlement de gagner une certaine influence au sein des partis de gauche non-maoïstes. Or, à la fin des années 1960, ce qui attire le plus vers la Chine les militants de gauche latino-américains sont les textes militaires de Mao.

En ce sens, la Chine emboîte le pas à Cuba. Car, entre 1960 et 1968, Cuba, grâce à sa propagande politique et à son action éditoriale, a réussi à imposer sur la scène politique latino-américaine le débat sur la lutte armée. De sorte que le gouvernement cubain est incontestablement le principal promoteur de textes et le premier vecteur en Amérique latine du débat théorique sur la guerre révolutionnaire. C'est lui qui donne le ton, qui définit le contenu du débat et impose les auteurs. Certaines institutions et revues deviennent des vecteurs clés des nouvelles idées, se chargeant à la fois de la propagande en faveur du régime et de la diffusion de la production théorique – cubaine ou non – sur la lutte armée. Ce sont elles, avec l'aval de la direction cubaine, qui décident quels auteurs et quels mouvements révolutionnaires seront projetés sur le devant de la scène continentale.

La « Casa de las Américas », institution culturelle fondée en 1959, joue un rôle central. Elle attribue des prix littéraires et artistiques et soutient aussi financièrement des artistes et des intellectuels à l'engagement révolutionnaire et s'abstenant de critiquer le régime cubain. Sa maison d'édition publie chaque année de nombreux mémoires, parmi lesquels se trouvent les ouvrages de célèbres guérilleros latino-américains sur la guerre de guérilla. De plus, l'institution édite la revue *Casa de las Américas* qui publie des articles de tout genre, de prose ou de poésie, des essais en sciences sociales et des articles de propagande politique, avec un penchant pour ceux qui traitent des guérillas latino-américaines[281].

La revue *Tricontinental*, publiée par l'OSPAAAL (Organisation de Solidarité pour les Peuples de l'Asie, de l'Afrique et de l'Amérique latine) joue aussi un rôle important de diffusion et de popularisation des différentes thèses et positions sur la guerre de guérilla[282]. Dans les pages de la revue *Tricontinental* se retrouvent les mouvements armés des trois continents, tous classés dans la catégorie de « mouvements de libération nationale ». La revue reproduit des textes politico-militaires rédigés par les dirigeants de ces mouvements, des articles de propagande sur leur histoire et leurs principaux faits d'armes et des entretiens avec les leaders ou leurs proches. Dans le cas des mouvements révolutionnaires asiatiques ou africains, comme le Front national de libération du Vietnam, la *Tricontinental* devient une tribune de prédilection qui leur permet de susciter la solidarité et le soutien à l'échelle du continent.

La *Tricontinental* et la *Casa de las Américas* offrent certes une visibilité sans précédent aux mouvements révolutionnaires, mais ce sont des institutions sélectives. Les éditeurs laissent une large place aux mouvements proches du gouvernement cubain et évitent soigneusement d'offrir un espace médiatique aux autres. Ces deux revues qui sont les principales sources d'information des militants de gauche latino-américains, grâce à leur ample diffusion à l'échelle du continent, contribuent de façon décisive à la configuration du paysage politique continental.

Cette incidence est renforcée par un vaste réseau de revues et de maisons d'édition, qui s'étend dans presque tous les pays latino-américains, soutenues financièrement par Cuba. Dans le cas du Chili, la revue *Punto Final* devient le relais national de l'agence de presse cubaine, Prensa Latina. Cette revue s'aligne plus directement sur La Havane en 1968, après que les journalistes communistes en sont expulsés. Cuba s'était opposée au PC chilien qui cherchait à en prendre la direction. À la suite de quoi, des journalistes de l'aile gauche du PS et du ELN chilien[283] la prennent en charge[284]. À partir de cette date, *Punto Final*, de pair avec les revues cubaines, devient le principal relais d'information sur les mouvements de guérilla latino-américains et chiliens. Il publie en outre au Chili de textes théoriques sur la guerre de guérilla[285].

Aux revues et maisons d'édition et aux vecteurs de diffusion cubains des débats sur la lutte armée, il faut ajouter les grandes réunions officielles organisées à La Havane. Dans ces réunions, les dirigeants latino-américains se rencontrent et font la connaissance des dirigeants révolutionnaires des pays asiatiques ou africains. Les ambassades afro-asiatiques à La Havane sont aussi des relais privilégiés. Ainsi, l'Ambassade vietnamienne à La Havane est un haut lieu de la propagande cubaine pro-vietcong à destination des pays latino-américains.

Jusqu'en 1967, les principaux textes sur la lutte armée et la guerre de guérilla diffusés par Cuba sont ceux d'Ernesto Guevara. Ils sont souvent accompagnés de discours de Fidel Castro, qui soutiennent le principe abstrait de la lutte armée, et plus spécifiquement de la guérilla rurale, comme voie unique pour accéder au pouvoir. Cependant, ces discours sont très peu axés sur les aspects techniques de la guérilla. La direction cubaine est convaincue de l'efficacité du foquisme (même si la vision militaire du « Che » ne porte pas encore ce nom), de la primauté du militaire sur le politique, de la validité latino-américaine du « modèle cubain », ainsi que du succès imminent des foyers de guérilla implantés dans plusieurs pays centre et sud-américains. Ces foyers reçoivent le soutien financier, politique et militaire de Cuba.

Mais l'optimisme de la direction cubaine s'épuise rapidement, ruiné par les échecs à répétition des guérillas rurales. Les chefs de ces dernières commencent à critiquer la volonté de la direction cubaine de vouloir appliquer le modèle cubain sans prendre en compte le contexte local. Fidel Castro persiste à affirmer que les foyers de guérilla sont à même de remporter des victoires. Il attribue les échecs à l'incompétence des chefs guérilleros locaux. C'est du moins la position publique. Car, derrière cette position en apparence immuable de la direction cubaine, les doutes apparaissent. Ce repositionnement doit aussi se lire à travers la dépendance croissante de La Havane envers les Soviétiques, qui n'apprécient guère la lutte armée irrégulière. Concrètement, le revirement cubain se traduit par des coupes drastiques dans le budget du « Département Libération », destiné aux guérillas.

La direction cubaine remet donc progressivement en cause l'orthodoxie foquiste[286]. En parallèle, elle commence à réinterpréter l'expérience révolutionnaire cubaine à l'aune d'une autre expérience révolutionnaire : le Vietnam. Ces deux nouvelles donnes – l'infléchissement de la doctrine foquiste rurale et l'apparition du référent vietnamien – se manifestent pour la première fois dans un discours de l'artisan du foquisme, Ernesto Guevara. Plus spécifiquement, dans le message du « Che » à la Tricontinentale qui appelle à « créer un, deux, de nombreux Vietnam » en Amérique latine.

À la même période où il rédige son message à la Tricontinentale, Guevara préface l'un des textes militaires les plus célèbres de Vô Nguyên Giap[287]. Dans cette préface, Guevara compare les expériences cubaine et vietnamienne, comparaison qu'il considère valide pour le reste de l'Amérique latine. Bien qu'il constate des différences dans les structures sociales, économiques et politiques des deux pays, il affirme qu'ils partagent la même « structure coloniale, l'existence d'un pouvoir impérialiste oppresseur et une classe associée à lui par des liens très étroits »[288]. Par conséquent, la consigne guévariste qui appelle à « vietnamiser » l'Amérique latine revient à vouloir transformer tout mouvement révolutionnaire latino-américain en mouvement de libération nationale, dont l'objectif ultime est de se dégager de l'emprise (néo)coloniale des États-Unis. Or, cette consigne, assez simpliste de prime abord, implique en réalité une critique de Guevara à certaines thèses qu'il avait auparavant formulées dans *La guerre de guérilla*. À la suite des multiples échecs des foyers de guérilla latino-américains entre les années 1960 et 1966, fondamentalement attribués au manque de soutien populaire, Guevara revient sur sa thèse économiciste pour privilégier des facteurs politiques. Dans cette optique, il s'inspire du cas vietnamien où l'engagement massif de la population aux côtés des révolutionnaires doit incontestablement beaucoup à la guerre nationale contre les États-Unis. Guevara fait un parallèle entre le Vietnam et l'Amérique latine, en affirmant qu'il y existe la même agression colonisatrice états-unienne.

Cette position marque le début de l'infléchissement de la position cubaine sur la nature de la lutte armée en Amérique latine. Progressivement, la direction cubaine s'éloigne des thèses foquistes rurales pour se rapprocher des théories chinoise et vietnamienne sur la guerre révolutionnaire, enrichies des apports en la matière des mouvements de guérilla urbaine du Cône Sud. Il est essentiel de suivre l'évolution du discours officiel cubain sur la lutte armée, car il a un impact décisif sur les positions de la « jeune génération » du MIR sur la question.

En 1967, proclamée « année du Vietnam héroïque » à Cuba, la direction cubaine commence à redéfinir sa position sur la lutte armée en Amérique latine. Bien que *La Révolution dans la Révolution* de Régis Debray – qui résume, popularise et schématise la théorie guévariste – soit publiée cette même année, Cuba émet ses premiers doutes sérieux sur cette théorie. La mort violente de l'artisan du foquisme, le « Che » , assassiné en Bolivie le 9 octobre 1967, signe l'acte de décès de la théorie foquiste cubaine sur la guerre révolutionnaire.

En 1968, la bataille du Têt – victoire mythique des Vietcongs sur l'armée états-unienne – renforce la popularité du Vietnam au sein de la gauche latino-américaine et multiplie les démonstrations du soutien cubain à la cause vietnamienne, ainsi que la réaffirmation de l'adhésion cubaine aux thèses de Giap sur la guerre révolutionnaire. La Havane prend alors pour nouvelles références les textes militaires de Mao et de Giap. Elle commence par tempérer son optimisme sur le succès imminent des foyers de guérilla. Pour cela, elle convoque la thèse de la « guerre prolongée » de Mao, thèse adoptée également par les Vietnamiens. La victoire des guérillas n'est pas remise en cause, mais elle n'est plus imminente, comme Cuba le soutenait au début des années 1960. La patience est à l'ordre du jour, car « la lutte sera dure et longue »[289]. Autre thèse empruntée aux théoriciens asiatiques de la guerre révolutionnaire : la lutte armée, pour être victorieuse, doit être menée contre les États-Unis, c'est-à-dire contre un ennemi étranger. Elle doit désormais être une lutte de libération nationale. De plus, elle doit être soutenue par un front uni, composé non seulement des mouvements de guérilla, mais aussi de partis politiques[290]. La direction cubaine rompt ainsi avec son discours anti-parti, tout en annonçant son intention de soutenir désormais non seulement les mouvements de guérilla, mais aussi les partis politiques qui se reconnaissent dans les principes qu'elle prône.

En parallèle, la direction cubaine commence à valoriser la guérilla urbaine au détriment de la guérilla rurale, la première étant désormais considérée comme plus adaptée à une Amérique latine urbanisée. Précisément un an après la publication de *La Révolution dans la Révolution*, deux hauts fonctionnaires cubains publient dans *Monthly Review* un article qui attaque de front le texte de Debray[291]. Écrivant probablement sous pseudonyme, Torres et Aronde commencent par une réinterprétation de la Révolution cubaine : ils attribuent, pour la première fois, un rôle décisif dans la victoire de la Révolution à la guérilla urbaine du Mouvement du 26 juillet (M26), aussi important que celui joué par la guérilla rurale. Cette relecture de la Révolution cubaine permet à Torres et Aronde de promouvoir aussi un nouveau modèle de lutte armée pour l'Amérique latine, la Révolution cubaine servant toujours de laboratoire et de modèle pour penser le futur de la révolution armée à l'échelle continentale. Le nouveau modèle qu'ils proposent est une synthèse originale qui réunit des éléments tirés des théories chinoise et vietnamienne sur la guerre révolutionnaire (guerre prolongée, rôle de l'ennemi extérieur, etc.) et une nouvelle version, sud-américaine et urbaine cette fois-ci, de la guerre de guérilla. L'objectif principal de cet article est de formuler une stratégie pour les mouvements de guérilla urbaine qui, en 1968, semble être une stratégie plus susceptible que le foquisme rural de conduire à la victoire.

Les deux auteurs sont probablement des collaborateurs proches de l'un des dirigeants cubains les plus guévaristes, Manuel Piñeiro, dit « Barberousse ». Membre du Comité central du PC cubain à partir de 1964, puis à partir du milieu des années 1970 directeur du Département Amériques, Piñeiro avait dirigé, entre 1961 et 1964, les services secrets cubains chargés, entre autres, du soutien aux mouvements de guérilla latino-américains. À partir de 1964, Piñeiro continue de remplir cette mission depuis son poste au Comité central, mais comptant désormais sur moins de moyens et d'autonomie.

Le texte de Torres et Aronde et leur défense de la guérilla urbaine ne peuvent pas être compris sans une référence aux luttes de pouvoir au sein de la direction cubaine, alimentées par la crise du foquisme rural, qui cesse alors d'être au cœur de la politique cubaine en Amérique latine. Cette lutte de pouvoir oppose d'un côté les secteurs guévaristes de la direction cubaine et de l'autre les communistes. En désaccord avec les courants guévaristes de la direction cubaine, les cadres communistes du gouvernement cubain souhaitent appliquer une politique continentale fondée sur les relations avec les PC latino-américains ou avec les gouvernements élus. À partir de 1967, les communistes voient leur position se renforcer aux dépens de celle de Piñeiro et ses collaborateurs. Ces derniers proviennent du M26. Mouvement populiste de gauche fondé par Castro au milieu des années 1950, le M26 est aussi la principale organisation à diriger la révolution contre le dictateur Fulgencio Batista renversé en 1959. Pendant, mais aussi après la Révolution, les membres du M26 maintiennent des rapports orageux avec les communistes cubains, qu'ils accusent d'opportunisme, pour avoir soutenu Batista au début des années 1950 et n'avoir rejoint la Révolution cubaine que lors de sa dernière étape.

Ces luttes d'appareil se retrouvent dans l'article publié dans *Monthly Review*. Un objectif supplémentaire du renouveau de la théorie foquiste par le biais de la guérilla urbaine et non plus rurale, est aussi de défendre le guévarisme comme option encore viable de la politique étrangère cubaine. L'article est publié en 1968, lorsque les premiers mouvements de guérilla urbaine font leur apparition en Amérique du Sud, remportent des victoires – quoique limitées – et suscitent une certaine sympathie au sein de la population. En affirmant que l'avenir de la lutte armée latino-américaine se trouve entre les mains des guérillas urbaines, Torres et Aronde poursuivent deux objectifs. Le premier est de redonner un souffle au modèle guévariste de guérilla en le réinterprétant, à travers ce déplacement de la campagne à la ville. Le second objectif poursuivi par Torres et Aronde est la réaffirmation du rôle historique du M26 – qui avait été en très grande partie un mouvement urbain –, en contrepoint à celui des communistes cubains.

Le soutien accordé par les secteurs guévaristes du gouvernement cubain aux guérillas urbaines permet aussi de contourner un obstacle pratique. L'enveloppe cubaine de soutien aux guérillas souffre de coupes budgétaires drastiques. Il n'est plus possible de soutenir financièrement ni d'envoyer des armes aux mouvements de guérilla[292]. La guérilla urbaine, largement autonome financièrement, apparaît comme une porte de salut. Braquages de banques, séquestrations contre rançon et « réquisitions » d'arsenal militaire ou policier sont autant de solutions pour la guérilla urbaine, qui peut ainsi dispenser des financements externes[293].

Bien qu'ils discernent dans les guérillas urbaines un nouveau modèle pour la lutte armée en Amérique latine, Torres et Aronde se gardent bien de formuler leur pensée en ces termes. La prudence s'impose après les nombreux échecs des guérillas rurales. Les deux auteurs ne font pas la même erreur et évitent de présenter un modèle de réussite applicable à l'ensemble du continent. La responsabilité de l'échec est renvoyée aux révolutionnaires latino-américains qui s'engagent dans la lutte armée. Du même coup, ils reflètent l'infléchissement de la politique étrangère cubaine, qui se désengage progressivement des mouvements de guérilla latino-américains pour ne soutenir ponctuellement que certains d'entre eux, tout en développant des relations officielles et institutionnalisées avec des partis ou des gouvernements[294].

À l'opposé de la vision historiographique libérale, un examen des textes cubains sur la guerre révolutionnaire permet de constater facilement que la ligne cubaine n'est pas univoque, mais qu'elle se redéfinit constamment. La redéfinition des positions théoriques cubaines se fait en fonction de trois données : les échecs ou les succès des mouvements de guérilla latino-américains, autrement dit les enseignements tirés des expériences concrètes de lutte armée ; les luttes de pouvoir au sein de l'appareil d'État cubain, notamment entre les services secrets et le Ministère des Affaires étrangères ; et enfin, les considérations liées à la politique étrangère de Cuba.

Les positions successives cubaines sur la lutte armée résonnent fortement en Amérique latine. Cuba est perçue par un grand nombre de révolutionnaires du continent (notamment ceux qui ne militent pas dans les Partis communistes) comme experte en matière de révolution latino-américaine. Les positions théoriques cubaines sur la lutte armée sont, de ce fait, prises très au sérieux et renseignent les choix des organisations latino-américaines qui prônent ou qui pratiquent la lutte armée. Cependant, la circulation et la réception des théories sur la guerre révolutionnaire produites à Cuba ou diffusées par cette dernière ne signifient en aucun cas leur imitation ou reproduction à l'identique.

Des considérations pragmatiques expliquent également le relatif alignement des mouvements de gauche armée latino-américains sur les positions cubaines. Cuba conditionne l'octroi de fonds à l'alignement préalable sur ses positions[295]. C'est probablement une raison pour laquelle les guérillas latino-américaines tardent tant à remettre en cause la primauté de la guérilla rurale – y compris dans les cas où ils privilégient dans leur pratique la lutte armée urbaine[296].

Le MIR et la violence politique : théorie et action

Après leur publication, les textes militaires des penseurs révolutionnaires sont lus et débattus au sein des organisations de gauche armée. La lecture n'est pas un processus de réception passif ; elle comporte une appropriation et une réinterprétation des textes. Par ailleurs, les mouvements de gauche armée prétendent à la synthèse des auteurs classiques, afin d'adapter la lutte au contexte national.

Dans le cas du MIR, la « jeune génération » écrit son premier document sur la lutte armée en 1965. Mais c'est surtout à partir de 1967 que sa production de textes sur le thème prend de l'ampleur. Certains sont destinés à la circulation interne, alors que d'autres sont rendus publics. Les textes politico-militaires rédigés par le MIR remplissent différentes fonctions. La première est de clarifier les idées. La rédaction de ces textes permet de mettre sur papier et donc de formuler clairement les idées, mais aussi de débattre et de recevoir les critiques des pairs sur les thèses énoncées. Dans les années 1960, le débat sur la lutte armée devient central au sein des gauches chiliennes et se transforme en principale ligne de démarcation entre les unes et les autres, mais aussi entre différents courants au sein de la même organisation. Dans le cas du MIR, les documents « politico-militaires » sont aussi une arme puissante pour régler les conflits de pouvoir à l'intérieur de l'organisation[297].

La deuxième fonction de ces documents est la légitimation du recours immédiat à la lutte armée dans laquelle la « jeune génération » s'apprête à s'engager. Ces justifications et légitimations sont destinées en interne aux militants et autres dirigeants, et en externe aux autres partis et à l'opinion publique. Dans le cas du MIR, les textes publics sur le thème servent, entre autres, à affirmer son identité vis-à-vis de ses concurrents politiques et non seulement ceux défendant la « voie pacifique ». Ces documents publics différencient le MIR des autres organisations de gauche qui s'engagent à ce même moment dans la lutte armée. Les documents « politico-militaires » publics sont aussi des messages destinés à Cuba. La « jeune génération » veut être remarquée de La Havane, dont elle espère une aide financière, des armes et un entraînement.

La « jeune génération » et lutte armée

Au Congrès de fondation du MIR en 1965, Miguel Enríquez soumet au vote un texte intitulé « Thèse insurrectionnelle ». Ce document traite du futur recours du MIR à la violence révolutionnaire. En 1967 et en 1968, la « jeune génération » rédige et fait circuler au sein du parti deux autres documents qui traitent exclusivement de la lutte armée et qui définissent des propositions pour son développement et ses étapes au Chili.

Les « thèses politico-militaires » de 1965, 1967 et 1968 remplissent les mêmes fonctions. Rédigées pour être lues uniquement par les militants du MIR, elles définissent la position de la « jeune génération » sur la question du recours à la violence politique et des rapports entre le politique et le militaire. Elles légitiment en interne l'engagement résolu de la « jeune génération » en faveur de la violence révolutionnaire et pour une lutte armée différente du modèle insurrectionnel, inspiré de la Révolution russe, prôné par la « vieille génération ».

De plus, ces documents servent à répartir les rôles au sein de l'organisation. La « vieille génération » se charge de la rédaction de documents plus « classiques ». Par cette mission, la « jeune génération » renforce sa cohésion de groupe et se forge une identité distincte de celle de la « vieille génération ». Ces deux caractéristiques du groupe de Miguel Enríquez – sa cohésion interne et son identification à la lutte armée – lui permettent de mettre à l'écart, puis d'expulser, la « vieille génération » du MIR.

Enfin, les trois documents politico-militaires marquent une rupture symbolique. Faire voter par le Congrès d'un parti des textes qui portent exclusivement sur la lutte armée est un fait inédit dans l'histoire de la gauche chilienne[298]. La « jeune génération » envoie, ainsi, un message fort aux autres militants du MIR quant à la nature de l'organisation en fondation. Pour elle, le MIR doit être une structure à la fois politique et militaire. Autrement dit, la lutte armée n'est plus une consigne abstraite à scander sans la mettre en oeuvre. Elle doit aussi être considérée comme un domaine autonome de la production théorique.

La rédaction de documents portant exclusivement sur la lutte armée précède la fondation du MIR. En avril 1964 déjà, Miguel Enríquez, qui vient d'être expulsé du PS et milite désormais officiellement pour la VRM, se charge de la rédaction de « L'insurrection socialiste ». Le texte est surtout une orientation de principe en faveur de la voie armée, qui puise ses arguments dans le débat entre l'URSS et la Chine sur les voies de la révolution (la première défendant la « voie pacifique » et la seconde la « voie armée » toutefois combinée avec des moyens pacifiques et légaux). Le principal objectif de ce document est d'attaquer la ligne du PC, tout en affirmant timidement le passage obligé de la révolution socialiste par la violence. C'est la position officielle de la VRM, celle de la « vieille génération » avec, à sa tête, son Secrétaire général, Enrique Sepúlveda.

Dans le même sens, l'« Insurrection socialiste » ne s'attarde pas sur les détails techniques des modalités de la lutte armée. Les textes des Chinois servent à contrer la thèse soviétique de la « coexistence pacifique », mais le texte d'Enríquez ne révèle aucune référence aux écrits militaires de Mao sur la guerre révolutionnaire et la guerre de guérilla. En 1964, Miguel Enríquez est encore tributaire de la vision léniniste et trotskiste de la révolution. La violence révolutionnaire est « insurrectionnelle ». Le parti d'avant-garde doit canaliser et donner un contenu politique à la violence populaire, dès lors qu'elle explosera. Sa fonction n'est pas d'allumer l'incendie social, mais de l'alimenter. De plus, la « voie armée » est envisagée uniquement dans une interaction et un dialogue constants avec les moyens pacifiques et légaux, comme par exemple les élections.

Dès 1965, lors de la fondation du MIR, Miguel Enríquez rédige une « Thèse insurrectionnelle » approuvée par le Congrès de fondation. La défaite électorale d'Allende aux présidentielles de 1964 a changé l'état d'esprit de la gauche et la lettre d'Enríquez. La combinaison entre les moyens légaux / pacifiques avec ceux illégaux / violents est abandonnée au détriment des premiers. Les textes militaires de Guevara et les déclarations de Castro sont désormais les principales références théoriques.

L'évocation privilégiée des théoriciens de la Révolution cubaine s'explique. À l'issue des élections de 1964, de nombreux militants déjà sceptiques à l'égard de la voie électorale se prononcent résolument pour la voie armée. Or, les théoriciens du foquisme sont pratiquement les seuls penseurs de la guerre révolutionnaire qui soient d'accès aisé dans le Chili de 1964. Le paysage éditorial a, sur cet aspect, radicalement changé en quelques années. Au début des années 1960, les écrits de Guevara sont relativement difficiles à se procurer ; cinq ans plus tard ils ont envahi les étagères des librairies. Les thèses militaires de Guevara, publiées sous forme de livre ou reproduites dans des revues militantes cubaines et latino-américaines, sont aussi reprises dans les discours de Castro et dans des textes, des entretiens ou des articles d'analyse sur les mouvements de guérilla latino-américains. La portée du modèle foquiste est telle qu'il devient difficile de penser la lutte armée dans un pays latino-américain en dehors de ce paradigme.

Pour la « jeune génération » du MIR, le foquisme a bien des attraits. Jeunes, impatients et inexpérimentés, les membres du groupe de Miguel Enríquez lisent une recette « scientifique » de lutte armée qui promet une victoire aussi certaine que rapide. En interne, le groupe gagne une certaine légitimité à se revendiquer de Guevara face à la direction de la « vieille génération ». Néanmoins, cette dernière reste maître à bord du MIR. La fougue des plus jeunes s'en trouve tempérée, de sorte que le document final de la « thèse insurrectionnelle » doit moins à Guevara qu'à Lénine. Miguel Enríquez rédige bien ce document, mais le soumet à la lecture attentive, puis à la réécriture des anciens.

La situation interne du MIR est tout autre au Congrès de 1967. Miguel Enríquez prend la direction et son groupe est majoritaire dans le Comité Central : sa seconde « thèse politico-militaire » est approuvée sans remaniement substantiel[299]. Cependant, Miguel Enríquez doit encore consolider son pouvoir dans le parti, où sa direction est loin de faire l'unanimité. Surtout, beaucoup contestent la place privilégiée qu'il souhaite donner à la lutte armée. L'entreprise de légitimation interne passe aussi par la capacité et la détermination du groupe de Miguel Enríquez à formuler un projet politique concret, qui permette de traduire la théorie en action[300]. Cet argument sera aussi mobilisé lors de l'expulsion de la « vieille génération ». Le groupe de Miguel Enríquez remporte de nombreuses adhésions, car il convainc une majorité de militants qu'il est le seul capable de concevoir un projet cohérent, qui associe la théorie à l'action, en dépassant le « verbalisme » des vieux trotskistes.

La « thèse politico-militaire » de 1967 détaille la modalité de lutte armée adoptée. La « jeune génération » choisit le foquisme guévariste. Ce n'est pas un type diffus de lutte armée, mais un choix déterminé et ouvertement assumé pour la guérilla rurale[301].

Cette position ne doit pas seulement à l'imaginaire politique de la « jeune génération ». Elle révèle aussi la nature des relations du groupe de Miguel Enríquez avec La Havane. Les jeunes chiliens craignent de froisser la direction cubaine s'ils se permettent des libertés avec la doctrine officielle cubaine en matière de lutte armée[302]. Obtenir la reconnaissance et le soutien de La Havane est, à l'époque, prioritaire. Le décalque de la position de Guevara est donc aussi une opération de séduction à l'adresse de Cuba. Celle-ci est régulièrement tenue au courant des choix du MIR et de ses débats internes. Le cercle de Piñeiro reçoit, à partir des premiers contacts avec Miguel Enríquez, des rapports d'activité du MIR et, surtout, ses documents internes. En outre, à partir de 1967, des Chiliens proches de Cuba deviennent des militants du MIR et servent de courroies de transmission entre l'organisation et Cuba, informant régulièrement la direction cubaine des évolutions internes au MIR. Cependant, l'alignement sur les thèses cubaines peut n'être que théorique et les informations fournies aux Cubains sur le fonctionnement interne du parti n'équivalent pas à leur céder le contrôle. L'organisation préserve son autonomie tant que des moyens financiers et armés n'ont pas été accordés.

En 1967, la consolidation du pouvoir interne de la « jeune génération » et la légitimation de sa position sur la lutte armée passent par son attachement le plus absolu à la doctrine guévariste. Un an plus tard, la tendance se renverse. En 1968, la direction cubaine remet ouvertement en cause le foquisme et réduit drastiquement l'aide accordée aux mouvements de guérilla. Cette même année, *Punto Final* diffuse au Chili *Le mini-manuel du guérillero urbain* de Marighella, et la guérilla urbaine des Tupamaros devient le nouvel espoir de la lutte armée en Amérique latine. L'Asie entre aussi dans les références courantes. Les écrits militaires de Mao sont traduits en espagnol et largement diffusés en Amérique latine, pendant que l'Offensive du Têt apparaît comme une possibilité de victoire d'une Armée Révolutionnaire sur l'armée des États-Unis. En une année, la gauche armée latino-américaine abandonne la recherche d'une recette valable pour l'ensemble du continent pour l'idée qu'il faut inventer sa propre voie adaptée au contexte national.

Les trois thèses politico-militaires suscitent un certain débat au sein du MIR, mais finissent par être approuvées. La légitimation en interne de la « jeune génération » est une étape réussie. Il reste à s'imposer publiquement. Ainsi, Miguel Enríquez accorde son premier entretien à *Punto Final* en avril 1968. Il critique sans détours le foquisme tel qu'il a été théorisé par Régis Debray. S'inspirant de Mao et de Guevara, il insiste sur le rôle du parti « qui permet de réaliser un travail idéologique qui crée une pensée cohérente » au sein des masses et ce, avant et durant la lutte armée. Il souligne aussi l'importance des liens qui doivent unir une organisation armée aux masses populaires et la nécessité d'adapter la violence révolutionnaire au contexte politique chilien. Enfin, il remet en cause le caractère exclusivement rural de la lutte armée et insiste sur le besoin de combiner les guérillas rurale et urbaine[303].

En janvier 1969, le même *Punto Final* publie un texte d'Enríquez qui suscite incomparablement plus de réactions. Tous les partis portent leur attention sur la nouvelle direction du MIR. Dès le début de 1969, les prochaines élections présidentielles occupent un espace important dans le débat public. Ce qui explique en partie l'impact de l'article de huit pages d'Enríquez que les éditeurs de la revue intitulent « Position du MIR : élections non ; lutte armée l'unique voie »[304]. Reprenant certains arguments qui apparaissent déjà dans *Stratégie insurrectionnelle* de 1968, Enríquez dresse un réquisitoire contre les élections dans un texte autrement plus provocateur. Il soutient sa position par deux arguments. Le premier concerne les élections, dans lesquelles Enríquez ne voit qu'un « mécanisme qui sert à l'autoconservation de la classe dominante », certes « plus raffiné et subtil que la simple coercition »[305]. D'après lui, les élections sont incompatibles avec des changements révolutionnaires et, fait nouveau, les masses populaires n'y croient plus.

Le deuxième argument concerne la place de la violence dans la vie politique chilienne et latino-américaine en général. Dans une démarche très fanonienne, Enríquez dénonce la violence des classes dominantes, subie sous toutes ses formes par le peuple. Il estime ensuite qu'en Amérique latine la violence révolutionnaire commence à s'ériger face à la violence des dominants. À partir du double constat des mutations de l'état d'esprit populaire – la méfiance à l'égard des élections et le recours plus fréquent à la violence –, Enríquez décrète l'avènement d'une nouvelle époque qui donnera lieu à une révolution. Cependant cette révolution a pour condition l'orientation, dirigée par une avant-garde consciente, de la violence populaire vers la lutte armée.

Il faut ici signaler la grande différence entre les textes à usage interne, en l'occurrence les trois thèses politico-militaires, et ceux destinés à un vaste public. Ce public comprend les militants miristes de base, les autres partis et le lecteur non averti, car les articles de *Punto Final* sont souvent reproduits dans des quotidiens de circulation courante.

Les textes à destination du public suivent une démarche autre que les documents internes. Les aspects techniques de la voie armée disparaissent au profit d'arguments politiques. Il s'agit ici de convaincre un vaste public de la légitimité de la violence et de son contenu intrinsèquement politique. Autrement dit, il faut, d'une part, se démarquer d'une vision criminaliste de la violence qui ne manquera pas d'émaner du pouvoir, voire de l'opinion publique. Et d'autre part, discréditer les urnes pour mieux expliquer le choix des armes. Les textes d'Enríquez préviennent le public d'actions armées imminentes, en lui offrant des clés de compréhension politique, voire propagandiste, pour les légitimer par avance.

Cette insistance à proclamer haut et fort le passage à l'acte armé ne manque pourtant pas de surprendre. Que gagne le MIR à revendiquer officiellement des violences encore à perpétrer ? Ne serait-il pas plus logique de rester le plus discret possible quant aux intentions de commettre des actions sorties du cadre légal ? La clandestinité n'est-elle pas requise pour s'attaquer à l'État ?

Les dividendes politiques ne sont pas à négliger. Le MIR reste un petit parti qui compte au mieux deux à trois mille militants et sympathisants. Par ailleurs, les différents échecs latino-américains de guérilla qui parsèment les années 1960 ont mis en évidence la nécessité d'un soutien populaire. À partir de 1967, plus personne ne croit que trente hommes suffisent pour renverser un régime. Il convient de gagner les cœurs et les esprits des populations (ce que les forces de contre-insurrection ont d'ailleurs déjà très bien compris). Il s'agit donc plus de se démarquer des formations politiques traditionnelles, montrer qu'un parti ne considère pas la violence comme une parole en l'air.

Alors que les grands partis, favorables par principe à l'affrontement violent, s'emploient à préparer les grandes élections de 1970, le MIR les dénonce pour empoigner le fusil. Autant dire que son image de mouvement anti-conformiste s'en trouve renforcée. L'échéance électorale est un moyen de définir clairement son identité partisane, par une pratique qui distingue le MIR de la « gauche traditionnelle » comme un parti qui fait ce qu'il dit. De plus, aux militants socialistes toujours susceptibles de venir grossir ses rangs, le MIR montre les ambivalences du PS. Le vieux parti discourt sur la violence, le nouveau l'embrasse. En outre, « Élections non, lutte armée l'unique voie » est un message limpide pour La Havane. La direction castriste ne se lasse pas de répéter sa méfiance à l'égard des élections et sa conviction que la lutte armée est « la seule voie de la Révolution en Amérique latine » pour reprendre la formule consacrée. Cette position cubaine est intangible jusqu'à l'élection d'Allende. Miguel Enríquez affirme publiquement son soutien à la thèse castriste. Son groupe est prêt, dit-il, à passer de la théorie à la pratique. Pour l'essentiel, Enríquez marque son alignement sur La Havane, avec toute la « solidarité » que cela implique.

La nouvelle direction du MIR décide de rendre public son engagement dans la « voie armée ». Ici, il est extrêmement intéressant de comparer cette option avec celle adoptée par le PS. À partir de 1966 ou 1967[306], une structure armée, l'Armée de Libération Nationale (ELN) est fondée au sein du PS. Pensé comme un réseau de soutien à la guérilla du « Che » en Bolivie, l'ELN commence son entraînement militaire au Chili et à Cuba avant 1968. La direction cubaine maintient des contacts permanents et lui fournit des armes[307]. Autrement dit, le PS a un bras armé, alors que le MIR se débat encore pour savoir s'il faut effectivement prendre les armes et, si oui, comment. Or, l'existence de l'ELN est tenue secrète et les dirigeants socialistes se gardent bien d'évoquer la structure militaire.

Plusieurs raisons expliquent cette discrétion qui contraste totalement avec l'attitude du MIR. En premier lieu, le PS entretient déjà de solides relations avec Cuba ; aucune nécessité d'attirer son attention pour obtenir son soutien plein et entier. Quand Fidel Castro pense à une guérilla qui fasse office d'arrière-garde à celle du « Che » en Bolivie, il se dirige naturellement vers le PS et non pas le MIR. Ensuite, les enjeux du PS sur la scène politique nationale sont tout autres que ceux du MIR. Si la direction socialiste autorise, à ses cadres et militants, certains débordements révolutionnaires, elle n'en est pas moins résolument engagée dans la voie électorale[308]. La concurrence électorale a sa propre logique qui est incompatible avec le recours public à la violence. Le scandale qui avait suivi la publication des thèses de Chillán (1967) prônant ouvertement la lutte armée, a prévenu les dirigeants socialistes contre toute manifestation publique en faveur de la violence révolutionnaire.

Le PS a enfin, depuis sa fondation, relativement bien réussi à ménager la coexistence entre tendances radicales et modérées, malgré les expulsions ou départs de certains dirigeants radicaux. La structure militaire clandestine suit cette tradition de conciliations. Elle emploie les militants socialistes les plus convaincus par la lutte armée, sans devoir les expulser ni changer la position officielle du PS. Les militants armés s'engagent à garder l'ELN clandestin et le PS négocie avec les autres partis, notamment le PC, en vue de la formation d'une coalition pour les élections de 1970.

Enfin, pour revenir au MIR, la publication de « Élections non » dans *Punto Final* a aussi une fonction interne. Miguel Enríquez annonce officiellement le divorce entre les générations qui s'empoignent au sein du MIR depuis sa fondation. Les suites de l'annonce ne se font pas attendre longtemps : en juillet 1969, les trotskistes sont expulsés. Jusqu'alors la « vieille génération » ne s'est guère intéressée aux activités agitées de ses cadets. Les débats sur les tactiques et stratégies militaires qui occupent tout entier le groupe d'Enríquez laissent froids les trotskistes. Ils ne voient pas d'inconvénients à ce que les étudiants y perdent du temps, à condition qu'ils puissent eux-mêmes continuer le travail sérieux dans les syndicats et les *poblaciones*. Cependant cette attitude change brusquement avec la publication de « Élections non ». Les trotskistes comprennent immédiatement que les répercussions du texte dépassent de loin le seul parti. Enríquez a présenté la position officielle du MIR, une position qu'ils ne partagent pas le moins du monde et sur laquelle ils n'ont pas été consultés[309]. Le coup de force de Miguel Enríquez réveille brusquement la « vieille génération » qui comprend seulement alors qu'elle n'occupe plus la direction.

Dans une tentative désespérée de reprendre le contrôle de

leur parti, ou pour le moins de temporiser les élans guérilleros du groupe de Miguel Enríquez, les trotskistes rédigent de nouveaux documents internes qui contestent les positions de la « jeune génération ». Les arguments sont simples et assez réalistes. Le MIR n'est pas prêt, affirment les trotskistes, à s'engager dans la lutte armée. Il est encore moins capable d'empêcher le déroulement d'élections. De sorte que se positionner si nettement contre un processus qui aura lieu est un suicide politique[310]. Cette première confrontation ouverte en inaugure de nombreuses autres jusqu'à l'expulsion des trotskistes. Cependant, le combat remonte à l'année précédente. À partir de 1968, alors que les deux groupes ont commencé des actions armées, ils s'affrontent de plus en plus sur les différents sens à donner à ces actions et la place qu'elles doivent occuper dans l'ensemble du dispositif politique miriste.

La lutte armée : science, art ou bricolage ?

À partir de 1968, la réflexion théorique va de pair avec le passage effectif à la lutte armée. Les guérilleros en formation improvisent et bricolent avec ce qu'ils ont à leur disposition. Seuls les dirigeants les plus en vue de la « jeune génération » ont reçu un entraînement militaire à Cuba, qui se révèle souvent insuffisant ou inadapté aux conditions réelles. Quant aux autres, ils apprennent l'art périlleux de l'insurrection dans l'action. Le MIR n'est, d'ailleurs, pas le seul à avoir une initiation assez mouvementée à la lutte armée. Toutes les autres organisations chiliennes de gauche armée apprennent à la dure que l'insurrection n'est pas une science exacte, dont il suffit de maîtriser la théorie et les lois.

La « vieille génération » ne commence à débattre de la lutte armée avec la « jeune génération » qu'en 1969. Le silence qu'elle garde auparavant est, néanmoins, éloquent. Il en dit long sur le peu d'intérêt que portent les trotskistes ou les dissidents communistes aux questions qui obsèdent à ce moment-là une bonne partie de la gauche latino-américaine. Ils s'accordent sur le rejet de l'impraticable « voie électorale » et sur le principe de la violence révolutionnaire. Cependant, cette violence est toute abstraite. Elle est conçue comme une insurrection populaire sur le modèle de la Russie de 1917, qu'il conviendra de bien canaliser. Il n'est pas question, pour la « vieille génération », de devancer le peuple. Elle admire bien entendu le guérillero Ernesto Guevara, mais elle n'en juge pas moins ses théories sur la guerre révolutionnaire extravagantes, dangereuses et vouées à l'échec. De sorte que les longs débats théoriques, au vernis plus ou moins technique, qui animent le groupe d'Enríquez ne les intéressent pas[311].

Mais la « vieille génération » a bien conscience que de véritables enjeux se présentent autour de la lutte armée. En premier lieu parce que, dans les années 1960, une organisation qui compte quelques actions armées à son actif attire plus facilement des militants. Cela apparaît comme un gage de sérieux. D'autre part, à l'intérieur de l'organisation, les actions armées, indépendamment de leur efficacité, offrent aux militants qui les réalisent un prestige et un pouvoir considérables.

Cela explique pourquoi la position théorique de la « vieille génération » ne coïncide pas toujours avec sa pratique. Bien qu'elle considère la guerre révolutionnaire comme une étape tardive dans la lutte des classes, elle fait quelques premières expériences dans le domaine de la lutte armée avant la fondation du MIR. Nous avons déjà évoqué l'appareil militaire de la VRM dont héritent les miristes après 1965[312]. Formé par les héritiers de Reinoso et par certains trotskistes, l'ERTES (Armée Révolutionnaire des Travailleurs et des Étudiants) a bien plus l'allure d'un groupe de chimistes exaltés que d'une armée populaire. L'ERTES proposait à ses membres une formation militaire qui consistait en des expéditions sylvestres censées reproduire les conditions de vie d'une guérilla rurale et le maniement d'explosifs plus dangereux pour ceux qui les fabriquaient que pour les « ennemis du peuple ». En effet, la seule trace écrite de son activité armée est l'explosion accidentelle d'une bombe artisanale en 1964. Elle provoque la mort du militant chargé de la fabrication de l'engin, ainsi que des blessures graves à l'un de ses camarades. Quelques jours après l'explosion et l'arrestation du survivant, le chef de l'« appareil militaire » de la VRM est également arrêté par la police[313].

Or, comment expliquer cet intérêt que portent certains membres de la « vieille génération » à des pratiques armées qui s'inspirent surtout du foquisme et de l'anarchisme, alors qu'en théorie ils privilégient un scénario révolutionnaire de type soviétique ? Le contexte historique influe beaucoup. Au début des années 1960, la victoire de la Révolution cubaine suscite l'enthousiasme de la gauche latino-américaine, mais aussi la conviction ou l'espoir de voir la guérilla rurale libérer les autres pays du sous-continent. Quant à la fabrication de bombes artisanales, il s'agit pratiquement d'un lieu commun, un rite initiatique obligatoire, parmi les adeptes de la violence révolutionnaire depuis le début du XXe siècle. Les longues promenades dans la campagne chilienne et les engins explosifs sont des ingrédients qui laissent croire à une certaine parenté avec la geste cubaine. D'ailleurs, Miguel Enríquez et Andrés Pascal s'engagent dans l'ERTES pour cette raison.

Il faut, cependant, signaler que la fonction attribuée tant à l'ERTES qu'au premier appareil militaire du MIR reste très léniniste. Tous les deux sont pensés comme des bras militaires du parti, clairement distingués de son aile politique et incontestablement subordonnés à la direction politique du parti. Ainsi, bien que le répertoire d'action s'inspire du foquisme ou de l'anarchisme, la place de la lutte armée dans l'action de la VRM, puis du premier MIR reste séparée et subordonnée à l'action politique et sociale des deux mouvements. C'est sur ce point que se discerne le poids de la théorie et comment elle encadre les pratiques politiques.

Entre 1965 et 1967, l'action armée du MIR garde les caractéristiques de l'ERTES, autrement dit elle est pratiquement inexistante. Seuls les débats se sont considérablement focalisés sur le thème, avec l'émergence de la « jeune génération » qui ne cache pas sa fascination pour la guérilla. Quant à la « vieille génération », elle développe le moins possible la question, exprime une grande méfiance envers le foquisme des plus jeunes et, de temps à autre, dénonce les tentations de « déviation militariste ».

Cependant ce silence relatif s'accompagne de premières actions. L'appareil militaire du MIR, presque exclusivement formé par l'aile trotskiste et des dissidents communistes, passe à l'attaque en 1966. Le premier fait d'arme est « l'expropriation » – pour reprendre le vocabulaire de l'époque – d'une armurerie de Santiago, dont les butins sont, par méconnaissance et probablement aussi par la peur qui accompagne l'action, exclusivement des armes de collection, inutilisables dans un affrontement réel.

Les jeunes dirigeants de Concepción, malgré leur enthousiasme pour la lutte armée, sont laissés à l'écart de ces actions. D'une part, ils suscitent la méfiance de la « vieille génération », attentive aux « déviations militaristes ». De l'autre, celle-ci se réserve le domaine armé, une source de son pouvoir interne. Mais le Comité central envoie tout de même Miguel Enríquez à Cuba à la fin de l'année 1967. Il cherche ainsi à tisser des liens avec La Havane et obtenir une formation militaire offerte par des spécialistes. Dès son retour, Enríquez accède au secrétariat général du MIR et fait approuver la deuxième thèse politico-militaire, ouvertement foquiste. Le pouvoir de la « jeune génération » sort du Congrès de décembre 1967 considérablement renforcé, mais la « vieille génération » détient encore les rênes du pouvoir interne.

Miguel Enríquez décide alors de passer outre les barrages internes dressés par la « vieille génération ». Il convoque ses camarades pour passer à la pratique de la lutte armée. Les premières actions du groupe d'Enríquez marquent le début des hostilités internes entre les deux générations. Sur ce plan, les plus jeunes accumulent les atouts. En 1968, c'est au tour de Luciano Cruz d'aller à Cuba recevoir l'entraînement militaire. Cruz met à profit son séjour, il rencontre Max Marambio, qui réside à Cuba depuis l'âge de 16 ans. Le nouvel ami de Luciano Cruz est aussi un proche de Manuel Piñeiro et connaît Fidel Castro en personne. Il a aussi reçu une longue préparation militaire, d'un tout autre niveau que les formations accélérées que reçoit le commun des Latino-américains séjournant à Cuba.

Marambio rentre au Chili au milieu de l'année 1968, rencontre Miguel Enríquez et commence à militer dans le MIR[314]. Il intègre une structure parallèle créée par Enríquez, et dont la « vieille génération » n'a jamais été informée, qui se charge de penser et de préparer l'engagement du MIR dans la « voie armée »[315]. Par la suite, il rejoint le « MIR de la Guerre », autre structure dont la « vieille génération » ne connaît pas l'existence, qui regroupe les proches d'Enríquez dans des ateliers de préparation militaire. Marambio fait office d'instructeur, il offre des cours de fabrication d'armes artisanales (bazookas, mines anti-personnelles) et de tir[316]. Il n'est pas le seul. Au même moment, la « jeune génération » recrute de nouveaux membres en province, qui se chargent eux aussi de l'instruction armée des militants proches de la « jeune génération »[317].

Suite à cette phase de préparation, la « jeune génération » s'apprête à passer à l'action. Dès lors, les relations entre la théorie et la pratique se complexifient. Les thèses de 1967 et de 1968, alignées sur Mao et Guevara, désignent la campagne comme principal territoire d'opération. Cependant, nombre de militants citadins n'ont aucune intention de rejoindre les froides montagnes chiliennes. Seuls les plus convaincus par la prose de Debray et de Guevara s'enrôlent dans une si rebutante entreprise. Parmi eux, se comptent Miguel Enríquez et, surtout, Max Marambio qui organise la première guérilla rurale du MIR dans la Cordillère de Nahuelbuta, près de Temuco, durant le second semestre de 1968[318]. Mais les convictions, l'optimisme et le volontarisme de Marambio et Enríquez n'y font rien, le foyer rural du MIR est un fiasco. Au bout de quelques jours seulement, les jeunes miristes sont forcés d'y renoncer et les autorités sont prévenues par des paysans de la zone.

Les trotskistes ne tardent pas à connaître l'existence de la première tentative d'implantation d'un foyer de guérilla rurale. Ils considèrent l'initiative de Miguel Enríquez comme une provocation, décidée et exécutée sans aucune concertation, à l'exclusion de tout un pan des militants, dont les premiers fondateurs du MIR[319]. Les deux camps deviennent irréconciliables. L'un accuse l'autre de « déviation foquiste », qui lui répond par un dédain de plus en plus marqué. La querelle entre les générations n'est pas nouvelle, elle est seulement plus évidente.

La douloureuse expérience de Nahuelbuta n'est pas tout à fait vaine. De fait, plus aucune guérilla rurale n'est entreprise par le MIR jusqu'au coup d'État de 1973. La lutte armée se rabat exclusivement sur les braquages, de banques de préférence. Les raisons qui mènent le MIR à se consacrer principalement aux braquages de banques sont nombreuses. En premier lieu, il s'agit d'un mouvement essentiellement urbain. Les zones rurales sont un terrain plus ou moins inconnu et inhospitalier, les « guérilleros » de Nahuelbuta peuvent en témoigner. Cette tendance citadine ne s'inverse jamais totalement ; en 1969, le MIR compte à peine quelques paysans dans ses rangs. Dans ces conditions, la guérilla rurale est un pur suicide. En ce sens, les trotskistes ont fini par être entendus, malgré leur dialogue de sourds avec le groupe de Miguel Enríquez.

Par ailleurs, la lutte armée est une activité très coûteuse. Dès l'étape de préparation, elle demande des fonds considérables. Acheter des armes, des explosifs, des caches, former des militants, louer des appartements, subvenir aux besoins de militants clandestins (par définition sans emplois rémunérés), sont autant de lourdes dépenses. Cela exige une manne financière considérable… Or, les caisses de la révolution sont vides[320]. Et celles des banques chiliennes remplies et mal protégées[321].

Les braquages de banques sont d'ailleurs fortement encouragés par les Cubains, qui n'ont plus les moyens de financer, si tant est qu'ils le veuillent, les guérillas latino-américaines[322]. D'une part, les fonds en provenance de l'URSS sont conditionnés. Ils sont destinés à affronter les grandes difficultés économiques de l'île, et non pas à financer des guérilleros considérés comme plus ou moins incontrôlables par Moscou. D'autre part, La Havane cherche à normaliser ses relations diplomatiques avec les États du sous-continent. Les braquages permettent donc d'éviter à Cuba de se voir impliquée directement dans les guérillas latino-américaines, sans pour autant les asphyxier.

C'est pourquoi le braquage de banques obtient un consensus au sein de la « jeune génération », à la notable exception de Miguel Enríquez. Malgré des réticences, il finit par céder et donne son accord à condition que les actions soient suffisamment bien organisées pour éviter les morts et les blessés parmi les militants et les policiers[323]. Les braquages sont donc la principale activité armée du MIR. Cette nouvelle situation ne manque pas de susciter des débats. La pratique a inversé les termes de la théorie, qui prévoyait de centrer les activités sur la guérilla rurale avec des actions urbaines de soutien. Il s'agit donc de revoir la théorie pour l'adapter à la pratique, qui a adopté un répertoire d'action bien plus proche de celui des anarchistes des débuts du XXe siècle[324] que du maoïsme ou du guévarisme.

Les nouveaux débats ne manquent pas de créer de nouvelles divergences, au sein de la « jeune génération » désormais. Sergio Zorrilla, avec quelques autres militants, pour la plupart issus du *Pedagógico* de l'Université du Chili, défend fermement la guérilla urbaine. Pour ce groupe, la ville doit être au centre des préoccupations du MIR[325]. Peut-être plus grave, ils revendiquent sans complexe les origines anarchistes des braquages de banques. Cette position est bien plus proche de Guillén et des Tupamaros uruguayens, qui avaient déjà prouvé l'efficacité de cette pratique. À la même époque, le *Partido Revolucionario de los Trabajadores* argentin vit un processus de « détrotskisation » et de militarisation, et les actions de guérilla urbaine commencent à devenir récurrentes en Argentine[326].

Il ne s'agit en aucun cas d'abandonner la guérilla rurale, mais de la remettre à plus tard. Les zones rurales continuent d'être le théâtre central de la Révolution, mais elles ne peuvent être investies dans l'immédiat. Les tenants de la guérilla rurale veulent aussi braquer des banques, mais tactiquement. Ils commencent à organiser des écoles de guérilla rurale dans le sud et braquent des banques pour financer ces écoles ainsi que l'appareil militaire du MIR en construction.

Les braquages qui commencent à la fin de l'année 1968 accentuent les tensions à l'intérieur de la « jeune génération ». Un groupe se forme autour de Zorrilla qui affronte

Miguel Enríquez et ses collaborateurs les plus proches. C'est seulement en 1972 que se termine ce conflit avec l'expulsion de Zorrilla et son exil forcé à Cuba.

La « vieille génération » effectue à son tour des braquages à partir de janvier et jusqu'à son expulsion du MIR en juillet 1969. Ces opérations sont surtout motivées par des considérations pratiques. Tout comme le groupe de Miguel Enríquez, les trotskistes ont besoin d'argent. Surtout, ils ne veulent pas laisser ce terrain, qui leur était auparavant réservé, à la seule « jeune génération »[327]. Trop associés aux interminables débats théoriques, les dirigeants plus âgés veulent ainsi « juvéniliser » leur image. De plus, les braquages leur semblent une activité louable. Elle s'inscrit dans une tradition révolutionnaire, permet de financer les activités politiques et syndicales et, surtout, ne mène pas nécessairement à une militarisation du parti comme la guérilla rurale[328].

Hors des débats sur la signification de la lutte armée, tous les miristes se rejoignent dans la pratique. Celle-ci est avant tout faite d'improvisation et d'apprentissage dans l'action. Il est toujours surprenant de découvrir ce que recouvre un terme tel que « entraînement militaire » dans le MIR[329]. Dans ces circonstances de pénurie généralisée, où les miristes essaient de faire la lutte armée sans armes, la créativité et l'imagination, ainsi que les contacts avec des « marginaux » – qui peuvent enseigner comment fabriquer de fausses pièces d'identité, voler une voiture, ou se maquiller et se coiffer pour changer son apparence physique – sont très appréciés. Une fois ces connaissances techniques acquises, elles sont enseignées aux plus jeunes directement ou par l'intermédiaire de « professionnels » de la falsification de documents, de la fabrication d'explosifs ou du vol de voitures, dans le cadre des écoles de guérilla[330].

Cependant, les premières opérations, malgré la préparation préalable, ne sont pas toujours couronnées de succès. Les premiers braquages sont même assez mouvementés. Le premier réalisé par le groupe de Miguel Enríquez a lieu à la fin de l'année 1968 et n'est pas revendiqué par le MIR. Le projet est de braquer la Trésorerie de la Municipalité de Las Condes, quartier très bourgeois de Santiago. Zorrilla vole une voiture pour transporter les « expropriateurs », tout le monde se déguise et l'aventure commence. Les miristes savent qu'une employée de la banque se déplaçant à pied transporte une fois par semaine des sommes considérables d'une succursale à l'autre, qu'elle place dans un sac. Miguel Enríquez l'attend, essaie de lui arracher le sac, l'employée résiste, tombe par terre et Enríquez se confond en excuses. Ses camarades sont obligés d'intervenir, le forcent à monter dans la voiture et partent en catastrophe. L'opération est évidemment un échec[331].

Le deuxième braquage est plus ambitieux mais le succès n'est pas non plus au rendez-vous. La même équipe décide de s'en prendre à la succursale de la Banque de l'État, dans le même quartier en juillet 1969. L'opération est planifiée dans le détail, les militants prévoient tout, sauf l'astuce du directeur de la succursale. Les miristes se déguisent en pompiers et ils appellent au milieu de la nuit tous les fonctionnaires de la banque qui avaient des clés, prétextant un incendie dans la banque. Les employés croient à cette histoire, sauf le gérant. Celui-ci accompagne les miristes jusqu'à la banque mais il affirme avoir oublié la clé du coffre-fort[332]. L'opération tombe à l'eau et le lendemain elle fait la une de tous les quotidiens. Les miristes ne gagnent pas d'argent, mais un nouveau surnom qui les accompagnera jusqu'au coup d'État : ils deviennent les « pompiers fous »[333]. Quant à la « vieille génération », elle réalise en juin 1969 un autre braquage dans une armurerie, comme en 1966.

Les braquages ont des fonctions multiples, qui ne sont pas seulement pratiques (obtenir de l'argent et des armes), mais aussi symboliques. La distribution du pouvoir interne en dépend de plus en plus. Le fait que la concurrence entre les deux factions se résolve sur le terrain des actions armées est symptomatique de mutations déjà opérées au sein du MIR. D'une part, il révèle le poids croissant que la lutte armée acquiert au sein du MIR. D'autre part, ce processus marque clairement la défaite théorique de la « vieille génération ». À partir du moment où elle accepte de rejoindre la « jeune génération » sur le terrain des actions armées, elle abandonne de fait ses arguments théoriques en faveur d'une subordination du militaire au politique. L'enjeu interne est de capter les nouvelles recrues, principalement de jeunes militants, étudiants ou lycéens, autant impressionnés par les armes que par l'éloquence. Ces recrues, qui viennent grossir les rangs du MIR après la réforme universitaire, bousculent les équilibres internes au profit de la « jeune génération ».

Cependant, malgré le poids croissant des actions armées, le débat théorique entre les « deux générations » se poursuit. Deux raisons principales, qui sont en partie liées, expliquent ces prolongements conceptuels. En premier lieu, les divergences théoriques sont bien réelles. Elles ne sont pas un simple vernis à des concurrences pour le pouvoir, agrémentées d'ambitions et d'antipathies personnelles. Derrière des pratiques similaires – des braquages plus ou moins bien menés – se cachent des conceptions politiques opposées. Chaque génération est porteuse d'une vision particulière du parti qui n'est pas compatible avec l'autre.

La seconde raison, qui découle directement de la première, est le sens que chacun donne aux actions armées. Les différents dirigeants ne se contentent pas des symboles intrinsèques aux actions, ils cherchent aussi à leur donner sens par l'écrit. Chaque action est suivie d'une littérature la légitimant dans un cadre théorique qui cherche à expliquer politiquement, historiquement ou socialement le geste. Ce sont des discours cohérents et bien construits qui replacent des actions, souvent en grande partie improvisées, dans une stratégie générale du parti.

Le débat interne s'intensifie avec la tentative manquée de Nahuelbuta et, surtout, elle prend une tout autre ampleur avec l'article « Élections non, lutte armée l'unique voie » de Miguel Enríquez. Ce document publié dans *Punto Final* expose sans équivoque les réelles divergences théoriques entre les deux générations.

Le désaccord porte sur trois questions fondamentales et imbriquées : la position du MIR sur les élections présidentielles de 1970 ; la définition du moment où il doit s'engager activement dans la lutte armée ; et le rôle que doivent jouer les couches populaires dans l'engagement armé miriste. Le texte de Miguel Enríquez condamne sans détours la « voie électorale ». De plus, il refuse que le MIR soutienne la candidature de gauche et appelle le peuple chilien et les militants de gauche à ne pas se rendre aux urnes. Dans un pays où le vote est obligatoire, il considère que le refus de voter remet en cause le système électoral[334]. Sa démarche suit, par ailleurs, une logique avant-gardiste : le parti d'avant-garde appelle le peuple à la désobéissance civile, car c'est son rôle de l'éclairer, y compris contre certains de ses penchants[335]. La conception de la « vieille génération » est bien plus nuancée, et mène à ne pas s'opposer aux élections. Elle n'a aucune bienveillance pour le processus électoral, mais elle considère que la candidature de la gauche unie constitue un espoir pour les couches populaires. Son rôle est donc de suivre, accompagner et le cas échéant, avertir le peuple chilien dans cette voie et non pas de s'y opposer[336].

À la question des élections est liée celle de l'échéance à

laquelle le MIR doit s'engager dans la lutte armée. La « vieille génération » s'oppose radicalement à un engagement immédiat du MIR dans la lutte armée, prôné par Miguel Enríquez[337]. La « jeune génération », en revanche, considère les élections de 1970 comme l'échéance avant laquelle le MIR doit être armé. Il est ici moins question de la capacité du MIR à gêner ou à empêcher les élections que des priorités de chacune des générations. La « vieille génération » considère les élections comme un enjeu majeur. Les changements sociaux, politiques et économiques à escompter d'une éventuelle victoire de la gauche sont incomparablement plus importants que ceux qui résulteraient d'un passage du MIR à la lutte armée. Pour le groupe de Miguel Enríquez, les élections ne peuvent rien changer, au mieux seront-elles une période propice pour la propagande de son armée, qu'il faut donc construire au plus vite[338].

La violence politique : facteur de division, mais aussi d'unification

Un an après la fondation du MIR, le PS déclare l'année 1966 « Année de l'Organisation ». Le terme d'organisation a, dans les années 1960, un sens très particulier, il se réfère à l'appareil partisan, et surtout à ses structures clandestines et armées. La position du Congrès national du PS est explicitée lors du Congrès national de Chillán en 1967, qui prône la lutte armée. Le PS encourage l'entraînement « militaire » de ses cadres moyens et militants de base[339].

Mais la pratique armée du PS s'accorde mal avec sa théorie de la guerre révolutionnaire. L'action armée du PS se developpe sur deux plans, à partir de deux modèles de lutte armée différents, voire contradictoires, que représentent l'ELN, d'une part, et l'*Organa,* de l'autre.

L'ELN est la première structure armée mise en place par le PS. Sur la demande des Cubains en 1966, les socialistes fondent la section chilienne de l'ELN. Mais elle n'est opérationnelle qu'après la mort du « Che » : sa première mission est précisément de sauver les survivants de la guérilla bolivienne[340]. L'ELN fonctionne selon un principe plus proche d'un « bras armé » tel que le conçoit Lénine que de celui d'une organisation politico-militaire de type maoïste. La raison est pratique : les Cubains demandent une petite structure militaire efficace, aux membres bien entraînés, qui puisse rejoindre rapidement la Bolivie. Sur le moment, il n'est pas question d'attendre que le PS ait terminé de préparer ses militants à la guerre révolutionnaire. D'où la création d'une structure fort différente, voire inverse, de celle initialement prévue. Quelques années plus tard, le MIR connaitra un phénomène similaire de création d'une structure militaire réduite et autonome, lorsque certains de ses militants participeront à la garde présidentielle d'Allende.

Alors que l'ELN se construit, une partie des militants socialistes conçoivent autrement la lutte armée. Ils fondent une nouvelle structure armée, qui reste attachée au PS. L'Organa (abréviation du terme « organisation »), créée entre septembre et novembre 1968, se propose de mettre en pratique une forme de lutte armée plus en accord avec les motions approuvées aux Congrès nationaux du PS en 1966 et en 1967. Autrement dit, elle décide de commencer la lutte armée au Chili, et non pas en Bolivie, avec des actions qui impliquent ensemble les militants socialistes et les mouvements sociaux urbains et ruraux. Au début de l'année 1969, alors que le groupe de Miguel Enríquez peine sur son premier braquage, l'Organa compte déjà sa première école de guérilla rurale. Suite à une délation, la police et l'armée effectuent une perquisition dans l'hacienda où avait lieu l'apprentissage et des dossiers documentant les activités de l'école de guérilla (manuels, programme du séminaire présentant dans le détail les thématiques enseignées, photographies des engins explosifs et armes trouvés sur place, etc.) sont aujourd'hui gardés aux archives judiciaires de Santiago.

La première école de guérilla rurale au Chili ne passe pas inaperçue. Elle a de grandes répercussions publiques. La droite et la DC sont scandalisées. Quant au MIR, il est très préoccupé de se voir ainsi relégué au rang de guérillero amateur : les socialistes sont autrement plus sérieux.

En effet, le MIR et *a fortiori* la « jeune génération » se retrouvent dans une position assez paradoxale. Le groupe de Miguel Enríquez qui se présente comme l'alternative armée de la gauche découvre un PS qui a pris une bonne longueur d'avance sur ce terrain. Quoi qu'en dise la nouvelle direction du MIR, le PS a été invité à la Conférence de l'Organisation Latino-américaine de Solidarité de 1967, rendez-vous majeur de la gauche révolutionnaire du continent, et non pas le MIR. C'est le PS qui est contacté pour envoyer des renforts à la guérilla bolivienne, qui a des membres dans celle-ci et exhibe maintenant, bien contre son gré, une école qui prouve l'avancement de son projet.

La pression exercée par les bases militantes, attirées par l'action, est un facteur déterminant qui accélère la mise au ban de la « vieille génération ». Car le danger est grand de voir les nouvelles recrues quitter le MIR pour le PS, visiblement plus efficace sur la « voie armée ». De plus, le groupe d'Enríquez craint que son parti, censé combler le vide laissé par le PS et le PC, n'ait plus de raison d'être si les structures clandestines du PS occupent le terrain. En ce sens, la réunion des bases militantes organisée par la « jeune génération » au début de l'année 1969 est déterminante. Le verdict des jeunes militants est irrévocable : assez parlé, l'heure est à l'action[341].

Hormis la pression des bases militantes de Santiago, il faut également prendre en compte celle exercée par la plupart des Comités régionaux du MIR. À l'exception de certaines villes comme Valparaíso ou Valdivia, où la « vieille génération » compte de solides soutiens, le reste des Comités régionaux est formé par des proches de la « jeune génération ». Créés surtout dans les régions du sud, dans des villes universitaires, avec des militants presque exclusivement étudiants ou lycéens, ces Comités régionaux expriment le même avis que les jeunes bases militantes de Santiago[342].

Si la pression des bases militantes est bien réelle, remarquons qu'elle renforce la position que la « jeune génération » avait déjà. De plus, de nombreuses dénonciations des Comités régionaux semblent indiquer que, dans la plupart de ces Comités, les positions de la « vieille génération » ne parviennent pas aux bases militantes ni jusqu'aux Comités eux-mêmes, proches de la « jeune génération ». L'adhésion des jeunes recrues aux positions de la « jeune génération » est, ainsi, garantie.

Par ailleurs, Cuba a probablement aussi joué un rôle dans l'expulsion de la « vieille génération », la direction cubaine ayant des relations très tendues avec une partie des trotskistes latino-américains, dont ceux du MIR, et porte une forte sympathie à la « jeune génération ». Certains témoignages évoquent également des rapports cordiaux entre Fidel Castro et Miguel Enríquez[343]. En tout état de cause, les Cubains semblent avoir encouragé Miguel Enríquez dans son envie de ne plus partager les rênes du MIR[344].

Tous ces facteurs conjugués contribuent à ce que le Secrétariat national du MIR décide finalement d'expulser les « dissidents ». Une nouvelle fois, l'écriture précède l'action. *Seule une révolution parmi nous, peut nous conduire à une révolution au Chili*[345], document de circulation interne fort de vingt-quatre pages et rédigé en mai 1969, dresse le réquisitoire contre les trotskistes et autres individus gênants, résumant le nouveau modèle de parti que le groupe d'Enríquez propose de construire. L'importance de ce document est capitale. Il trace le chemin du MIR pour les années à venir. Hormis la redéfinition de la nature et des étapes de la lutte armée au Chili, ce document vise aussi et surtout à penser le fonctionnement interne du mouvement. Plus précisément, il définit le type de militantisme désormais exigé par la direction, la réorganisation des structures internes et la place que doivent y occuper les activités armées et clandestines, les rapports entre les bases militantes, les cadres moyens et la direction nationale, ainsi que ceux entre la direction nationale et les Comités régionaux.

Cette révolution interne consiste, d'une part, à fusionner les structures politiques avec les structures clandestines et armées du mouvement pour préparer le parti à la lutte armée. Et d'autre part, à se débarrasser de tout et de tous ceux qui empêchent cette transformation. Ce document, dont la « vieille génération » n'a pas connaissance, est diffusé dans un premier temps dans des cercles relativement fermés et proches de la « jeune génération ». Il est plus amplement diffusé seulement après l'expulsion des courants opposés au Secrétariat national. Avant le « ménage interne », il sert à définir et justifier la ligne à suivre. Puis, après les expulsions des « dissidents », il les légitime auprès des bases militantes, mais le document sert aussi à annoncer les grandes transformations internes sur le point de se produire.

La « restructuration », autrement dit l'expulsion des dissidences et la militarisation, est théoriquement prête. Il lui manque une opportunité pour se concrétiser. Celle-ci est offerte par un coup de théâtre de Luciano Cruz, qui se termine par la « clandestinisation » du parti.

L'enchaînement des faits qui permettent à Enríquez de déclarer officiellement la clandestinité du MIR est plutôt grotesque. C'est en effet à la suite de l'enlèvement du journaliste Hernán Osses Santa María, en juin 1969, que la « jeune génération » se décide à franchir le pas. Hernán Osses est un journaliste du quotidien *Las Últimas Noticias de la Tarde* de la ville de Talcahuano, dans les pages duquel il critique, à la limite de l'insulte, le MIR et particulièrement Luciano Cruz. Cette obsession du journaliste est en réalité un règlement de comptes personnel. Osses était professeur de journalisme à l'Université de Concepción. Il est licencié après la réforme universitaire, probablement par l'entremise des dirigeants étudiants miristes. Ces derniers justifient son licenciement en affirmant que c'était un piètre professeur, ce qui semblait être effectivement le cas[346]. Lui-même et ses collègues démocrates-chrétiens restent convaincus que son licenciement est uniquement dû à des raisons politiques, l'école de journalisme étant l'un des bastions du MIR[347]. En tout état de cause, chassé des amphithéâtres, Hernán Osses n'enterre pas la hache de guerre. Il use de sa plume pour harceler le MIR et ses dirigeants. Cruz décide de riposter.

Le 6 juin 1969, un groupe de jeunes militants du MIR dirigé par Luciano Cruz et Bautista Van Schouwen organisent l'enlèvement d'Osses. Cela commence par un rendez-vous que lui donne une jeune et attrayante militante sous le prétexte d'un entretien. Elle l'attire dans un endroit isolé où trois complices l'enlèvent de force. Ils lui bandent les yeux, lui retirent ses vêtements, lui coupent les cheveux et rasent ses parties intimes. Puis, ils le déposent, chauve et nu, devant la maison des sports du quartier universitaire de Concepción, au moment précis où les étudiants sortent d'une réunion de commémoration de la fondation de l'université. Après cet incident, plus proche du bizutage estudiantin que du terrorisme révolutionnaire, le gouvernement démocrate-chrétien engage des poursuites judiciaires contre les dirigeants du MIR, les accusant de vouloir attenter à la liberté de presse et considérant l'enlèvement d'Osses comme symptomatique de l'autoritarisme de l'extrême gauche[348]. De plus, le gouvernement donne l'autorisation à la police de perquisitionner dans l'Université de Concepción et dans les foyers étudiants, révoquant ainsi le principe de l'autonomie universitaire[349].

Cette initiative de quelques militants de Concepción n'est cependant pas connue de la direction politique à Santiago, pas même de Miguel Enríquez. Radicalement opposé aux enlèvements[350], Enríquez est très mécontent mais il se trouve dans une position difficile. S'il sanctionne les auteurs de l'enlèvement, comme le demande la « vieille génération », il compromet sa propre position car ce sont des cadres très proches qu'il désavouerait. Il lui reste la possibilité d'étouffer l'affaire[351]. Mais il préfère retourner la situation. Publiquement, il dément par le biais de ses acolytes de Concepción l'implication du MIR dans l'enlèvement d'Osses[352]. Mais, plutôt que d'en rester là, il en profite pour dénoncer la « politique répressive » de la DC. Il prend prétexte des perquisitions dans le campus de Concepción et de l'arrestation de quelques dirigeants miristes pour présenter le MIR comme une victime d'un gouvernement injuste et peu démocratique. Des manifestations massives de soutien aux dirigeants persécutés du MIR sont organisées à Concepción, qui profitent pour dénoncer également la violation de l'autonomie universitaire. Le chef de file de ces mobilisations n'est autre que le Recteur de l'université, le père de Miguel Enríquez[353].

Enríquez utilise tout autant la situation à son profit en interne. Il rédige un *Bulletin interne*, amplement diffusé par la suite, pour communiquer ses décisions aux militants et dirigeants du MIR. Il annonce gravement le passage du MIR à la clandestinité. Cette décision est présentée comme la seule issue face à la répression du gouvernement. En réalité, c'est une manière habile de justifier par la conjoncture son plan depuis 1967 : accorder la priorité aux activités clandestines et armées du MIR aux dépens des activités politiques et syndicales[354]. Il contourne ainsi l'opposition de la « vieille génération ». D'après lui, la répression est telle qu'elle exige des décisions urgentes et sans consultation, la survie du MIR en dépend.

Le coup de force de Miguel Enríquez ne s'arrête pas là. Les frasques de Luciano Cruz sont encore l'occasion de placer le Comité régional de Concepción sous la tutelle de la direction de Santiago. Coupable d'avoir mis en péril l'existence du parti, la section régionale passe sous la direction nationale. Or, cinq des six membres, parmi les quinze que comptent le Comité central, qui appartiennent à la « vieille génération » sont à la direction du Comité régional de Concepción en juin 1969[355]. Autrement dit, sous couvert de sanction administrative, pratiquement tous les « anciens » perdent leur pouvoir interne, ironiquement pour une action qu'ils sont les premiers à dénoncer.

Face à cette offensive, les trotskistes réagissent vivement. Comme à l'accoutumée depuis qu'ils s'opposent à Miguel Enríquez, ils acèrent leurs plumes et rédigent un document critique du *Bulletin interne* qui circule le 2 juillet 1969[356]. Les trotskistes restent pugnaces, mais leur position est particulièrement désavantageuse. Aussi élaborées ou pertinentes que soient leurs critiques, elles n'arrivent pas, ou très peu, aux bases militantes. D'autre part, un facteur international vient encore fragiliser leur position sur la lutte armée. Le 9e Congrès de la IVe Internationale, tenu en Italie en avril 1969 sous la direction d'Ernest Mandel, adopte une motion sur l'Amérique latine qui s'aligne sur la position cubaine. La IVe Internationale prône la guerre de guérilla, envisagée comme une guerre prolongée, en Amérique latine[357]. Autrement dit, sa position s'accorde avec celle de Miguel Enríquez. Bien que le MIR ne soit pas une section de l'Internationale trotskiste, c'est un désaveu pour la « vieille génération » qui entretient des liens étroits avec elle.

Toutes les raisons précédemment exposées convainquent la « jeune génération », et surtout Miguel Enríquez, que l'expulsion de la « vieille génération » est nécessaire pour construire le seul vrai parti révolutionnaire chilien. Curieusement, ce ne sont pas les trotskistes qui sont les premières cibles du « ménage interne », mais un groupe de jeunes miristes et étudiants du *Pedagógico*. Cette première expulsion du petit groupe de l'Université du Chili, déguisée en départ volontaire, est en quelque sorte une répétition générale avant celle de la « vieille génération », majoritairement trotskiste, un mois plus tard. La jeune direction du MIR juge peut-être qu'elle doit essayer cette nouvelle pratique qui consiste à expulser les opposants internes, avant de s'attaquer aux trotskistes. Le risque avec ces derniers est qu'ils partent avec une trop grande quantité de militants.

Si la lutte entre les deux générations a incontestablement une dimension idéologique malgré les conflits personnels, nous ne pouvons pas en dire autant pour le conflit entre le groupe du *Pedagógico* (le futur MR2 ou *Movimiento Revolucionario Manuel Rodríguez*) et le groupe de Miguel Enríquez. Ici, ce sont directement les différends personnels qui motivent le conflit et l'expulsion.

C'est un groupe d'amis, emmené par Rafael Ruiz, qui est à l'origine de la création du MR2, suite à leur expulsion du MIR. Au moment où cette expulsion ou départ forcé a lieu, il n'y a pas de réelles divergences entre le groupe du *Pedagógico* et la jeune direction miriste. Les critiques des amis de Rafael Ruiz portent surtout sur la propension du MIR à débattre indéfiniment et son peu d'efficacité militaire, un constat partagé par le Secrétariat National.

L'expulsion du groupe de Ruiz révèle surtout la nouvelle attitude adoptée par Enríquez : il n'accepte plus les remises en cause. De plus, ces événements ont lieu alors que la radicalisation du PS est toujours plus évidente, autour de juin 1969. Enríquez craint probablement que les critiques formulées par Ruiz et son « groupe d'amis » ne prennent de l'ampleur au sein du MIR et ne provoquent un départ massif de militants vers le PS. En forçant les premiers contestataires à partir, Enríquez évite que leurs critiques n'atteignent des militants plus nombreux et ne créent une dynamique de scission au sein du mouvement. Ainsi ostracisés, les futurs dirigeants du MR2 ne représentent plus un réel danger.

Le départ du groupe de Ruiz – qui effectue aussitôt un braquage, celui du supermarché Portofino, dans le quartier de Ñuñoa – n'est attribué à des différends théoriques qu'a *posteriori*. Les braqueurs de Portofino ne se sont même pas donné la peine de chercher un nom d'organisation. Ce n'est qu'après l'arrestation de deux membres du groupe et suite à l'intérêt que manifeste la presse à leur sujet que Ruiz baptise son groupuscule MR2[358] et élabore une posture théorique. La théorisation des différends qui les séparent du MIR est un processus graduel et postérieur qui se reflète y compris dans les archives judiciaires. Les premières dépositions à la police exposent les raisons plus personnelles qu'idéologiques qui ont poussé le groupe de Ruiz à quitter le MIR, sans qu'il en ait eu l'intention. La réaction démesurée de Miguel Enríquez apparaît alors comme la cause principale de la scission.

Le projet armé du MR2 est identique à celui du MIR : la lutte armée à la ville et à la campagne comme unique moyen de provoquer un changement révolutionnaire des structures sociales et politiques, les braquages comme mode de financement des activités clandestines, l'entraînement préalable des cadres révolutionnaires. Les rares différences entre le MR2 et le MIR portent sur le caractère plus ou moins ouvert, plus ou moins clandestin, des deux organisations.

Malgré ces divergences minimes, le MR2 bâtit son identité partisane uniquement autour de ses options à l'intérieur du thème général (et consensuel pourrions-nous dire) de la lutte armée. Une fois encore, nous voyons le poids de cette question dans l'espace public, et plus fortement encore au sein de la gauche, à la fin des années 1960.

Aux divergences théorisées *a posteriori* par le MR2 répondent les arguments théoriques du MIR tout aussi ultérieurs aux faits. Un document est diffusé en interne, qui explicite les divergences théoriques entre le groupe du *Pedagógico* et le Secrétariat national du MIR. Le document de trois pages s'intitule : « Quelle est la voie : groupes d'opérations ou actions directes ? »[359]. Miguel Enríquez y développe sa nouvelle conception politico-militaire, tout en attaquant la position du futur MR2, mais aussi en lui donnant une forme beaucoup plus construite que ne l'avaient fait les militants mêmes du *Pedagógico*. Le MR2 serait, d'après Enríquez, favorable à un modèle de parti fermé et sans lien avec les masses, fondé sur une structure composée par des « groupes d'opérations ». Ces groupes seraient des unités fermées et clandestines, avec un entraînement militaire de haut niveau qui chercherait, par des actions armées ponctuelles, à déstabiliser le régime et créer les conditions pour une révolution armée. En revanche, Enríquez propose que l'action armée du MIR suive deux logiques distinctes. D'une part, les « actions directes » des masses comme par exemple les occupations de terrains. D'autre part, il y aurait un appareil clandestin, qui inclurait des « groupes d'opérations », mais seulement parmi d'autres structures clandestines. Miguel Enríquez entreprend même une tournée au Chili pour défendre les positions exprimées dans ce document[360]. Dans le MIR, il n'y a que le Secrétariat national, occupé par le cercle rapproché de Miguel Enríquez, qui connaisse exactement les raisons de l'expulsion du groupe de Ruiz. Tout les autres militants, qu'ils soient du Comité central, cadres moyens ou militants de base, s'en informent par la documentation officielle. Ils connaissent la version élaborée par Miguel Enríquez qui acquiert la hauteur de divergences théoriques.

L'expulsion du groupe du *Pedagógico* n'a pas de retentissement particulier ni de conséquences majeures au sein du MIR. Aussi le Secrétariat national peut-il désormais s'affronter à son principal ennemi interne : les dirigeants restants de la « vieille génération ». L'occasion se présente lors d'une réunion du Comité central du MIR, le 27 juillet 1969. La date n'est pas fortuite, un Congrès national est prévu à la mi-août – il fut par la suite annulé. Or, la « jeune génération » souhaite avant tout éviter un affrontement ouvert et public avec les trotskistes, dont elle redoute le coût politique en termes de militants. Comme avec le MR2, Enríquez préfère négocier à l'amiable et en coulisses le départ des « dissidents ».

Les divergences théoriques sur la lutte armée, sur ses modalités et sa temporalité, se résolvent par les expulsions organisées par un Secrétariat général réduit au seul groupe de Miguel Enríquez. Il est ici intéressant de comparer les pratiques armées de la « jeune génération », des trotskistes et du MR2. Il n'y a aucune différence entre ces trois tendances ou groupes. Les trotskistes sont les premiers à passer à l'acte, avec des braquages. La « jeune génération » les suit de peu et, quantitativement, elle ne les dépasse pas avec quatre braquages réalisés entre 1968 et 1970. Quant au MR2, il ne compte que le braquage du supermarché Portofino. Après son expulsion, il organise une école de guérilla rurale avec l'ELN et l'Organa. Autrement dit, derrière un discours qui appelle à assaillir le pouvoir les armes à la main, il n'y a qu'un petit nombre de braquages. Cela est vrai pour les trois groupes, jusqu'au coup d'État de 1973.

Comment interpréter alors l'expulsion des trotskistes et

du futur MR2, accusés d'être trop ou pas assez violents, quand les pratiques des uns et des autres sont exactement les mêmes ? Ce n'est pas sur la base de leur recours réel à la violence politique que sont jugés et condamnés les trotskistes ou le groupe de Rafael Ruiz. La question est de savoir quel modèle de parti se construit, avec la place et le rôle qu'occupera la violence révolutionnaire. À une époque où violence et politique sont imbriquées dans l'esprit des jeunes révolutionnaires, les divergences théoriques sur la lutte armée concernent moins sa pratique réelle que la nature de l'organisation politique qui doit la mettre un jour à l'œuvre.

En outre, la lutte armée se convertit, du fait de son omniprésence dans l'imaginaire politique de la gauche, en la principale mesure de la légitimité. C'est à travers le prisme de la lutte armée que cadres et militants de base jugent et acceptent les choix de la jeune direction, y compris les expulsions et la concentration de tout le pouvoir interne entre les mains du groupe de Miguel Enríquez. De sorte que l'argument « trop violents, trop radicaux », ou bien « pas assez violents, pas assez révolutionnaires », est sans cesse convoqué pour éviter les dissidences et pour éloigner les rebelles de l'organisation. En ce sens, la violence politique est à la fois la cause principale de division interne (car elle est imbriquée avec le modèle de parti que l'on veut construire) et la ruse rhétorique qui sert à justifier et à légitimer la division.

Mais elle devient aussi un puissant facteur d'unification, en premier lieu au sein du MIR, qui se soude plus fortement du fait même de l'expulsion des « dissidents ». Extirper le « mal » rapproche les membres restants, qui ont trouvé une cause à tous les échecs passés. Le MIR a « lâché du lest » - trotskiste et foquiste - comme son document interne rédigé par Van Schouwen invitait à le faire, et peut entreprendre sa mission sans plus de contraintes. Il y a un nouveau modèle de parti qui émerge sur l'idéal de l'unanimisme[361].

En outre, après les premières actions armées du MIR, du MR2, de l'Organa et de l'ELN, le recours à la violence devient un facteur d'unification non seulement en interne, mais aussi entre les différentes organisations révolutionnaires. En effet, après le processus d'implosion du MIR, d'une part, et de l'aile gauche du PS, de l'autre, la gauche armée chilienne se recompose avec l'émergence de nouvelles alliances. Pour commencer, le MIR renoue ses relations avec le PS. En 1969, suite à ses premiers braquages, ses membres sont poursuivis par la police, et certains arrêtés. Les dirigeants socialistes leur offrent alors de précieux secours. Ils leurs procurent des refuges, directement chez eux ou bien en louant des appartements pour les fugitifs. Nombre de miristes échappent aux filets de la police grâce à l'aide de socialistes. Ce sont donc les actions armées du MIR qui ont créé les conditions de son rapprochement avec le PS. La collaboration entre les deux partis s'approfondit ensuite progressivement, elle a des conséquences très concrètes après la victoire d'Allende.

Dans un second temps, l'ELN et l'Organa abandonnent leurs querelles. Les deux organisations militaires socialistes s'entendent sur leur complémentarité et se réunissent, au début de 1970, dans l'ELN-Organa. La section ELN se consacre aux relations avec les mouvements de guérilla du reste de l'Amérique latine, tandis que la section Organa se charge de la formation paramilitaire des militants et des cadres socialistes[362].

Quelques mois plus tard, l'ELN-Organa initie également une collaboration avec le MR2. Les deux organisations prennent contact au début de l'année 1970. Dès mai de la même année, elles fondent conjointement une école de guérilla rurale dans le sud, à Chaihuín, près de Valdivia. Cette école, composée de deux campements aux installations assez sophistiquées, est financée par les recettes du braquage de Portofino et dispense des cours à 54 apprentis guérilleros, dont la plupart sont des militants socialistes[363]. De sorte que le projet commun qui unit le PS et le MR2 est, pour les membres du second, une manière d'intégrer un mouvement plus ample et populaire. Le caractère non avant-gardiste d'une école de guérilla est probablement très discutable, mais il reste un fait : le projet de lutte armée est le facteur déterminant d'une union entre deux entités politiques.

Quant aux trotskistes du MIR, à quelques exceptions près[364], ils retrouvent le PS, après leur expulsion. De sorte que, curieusement, les nombreux groupes qui composent la gauche armée se retrouvent, par des chemins bien différents, dans l'orbite du PS. Plus curieux encore, la nouvelle attraction qu'exerce le PS sur les satellites armés repose sur la désignation d'Allende comme candidat de l'Unité Populaire. Tous les tenants de la lutte armée, ceux-là même qui condamnent sans répit depuis des années « la voie électorale », oublient leurs divisions, les multiples scissions, pour se fédérer autour de la campagne électorale d'Allende.

Dans le cas des trotskistes expulsés du MIR, le choix est compréhensible dans la mesure où leur éviction est en partie due au soutien critique à la candidature d'Allende dont ils défendaient le principe. Dans les cas de l'ELN et l'Organa, ce n'est guère étonnant car ce sont des organisations qui restent dans le sein du PS. Elles considèrent toutes deux la lutte armée comme complémentaire de la voie électorale ou du moins, pas radicalement opposée. De fait, l'ELN mène la guérilla en Bolivie et non pas au Chili. Quant à l'Organa, l'entraînement qu'elle fournit se situe bien plus dans une optique d'autodéfense que de conquête du pouvoir à court terme par les armes, même si elle considère néanmoins l'option d'une guerre révolutionnaire dans le cas d'un coup d'État.

La position du MIR est bien plus surprenante. Sa décision de cesser les actions armées pour ne pas nuire à la candidature d'Allende et sa collaboration ultérieure avec l'Unité Populaire soulèvent bien des interrogations.

Chapitre 6

La voie des armes ou la voix des urnes ?

En juin 1969, Miguel Enríquez condamne la « voie électorale » et tous les partis qui y ont recours. Il appelle les masses populaires à s'abstenir de se rendre aux urnes et affirme que la lutte armée est la seule pratique légitime pour les révolutionnaires. Mais en juillet 1970, la direction du MIR passe un accord avec Allende, par lequel elle s'engage à cesser l'activité armée pour ne pas nuire à la candidature présidentielle du dirigeant socialiste. En outre, à la suite de la victoire électorale de la gauche le 4 septembre 1970, le MIR accorde son « soutien critique » à l'Unité Populaire (UP) et participe à la formation de la Garde présidentielle d'Allende, chargée de la protection du premier Président marxiste arrivé au pouvoir par la « voie électorale ». Sa collaboration avec l'UP ne s'arrête toutefois pas là. Des membres du Comité central ou des cadres moyens du MIR occupent des postes de responsabilité dans les ministères[365], ses dirigeants assistent aux réunions des partis de l'Unité Populaire et font partie du cercle rapproché d'Allende. Par ailleurs, bien que le MIR ne présente pas ses propres candidats aux élections municipales ou parlementaires, il soutient activement certains candidats de l'UP[366]. S'il ne s'intègre pas formellement dans le gouvernement, le MIR devient un acteur important de la période 1970-1973, qui ne reste pas étranger à la politique institutionnelle de gauche.

Devrait-on voir dans ce changement d'attitude du MIR une rupture radicale, un avant armé et un après électoral, avec comme ligne de démarcation le 4 septembre 1970, date de la victoire électorale d'Allende ? Comment s'opère la transition de la condamnation sans détours des élections vers le

« soutien critique » accordé au gouvernement de gauche précisément issu des urnes ?

L'examen des années charnière 1969-1970 nous mène à une surprenante conclusion : ces deux registres sont étroitement imbriqués. Paradoxalement, c'est le recours modéré du MIR à des actions armées et ses répercussions médiatiques et politiques qui préparent son étroite collaboration avec l'UP, gouvernement révolutionnaire et démocratique arrivé au pouvoir par les urnes. Si le MIR devient un acteur politique important à cette période, c'est précisément grâce à ses quelques actions armées et à son appareil clandestin, qui apparaissent comme un nécessaire rempart de la gauche démocratique face aux agressions de plus en plus ostensibles de la droite contre-révolutionnaire.

Dans le même temps, l'élection présidentielle trace les limites des actions armées et produit de nouvelles tensions internes au MIR. Le mouvement se trouve alors tiraillé entre, d'une part, des militants qui s'investissent dans la campagne d'Allende avec enthousiasme, mais sans l'accord officiel du MIR ; et d'autre part, des secteurs minoritaires du parti convaincus de l'inévitabilité de l'affrontement armé et engagés dans la mise en place d'un appareil clandestin. La direction, elle-même sous tension, essaie d'opérer la synthèse de ces deux visions et de trouver sa place dans une conjoncture où les élections acquièrent un sens révolutionnaire et où la victoire d'Allende semble démentir la principale thèse du MIR, celle de l'impossibilité du changement par voie électorale.

L'arrivée d'Allende à la présidence de la République inaugure une période riche en événements. La gauche démocratique et révolutionnaire qui arrive au pouvoir par les urnes constitue pour le MIR, gauche armée et extraparlementaire, un extraordinaire défi. La trajectoire du MIR sous l'UP est compréhensible à l'aune du projet politique que le mouvement a construit pendant les années 1965-1970. Au moment des élections de septembre 1970, le MIR est une organisation qui prône à la fois lutte armée et organisation populaire ; qui ne participe pas aux élections, mais qui collabore avec les partis de gauche représentés au Congrès et avec le candidat à la présidence ; qui reste méfiant face à la possibilité de changement par voie électorale, mais qui perçoit parfaitement le possible ouvert par l'élection d'Allende. En définitive, et malgré son exceptionnalisme affiché, la gauche révolutionnaire qu'est le MIR des années 1969-1973 reste très ancrée dans les débats qui traversent l'ensemble de la gauche et de la société chiliennes.

Les braquages de banques, avatar des urnes ?

« Grâce à sa structure légaliste, ce pays qui est le nôtre fut toujours systématiquement écarté comme possible scène de guérillas. Un pays où les lois se vendent en éditions de poche et sont des *best-seller* et où on exige presque que la révolution soit d'abord validée par le Conseil Constitutionnel, n'est pas un terrain fertile pour la violence. Toutefois, le MIR a démontré, ces dernières semaines, qu'il ne partageait pas ce constat »[367]. Ces phrases introduisent un long article de *Ercilla*, revue de tendance démocrate-chrétienne, entièrement consacré aux actions armées du MIR. L'auteur de l'article se fait ainsi l'écho d'une opinion très répandue dans les médias chiliens des années 1969-1973, reprise ensuite par l'historiographie, voyant dans le MIR un mouvement politique qui heurte le consensus par son refus apparent des traditions politiques nationales, pacifiques et respectueuses du cadre légal ; traditions auxquelles se plieraient les autres partis et mouvements de gauche. Cette opinion est partagée à l'époque par une bonne partie de la presse non seulement de droite, mais aussi socialiste et communiste.

Les braquages de banques, qui sont aussi les principales actions armées du MIR et celles dont les médias parlent le plus, lui valent cette réputation de seule organisation chilienne à avoir recours à la lutte armée. Paradoxalement, après le 4 septembre, c'est cette réputation qui contribue de manière décisive à installer le MIR dans le rôle de défenseur du gouvernement élu, car il serait la seule organisation capable de défendre la victoire électorale, pacifique et légale d'Allende face aux plans séditieux et armés de la droite.

Or, en 1968, la finalité première des braquages de banques est, pour le MIR, d'avoir des fonds qui lui permettent d'initier la mise en place d'une infrastructure clandestine. En même temps qu'il œuvre à l'expulsion des trotskistes, le groupe de Miguel Enríquez réalise deux premiers braquages : la Trésorerie de la Municipalité de Las Condes en décembre 1968 et la Banque d'État du même quartier en juillet 1969.

Après la sortie forcée de la vieille génération, la cadence s'accélère. En août 1969, les dirigeants du MIR braquent la succursale de la Banque Londres à Santa Elena. Cette fois-ci, ils optent pour un procédé plus classique. Ils arrivent à la succursale, maquillés et munis de moustaches postiches, une heure après l'ouverture et prient les employés de bien vouloir vider les caisses de la banque. L'opération se déroule sans surprises désagréables[368].

Quelques mois plus tard, en décembre 1969, le MIR réalise deux braquages consécutifs. Le premier a lieu dans la succursale de la Banque de Crédito e Inversiones à Bilbao. Les braqueurs ont à nouveau recours aux déguisements. L'un des chefs de l'appareil militaire du MIR est accoutré d'un uniforme de policier et les autres participants font mine d'être des policiers en civil. Le subterfuge fonctionne très bien, les employés de la banque laissent entrer les révolutionnaires grimés en agents de l'ordre. Une fois sur place, les miristes immobilisent les employés, prennent les clés du coffre-fort, puis repartent tranquillement avec le butin[369]. Le braquage suivant a lieu à Villa Macul dans le quartier de Ñuñoa. La cible est la Banque Osorno y La Unión, qui présente l'avantage d'être dépourvue de système de surveillance, de gardien, et même de ligne téléphonique. Ces informations se confirment lors de la réalisation du braquage, mais le camion de transport de fonds est passé quelques instants avant l'opération. Les miristes repartent avec un maigre butin.

Certains membres de l'appareil militaire du MIR planifient une nouvelle action beaucoup plus audacieuse en janvier 1970, sans l'autorisation de Miguel Enríquez. Ils décident d'attaquer une garnison des Services de Renseignements de l'Armée. Le but est d'« exproprier » des armes. Mais les soldats sont moins dociles que les employés de banque. L'opération échoue devant la résistance du soldat de garde. Les miristes s'échappent sous les tirs des autres soldats réveillés par l'alerte du garde[370]. Les révolutionnaires n'ont subtilisé qu'une radio militaire. Malgré son aspect grotesque, cette opération est symptomatique d'une nouvelle tendance qui se développe lentement au sein du MIR. Les militants les plus impliqués dans son appareil militaire commencent à prendre certaines initiatives et libertés par rapport aux lignes d'action tracées par Miguel Enríquez. Et ils privilégient les structures militaires du MIR aux dépens de l'action politique. Cela explique qu'ils préfèrent récupérer des armes, directement utilisables dans la lutte armée, plutôt que de l'argent.

Les miristes reprennent aussitôt les braquages de banques avec l'accord de Miguel Enríquez. Les banques seront, d'ailleurs, jusqu'à l'élection d'Allende, les principales cibles des actions armées du MIR[371]. En février 1970, le commando « Rigoberto Zamora » s'attaque à la succursale de la Banque nationale du travail à Vega Poniente. Cette opération, organisée et exécutée sans surprise ni erreur, est revendiquée par communiqué de presse. Le MIR y affirme que l'argent « exproprié » sera utilisé pour défendre le peuple et pour améliorer ses conditions de vie. La même succursale de la Banque nationale du travail reçoit les honneurs du dernier braquage du MIR, au début du mois de juin 1970. Le mode opératoire est similaire, mais encore plus sophistiqué. Les miristes se déguisent de nouveau, en militaires cette fois-ci. Trois voitures bloquent les rues autour de la succursale, dont l'une est camouflée en véhicule militaire. Cinq miristes en uniforme militaire descendent de cette dernière et tirent des coups de feu en l'air pour obliger les passants à se réfugier dans les commerces proches de la banque. Puis ils rentrent dans la succursale, désarment deux policiers en civil qui se trouvent à l'intérieur, ainsi que les employés de la sécurité privée. Ce braquage, réalisé par le commando « Mártires de Puerto Montt »[372], est à nouveau revendiqué par un communiqué envoyé à la presse, expliquant une nouvelle fois que l'argent est destiné à financer la révolution, pour défendre ainsi les intérêts des plus démunis.

Il y a certaines constantes, mais aussi une évolution dans les braquages de banques réalisés entre août 1969 et juin 1970. Première constante, qui sera une nouveauté par rapport aux deux premiers braquages réalisés avant l'expulsion des trotskistes et du MR2 : ils portent désormais la « signature » du MIR. Autrement dit, toutes les actions armées d'« expropriation » après août 1969, à l'exception de l'attaque contre la caserne de l'armée, sont explicitement revendiquées par le MIR. La signature du MIR apposée sur ces actions a une autre conséquence : le MIR acquiert, par leur biais, une couverture médiatique et une notoriété inédites.

Les premiers braquages miristes non revendiqués sont réalisés dans l'optique d'obtenir des fonds tout en confondant la police. Depuis le début des années 1960, les braquages de banques ont augmenté au Chili. Ceux-ci sont réalisés par des « braqueurs professionnels » (non politiques) majoritairement argentins qui, s'ils sont arrêtés, sont extradés vers leur pays d'origine où les peines sont beaucoup moins lourdes qu'au Chili[373]. Ne pas revendiquer les premiers braquages permet à la « jeune génération » du MIR de ne pas être identifiée comme autrice de l'action. La police retient, en effet, l'hypothèse de la délinquance commune.

Mais, à partir d'août 1969, la direction miriste commence à revendiquer ces actions. Le revirement – lourd de conséquences si ses membres sont arrêtés – s'explique. La direction du MIR souhaite se distinguer des autres groupes politiques, qui braquent au même moment banques et supermarchés et qui ne sont autres que les expulsés du MIR, en particulier le bientôt dénommé MR2. C'est probablement le braquage du supermarché Portofino par le MR2 qui décide la direction du MIR à revendiquer les siens. D'une part, parce que, du point de vue de la direction du MIR, ce braquage est un fiasco dans la mesure où du sang est versé. En effet, l'attaque du supermarché se termine par un échange de tirs entre les braqueurs et un employé est blessé par balle. D'autre part, parce que le militant arrêté sur les lieux du crime révèle sous la torture les motivations politiques de l'opération et, plus grave, l'existence de braquages antérieurs perpétrés par le MIR. Cette information filtre très rapidement dans la presse, et Miguel Enríquez se voit obligé de réagir en urgence. Pour lui, il est primordial que son organisation reste étrangère à un braquage sanglant[374]. La perte de vies humaines est, pour Enríquez, une ligne rouge à ne pas franchir. Il est aussi impératif de contrôler le récit qui accompagne ces actions.

Or, la revendication est nécessairement doublée d'une médiatisation qui change à nouveau la situation. L'action armée devient rapidement plus médiatique qu'autre chose.

Les journalistes de la presse écrite, mais aussi de radio et de télévision sont pris d'une véritable frénésie pour obtenir le « scoop » sur le MIR. Ils cherchent par tous les moyens à avoir la primeur d'un entretien et visitent les banques braquées. Les actions armées du MIR, aussi modestes et modérées soient-elles, ont un grand impact, car elles se produisent dans un pays où la gauche a rarement eu recours à ces pratiques.

Miguel Enríquez et les autres membres de la direction sont, dans un premier temps, quelque peu surpris par l'ampleur de l'emballement médiatique autour du MIR. Mais ils ne tardent pas à comprendre qu'ils peuvent mettre cette nouvelle donne à profit. Les dirigeants du MIR, faisant partie de la génération de la réforme universitaire, savent parfaitement user du langage médiatique. Ils appliquent donc à nouveau les méthodes éprouvées lors des années de politique universitaire. Cela consiste à organiser des actions spectaculaires au faible coût politique, qui garantissent une présence dans l'espace public bien supérieure aux ressources employées. Généralement, il s'agit de jouer l'effet de surprise : être là où on est le moins attendu assure une présence hors norme. Par exemple, un coup médiatique fréquemment employé par le MIR consiste à accorder des interviews dans des situations qui contrastent très fortement avec la clandestinité. Les dirigeants du MIR se montrent dans des lieux publics, preuve de leur aisance à se moquer des dispositifs policiers.

La bienveillance de la grande majorité des journaux de gauche et le charisme des dirigeants miristes n'expliquent pas à eux seuls la place exceptionnelle qu'occupe alors le MIR sur la scène médiatique. Il faut aussi prendre en compte la grande méconnaissance sur la gauche radicale des journalistes et des policiers au sujet de la gauche radicale, en tout cas, dans un premier temps. En effet, en dehors du MIR qui signe ses actions, d'autres organisations multiplient les opérations armées durant les années 1969 et 1970 sans les revendiquer. Journalistes et policiers estiment, ainsi, que la constellation de nouveaux groupuscules n'est en réalité qu'une ruse du MIR pour dépister les enquêteurs[375]. La myriade d'organisations déconcerte enquêteurs et médias, habitués à résumer la gauche aux Partis socialiste et communiste. Braquages de banques, d'armureries et de camions blindés, attentats à la bombe, assauts contre des guérites de police, des arrêts de bus, des casernes de l'armée... les actions armées du MIR ne représentent qu'une partie de la longue liste de celles réalisées entre août 1969 et août 1970 par le MR2, l'ELN, l'Organa, le PCR, mais qui sont systématiquement attribuées au MIR. Cela lui assure une présence médiatique presque permanente. L'organisation apparaît aussi progressivement, pour la plupart des policiers, comme un puissant parti subversif d'une grande dangerosité. Cette image accompagne le MIR non seulement durant l'UP, mais aussi après le coup d'État, contribuant à le transformer en cible privilégiée de la répression. Si la police et le Parquet affinent progressivement leurs connaissances sur la gauche extraparlementaire, les médias, plutôt que d'entrer dans les subtilités de l'univers complexe de la gauche armée, optent pour les classer toutes sous le même terme générique de « MIR ». De sorte que, dans les journaux, le MIR désigne le Mouvement de Gauche Révolutionnaire, mais aussi l'ensemble des organisations qui ont opté pour la lutte armée[376].

Bandits ou révolutionnaires ? Victimes ou héros ?

Dès la médiatisation des braquages signés par le MIR, le débat s'engage dans la presse sur la nature politique ou criminelle de ces actions. Les dirigeants miristes seraient-ils des bandits ou des héros ? Dans les médias hostiles au MIR, de droite et démocrates-chrétiens, le verdict est sans appel : les miristes ont commencé à glisser vers l'action délictueuse. Effectivement, le braquage d'une banque relève *a priori* du Code pénal. Mais il fait historiquement aussi partie du répertoire d'action des organisations révolutionnaires. La droite et les démocrates-chrétiens le savent pertinemment : lorsque des acteurs politiques s'engagent dans ce type d'actions, la nature du braquage d'une banque dépend de l'identité des auteurs et du contenu que ceux-ci attribuent à leur action. L'empressement de la droite et de la DC à criminaliser, dans leurs interventions publiques, les braquages du MIR, a un sens profondément politique : en caractérisant ces actions comme criminelles, ils les dépolitisent. Ils présentent, du même coup, le MIR comme une organisation criminelle et non pas révolutionnaire, rendant ainsi plus acceptable auprès de l'opinion publique la répression qui s'abat sur ses militants.

L'ambivalence du gouvernement, ainsi que des autorités policières et judiciaires, à l'égard des braqueurs – qu'ils taxent publiquement de délinquants, tandis qu'ils les considèrent officieusement comme des militants politiques – transparaît dans les procès instruits contre eux. Dès les premières arrestations de militants, auteurs ou collaborateurs des braquages, les autorités peinent à donner une définition de ces « actions directes ». Elles sont devant un vrai problème juridique dans lequel elles s'embourbent sans réussir à formuler un message clair. Les inculpés sont jugés sous la double juridiction du Droit pénal et de la Loi de sécurité interne de l'État[377]. Le principal juge d'instruction, José Cánovas, est celui qui juge les militants impliqués dans les braquages selon la Loi de sécurité interne de l'État, pendant qu'il cherche à nier la dimension politique des procès. Il affirme à plusieurs reprises qu'il poursuit les miristes uniquement pour des actions délictueuses, et non pour des actions politiques ; mais, en réalité, un autre juge est en charge de l'aspect pénal du dossier[378].

Le gouvernement n'est pas moins ambigu. Tout en niant dans ses déclarations le caractère éminemment politique des organisations armées, dont fait partie le MIR, le ministère de l'Intérieur crée, en novembre 1969, une nouvelle brigade de « Services spéciaux » spécialisée précisément dans les braquages de banques et dans la lutte contre la « guérilla urbaine »[379].

La criminalisation de la violence politique des acteurs non étatiques sert à la dépolitiser, dans le but de la délégitimer. Le MIR, quant à lui, défend ses actions en revendiquant non pas leur légalité, mais leur légitimité. La légitimation des braquages se fonde sur différents arguments. Pour commencer, le MIR rattache ses pratiques à celles d'autres révolutionnaires passés et présents. Il rappelle que les bolcheviks ne faisaient pas autre chose au début du XXe siècle, que les Cubains n'avaient que mépris pour la légalité bourgeoise avant la Révolution et que, actuellement, au Brésil et en Uruguay, les révolutionnaires suivent le même chemin. Si autant de révolutionnaires, vainqueurs ou en lutte, ont eu recours à ce genre d'action, son caractère politique est indéniable. Le second argument vise à contester le caractère illégal de l'action, en retournant la qualification de vol. Les voleurs ce sont les banquiers, affirme le MIR[380]. Mais c'est le troisième argument qui est le plus important. L'« expropriation » est légitime car l'argent sert à « défendre le peuple ». En effet, il permet de financer la lutte armée, menée d'un côté par le MIR et son appareil politico-militaire ; et de l'autre côté, grâce à l'armement et la préparation du peuple chilien pour l'affrontement contre son ennemi de classe[381]. C'est cette même définition défensive de la violence révolutionnaire, désormais dominante dans le discours du MIR, qui lui permet de placer son appareil armé au service du peuple après le 4 septembre 1970 et de légitimer ce rôle aux yeux des autres partis de gauche et de ses propres militants.

Dans les thèses politico-militaires de 1965, 1967 et 1968, la violence révolutionnaire était surtout le moyen de conquête du pouvoir. Mais à partir du mois d'août, dans ses interventions publiques, la fonction première que la direction du MIR attribue à la violence politique est son utilité défensive. La violence révolutionnaire sert à protéger le peuple et les organisations mises à son service de la violence d'État et réactionnaire. Ce changement de vision n'est pas étranger à la conjoncture : ce même mois, se produit l'arrestation de Sergio Pérez. Elle est la première d'une longue liste de militants condamnés à connaître de près les méthodes policières. Cet emprisonnement du « chico Pérez » a, en effet, un impact déterminant sur le MIR. Pérez est le premier miriste arrêté, mais il est aussi le plus férocement traité. La presse publie des photographies, le montrant après qu'il fut torturé, qui bouleversent ses camarades. De plus, Sergio Pérez est l'un des collaborateurs les plus proches de Miguel Enríquez, il est membre de la Commission politique et un des chefs de l'appareil secret du parti. Son arrestation porte un coup au cœur même du MIR.

Les dirigeants du MIR ne découvrent certes pas à ce moment-là les méthodes de la police. Comme le reste de la gauche, ils dénoncent depuis longtemps les violences policières, principalement exercées contre les populations marginales, lors des mobilisations des *pobladores* et des paysans. Mais, jusqu'en août 1969, les violences policières sont, pour les dirigeants du MIR, des pratiques relativement éloignées d'eux. Lorsqu'un camarade et un ami est torturé par la police, la violence subie est plus immédiatement ressentie. Elle acquiert également une dimension non seulement politique, mais aussi personnelle.

À partir de ce même mois d'août , la direction du MIR n'a de cesse de dénoncer dans la presse les abus de la police. Les miristes emprisonnés sont employés comme la preuve vivante de la véritable nature autoritaire du régime. La torture est systématiquement dénoncée comme la marque de l'hypocrisie d'un gouvernement qui se dit démocratique. Face à un gouvernement de cette nature, les citoyens ont le droit et même le devoir de s'opposer par des moyens certes pas toujours légaux, mais assurément légitimes.

Mais les dirigeants miristes vont plus loin : ils considèrent que le gouvernement démocrate-chrétien a trahi la démocratie et ils se présentent désormais comme les défenseurs de la véritable démocratie. C'est ainsi que le terme de « fiction démocratique » fait son apparition dans le discours miriste[382]. Il s'agit d'un revirement conceptuel de taille. Avant août 1969, dans le discours de la jeune direction du MIR, le concept de « démocratie » est associé à l'acception sociale et économique, mais non pas politique du terme, et à un objectif, la révolution socialiste[383]. La « fiction démocratique » renvoie à une tout autre idée. L'expression sous-entend que la démocratie dans le sens politique du terme est potentiellement vertueuse, si elle accompagnée d'une démocratie sociale et économique, mais que ses principes ont été pervertis et dénaturés par le gouvernement en place. Le MIR admet, certes à demi-mots, la légitimité des règles démocratiques, sur lesquelles se construit le pouvoir de l'Unité Populaire.

L'engagement démocratique du MIR n'est pas étranger au traumatisme que constitue pour sa direction l'expérience directe de la torture. À mesure que les arrestations de militants et les dénonciations des tortures se multiplient, un autre phénomène se produit. À gauche et dans une partie de l'opinion publique, la sympathie pour le MIR se renforce. Elle s'affirme résolument contre le gouvernement et en faveur des détenus le 15 novembre 1969.

Ce jour-là, le sociologue français Benjamin Favre, résidant à Santiago et professeur à l'Université du Chili, est arrêté pour avoir hébergé un membre de la direction du MIR, Humberto Sotomayor. Dans les locaux de la police, il reçoit le même traitement que les militants du MIR ou du MR2. Les policiers n'ont guère pris en considération les « qualités » du détenu, étranger et professeur d'université. Les conditions de son incarcération provoquent un véritable scandale et de vives réactions au Chili mais aussi en France, où des pétitions pour la libération de Benjamin Favre sont signées par des personnalités de gauche comme Jean-Paul Sartre, mais aussi de droite. La communauté universitaire chilienne est outrée. Une commission de l'Université du Chili obtient l'autorisation de s'entretenir avec Favre. Le professeur français fait un récit détaillé des tortures subies, qui est immédiatement publié dans la presse.

Des comités de défense des Droits de l'Homme, mis en place dans toutes les universités chiliennes, multiplient les communiqués dans la presse. Il n'est plus un jour sans que les journaux publient un article sur « l'affaire Favre ».

L'envergure du scandale sensibilise l'opinion de gauche à la question de la torture et les nombreuses dénonciations, déjà formulées par le MIR, gagnent en crédibilité. Désormais, le discours du MIR sur la « violence réactionnaire » est largement entendu. Plus important encore, la communauté universitaire se réapproprie le discours miriste sur la légalité et la légitimité. Ce processus s'accompagne d'un nouveau débordement de sympathie pour les miristes.

Dans la presse de gauche, les dirigeants et militants du MIR arrêtés ou en clandestinité sont comparés aux héros de l'Indépendance, aux personnages qui ont fondé la nation chilienne. Ils ont la légitimité pour détruire le cadre légal d'un régime injuste. Ce ne sont pas des militants du MIR qui écrivent ce manifeste, mais des intellectuels d'autres courants ou indépendants de gauche. Sa répercussion publique en est d'autant plus grande. La presse de droite reste bien entendu hermétique à ce discours. Mais elle s'inquiète de voir les idées du MIR gagner de vastes secteurs.

L'« affaire Favre » ne contribue pas uniquement à élargir sensiblement l'auditoire du MIR. Elle pousse aussi les dirigeants socialistes à donner refuge aux dirigeants miristes qui échappent encore à la police. Des avocats socialistes assurent d'ailleurs la défense des miristes et des militants du MR2 détenus[384]. La solidarité des socialistes avec la direction du MIR contribue au rapprochement non seulement personnel, mais aussi politique entre les deux partis. Et ce, d'autant plus que les actions armées entreprises par le MIR ont la caractéristique suivante : elles n'ont provoqué aucun dommage physique. De fait, les actions armées du MIR jusqu'au coup d'État de 1973 sont très peu nombreuses et sans effusion de sang. Lors des braquages, les miristes déploient des efforts considérables pour éviter un dénouement tragique à leurs actions soigneusement préparées en ce sens[385].

Cette caractéristique explique que ses dirigeants jouissent du soutien et de la solidarité des intellectuels et des hommes politiques de gauche, y compris communistes, lorsqu'ils sont persécutés par la police. Plus tard, l'absence de sang sur les mains est encore un élément fondamental pour convertir le MIR en interlocuteur valide et légitime du gouvernement de l'Unité Populaire. Il faut, par ailleurs, souligner le caractère exceptionnel du MIR en Amérique du Sud[386].

La solidarité pour le MIR que manifestent des cadres socialistes, et dans une moindre mesure communistes, a certainement favorisé l'accord officieux qu'Allende – désigné candidat de l'UP – conclut avec le MIR après juin 1970[387]. La direction du MIR s'engage à cesser les actions armées pour ne pas nuire à sa candidature et Allende promet l'amnistie à tous les miristes en cas de victoire électorale.

La résurgence des masses

Entre 1969 et 1973, le MIR se débat entre deux voies, qui semblent tantôt irréconciliables, tantôt complémentaires. Avant et surtout après la victoire d'Allende, le Chili vit une période extraordinaire d'effervescence révolutionnaire, démocratique, et faite de mobilisations populaires. Contrairement à la position miriste, la gauche arrive à accéder au pouvoir par les élections. Mais en accord avec les prévisions miristes, ses ennemis sont puissants et il est difficile de se protéger d'eux de façon pacifique. Ainsi, pendant toute cette période, l'organisation, sa direction, ses cadres moyens, ses militantes et militants de base sont tiraillés entre deux options. Une, majoritaire, qui consiste à participer pleinement de l'effervescence populaire, se laisser emporter par elle, ce qui signifie aussi cesser d'accorder une priorité à la clandestinité et à la préparation armée, et qui donne la priorité aux masses au détriment de l'appareil clandestin. Et une, minoritaire, qui équivaut à considérer l'Unité Populaire comme une parenthèse, vivre à huis clos et se prépare à l'affrontement armé en organisant l'appareil militaire et clandestin du parti. Paradoxalement, les tenants de la position minoritaire ne collaborent pas moins avec le gouvernement d'Allende. En intégrant la Garde présidentielle d'Allende, ils sont même plus proches du pouvoir que les militants miristes engagés dans les mouvements sociaux. La direction nationale du MIR, regroupée autour de Miguel Enríquez, vit sous cette même tension, tout en essayant de la résoudre par une synthèse du politique et du militaire, le plus souvent impossible à réaliser.

À l'approche des élections, les braquages de banques du MIR — s'ils suscitent la sympathie de la gauche et s'ils permettent à l'organisation l'obtention de fonds en vue de la mise en place d'infrastructures clandestines — ont lieu dans un contexte de plus en plus décalé avec la clandestinité du MIR. Allende, nommé candidat, lance sa campagne qui suscite une vague d'enthousiasme à travers tout le pays, notamment parmi les secteurs populaires et de classe moyenne urbains, mais aussi dans les régions rurales. L'extraordinaire mobilisation populaire qui marque l'année 1970 et qui permet la victoire d'Allende à l'élection du 4 septembre, ne laisse pas la direction du MIR indifférente. Celle-ci, très engagée dans les actions armées et clandestines, ne perçoit pas moins l'importance politique des mouvements populaires urbains et ruraux. Ceci se manifeste d'abord dans les documents internes et les analyses de la conjoncture nationale, puis dans l'engagement officieux mais enthousiaste des bases militantes miristes dans la campagne d'Allende ; enfin, assez tardivement, dans le changement de position de la direction du MIR qui conclut un accord avec Allende et s'engage à arrêter les actions armées pour ne pas nuire à sa candidature. Bien qu'ils rejoignent le MIR convaincus de la nécessité d'une préparation à la lutte armée et de l'impasse de la voie électorale, une bonne partie de ses militants et cadres ne voit pas moins dans la candidature d'Allende l'ouverture d'un possible révolutionnaire qui les enthousiasme et les mobilise.

Le tournant est d'abord perceptible dans le discours de la direction du MIR qui rompt définitivement avec le foquisme et accorde de nouveau un rôle central aux « masses ». Mises à l'écart entre 1967 et 1969, les « masses » font leur réapparition dans la théorie de la « jeune génération » sur la guerre révolutionnaire. Dans les thèses politico-militaires de 1965, 1967 et 1968, l'adhésion des masses populaires à la guerre révolutionnaire est très peu analysée, bien qu'elle soit présentée comme une condition indispensable à la victoire du camp révolutionnaire. Miguel Enríquez et ses proches considèrent cette adhésion comme une conséquence mécanique de l'instauration de quelques foyers de guérilla et d'une propagande armée bien menée.

En revanche, dans *Une révolution parmi nous*, texte rédigé en mai 1969, la question de l'adhésion des masses à la lutte armée est clairement posée. Le document accompagne son appel à la réorganisation interne du parti d'une redéfinition de ses rapports avec les masses populaires. Le peuple n'est plus un acteur secondaire qui suivra un groupe d'hommes décidés ; il devient central. L'avant-garde est certes celle qui initie la lutte armée. Mais elle n'ouvre plus la voie, car les masses y sont déjà engagées. Le rôle du MIR consiste à les inciter à approfondir une tendance déjà présente.

Plusieurs raisons expliquent la redécouverte des masses par la jeune direction du MIR et son éloignement de l'orthodoxie foquiste. La première est la situation calamiteuse des guérillas latino-américaines qui, faute de soutien populaire, essuient toutes des échecs. De sorte que le foquisme est sérieusement remis en question et que le thème de l'adhésion populaire retrouve une place importante. En second lieu, le contexte national influe considérablement, avec la recrudescence des mobilisations sociales aux pratiques revendicatives extra-légales. Ces mobilisations font croire au MIR que le peuple est « mûr » pour la lutte armée. Par ailleurs, le MIR est plus attentif aux masses, car deux des grands partis qui les encadrent sont alors traversés de tensions internes. En effet, la Démocratie chrétienne et le Parti socialiste connaissent des crises internes. La première est tiraillée entre son aile gauche et son aile droite, qui se disputent la direction du parti depuis 1968. En mai 1969, la Junte nationale de la DC rejette à quelques voix près la proposition du candidat à l'élection présidentielle, Radomiro Tomic, de présenter une candidature commune avec la gauche. Cette décision exaspère l'aile gauche de la DC, dont une partie prend la porte, fonde le MAPU et rejoint plus tard l'UP[388]. Au PS, les divisions ne sont pas moins tranchées. Son aile gauche remet en question le principe des élections et refuse de soutenir Allende, trop tiède à son goût[389].

Le MIR porte un intérêt particulier aux divisions internes des deux partis. Il souhaite attirer vers lui les secteurs les plus à gauche du PS et de la DC, qui semblent ne plus croire aux élans révolutionnaires de leurs partis respectifs[390]. Dans ce but, le MIR cherche à montrer sa vocation à encadrer des masses, et non pas à rester un petit groupe qui séduit peu les militants habitués aux grands partis.

Il y a cependant deux facteurs internes qui expliquent aussi le nouvel intérêt du MIR pour les masses. D'une part, il réussit durant cette période à recruter des militants ou des sympathisants dans les couches populaires, notamment parmi les *pobladores* et les paysans mapuche, qui ont eux-mêmes recours aux actions directes pour défendre leurs revendications. D'autre part, le recentrage sur le rôle des masses permet à Miguel Enríquez de reprendre le parti en main. En effet, l'importance que la lutte armée acquiert pour une partie de la direction et des cadres moyens du MIR conduit certains à s'investir uniquement dans les activités armées et conspiratives, avec la mise en place des « groupes d'opérations », structures fermées et clandestines exclusivement consacrées aux tâches militaires. Ces personnes critiquent souvent Miguel Enríquez et d'autres cadres qui lui sont proches pour leur lenteur dans la mise en œuvre de la lutte armée. Elles commencent à prendre des libertés, comme par exemple réaliser des opérations armées sans en référer à la direction. De sorte que l'accent que Miguel Enríquez met sur la lutte de masse est aussi un avertissement adressé aux membres des « groupes d'opérations », absorbés dans les activités conspiratives de leur petite unité militaire, aux tendances autonomistes.

À partir de la fin de 1969, l'engagement de secteurs populaires va devenir une priorité pour la direction du MIR rassemblée autour de Miguel Enríquez[391], qui ne souhaite plus se contenter d'une sympathie diffuse des masses pour commencer la lutte armée. Ainsi, en 1970, la jeune direction du MIR se rapproche sensiblement de la position soutenue par la « vieille génération » jusqu'en 1969. Deux mois plus tard, en mai 1970, la direction du MIR publie dans *Punto Final* un nouveau texte intitulé « Le MIR et l'élection présidentielle ». La présence des masses y est encore plus prononcée que dans les documents précédents. Les rédacteurs affirment que les mobilisations collectives sont le phénomène le plus important de la période[392]. Le texte pose une équation entre la volonté populaire et le développement du MIR. Celui-ci se présente comme l'expression authentique et directe de la volonté du peuple. Cet élément nouveau – le MIR, expression des désirs des masses, et non pas une avant-garde éclairée qui lutte malgré les masses aveuglées par l'électoralisme de la « gauche traditionnelle » – permet à la direction, après la victoire d'Allende, de se présenter comme l'autre versant de la volonté populaire exprimée dans les urnes.

Par ailleurs, l'importance recouvrée des masses se traduit dans la nouvelle structure interne du MIR, mise en place après l'expulsion des trotskistes et du MR2. La nouvelle organisation interne est fondée sur les GPM, les Groupes Politico-militaires[393]. Les GPM sont des structures de niveau local qui rassemblent les militants de base et les cadres moyens. Les GPM sont, par conséquent, des structures conçues pour fonctionner dans les villes, qui ont éventuellement des liens avec les régions agricoles environnantes. Le caractère urbain des GPM en dit long sur les priorités politiques du MIR, dont la première est l'insertion du mouvement dans les masses. Les villes s'y prêtent beaucoup plus que les régions agricoles, du simple fait de la concentration de la population. Le caractère fondamentalement urbain des GPM est également un signe évident du désintérêt de la direction pour la guérilla rurale. La lutte armée urbaine est désormais privilégiée. Cette nouvelle orientation qui permet au MIR de s'implanter dans les quartiers défavorisés facilitera, par la suite, la collaboration avec l'UP.

Les GPM sont pensés pour combiner au niveau local la lutte politique et la lutte armée, ils doivent faire coexister un équilibre entre le politique et le militaire. Les militants sont censés maîtriser les techniques d'affrontements violents, qui comprennent le maniement et la fabrication d'armes artisanales et, dans le même temps, se consacrer au prosélytisme politique dans leurs lieux de travail ou d'étude, ainsi qu'auprès d'autres groupes sociaux, comme les *pobladores*, les paysans ou les ouvriers. Parallèlement, une partie des miristes doivent se dédier exclusivement aux tâches clandestines (renseignement, logistique, appareil armé). Au niveau de la direction du GPM, se retrouvent des représentants de l'appareil clandestin et des structures non clandestines centrées sur le travail politique. Ainsi, le GPM est censé garantir, depuis les bases jusqu'au sommet du MIR, la coexistence harmonieuse, voire l'imbrication entre le politique et le militaire.

C'est là du moins la théorie, car dans la pratique l'harmonie n'est pas toujours au rendez-vous. À partir de 1969, des feuillets de quelques pages diffusés auprès des bases militantes exposent les règles élémentaires de la vie clandestine[394]. Les chefs des structures doivent étudier ces manuels avec les bases militantes, avant de les brûler[395]. Les instructions fournies concernent, premièrement, le domicile des militants, dont l'adresse est censée être ignorée des autres membres du GPM. Cette première recommandation se confronte à un manque constant de locaux, qui sont occupés en priorité pour les activités essentielles telles que l'imprimerie ou l'atelier de fabrication d'explosifs. De sorte que les miristes se réunissent fréquemment chez l'un d'entre eux[396]. La direction du MIR conseille aussi aux militants de prévoir un logement de sécurité, où se réfugier en cas de mesures répressives. Elle ne tient pour ainsi dire pas compte de la situation réelle des militants qui sont, pour la plupart, lycéens ou étudiants et qui, au mieux, ont une chambre dans un foyer universitaire, ou vivent encore chez leurs parents. Après le coup d'État, beaucoup de militants, parmi ceux, nombreux, qui obéissent à la consigne du parti de ne pas s'exiler, rejoignent la capitale où ils sont moins connus et déambulent dans un Santiago assiégé, sans domicile fixe[397].

D'après le *Manuel de sécurité*, il est également interdit aux militants de garder chez eux des documents internes et de propagande du MIR[398]. À nouveau, le manque chronique de locaux rend cette norme illusoire. Les arrestations de cadres moyens et de dirigeants du MIR entre 1969 et 1970 sont suivies de perquisitions à leur domicile, qui se révèlent fréquemment très fructueuses pour la police, avec la saisie de documents internes, souvent très confidentiels. Ces documents fuitent généralement, par la suite, dans la presse. Il en sera de même après le coup d'État.

Un autre principe de la vie clandestine extrêmement précieux est de conserver secrètes toutes les informations personnelles. Le nom réel du militant, sa profession et sa situation privée sont censés rester inconnus du reste du parti. Le militant doit adopter un « nom politique », qui doit être systématiquement employé en interne. De sorte que, en cas d'arrestation, il ne puisse pas fournir, y compris sous la torture, des informations réelles susceptibles de conduire les services de sécurité vers d'autres militants[399]. Mais dans la pratique, ce principe est impossible à appliquer dans de nombreux cas. Le recrutement est le plus souvent effectué parmi les proches des militants : ce sont les frères et sœurs, les amis du collège, du lycée ou de l'université. Ce problème est encore accentué dans les petites villes universitaires, qui sont les principaux viviers de militants miristes, où tous se connaissent. La seule exception sont les miristes qui militent uniquement au sein des structures clandestines du MIR et dont l'appartenance partisane est tenue secrète de leurs proches, famille et amis.

D'autres mesures de sécurité concernent l'attitude que doivent observer les militants en cas d'arrestation. Il leur est conseillé de préparer systématiquement une histoire de « façade » pour expliquer leurs activités. Il faut qu'ils puissent nier toute relation avec le MIR, y compris s'ils sont arrêtés en possession de documents internes du mouvement. La direction du MIR suggère de justifier la possession de documents compromettants en invoquant une « initiative individuelle »[400]. Si ce système peut fonctionner sous la DC, face à un régime militaire, où les interrogateurs sont formés aux méthodes les plus brutales, la façade s'écroule rapidement[401]. D'ailleurs, dès 1969, les militants du MIR et du MR2 arrêtés cèdent aux tortures et fournissent de nombreuses informations à la police. Les méthodes d'interrogatoire alors employées sont beaucoup moins brutales que celles instaurées après le coup d'État.

Hormis l'utilité limitée de ces consignes de sécurité personnelle, elles ne sont pas toujours appliquées, ni même prises au sérieux par les militants. En effet, dans une période d'effervescence politique, les mesures de clandestinité ne paraissent pas indispensabless. *A fortiori* dans un pays comme le Chili où, à l'exception des communistes et de leurs familles, aucune mémoire collective et familiale de répression politique n'est transmise aux jeunes générations.

Ce temps de l'apprentissage des techniques de la guerre révolutionnaire des « fronts de masse » miristes n'est pas le seul problème qu'affrontent les cadres des GPM. Plus simplement, les militants du MIR issus des secteurs populaires ne s'intéressent que très peu aux questions militaires. Ils sont principalement captivés par les sujets strictement politiques[402]. Finalement, même si le principe de transformation du MIR en organisation politico-militaire est conservé par la direction contre vents et marées, la formation militaire devient sommaire et elle est surtout adaptée aux affrontements de rue lors de manifestations[403]. Le MIR est très loin de former des bataillons de révolutionnaires prêts à se mesurer à une armée professionnelle.

En parallèle, les GPM, théoriquement mis en place pour inciter le peuple à grossir les rangs de la révolution armée, changent rapidement d'orientation sous la pression des bases militantes. Avec l'effervescence populaire suscitée par la campagne d'Allende et davantage encore après la victoire électorale, les GPM s'investissent bien plus dans le travail politique auprès des « fronts sociaux » du MIR que dans l'entraînement militaire.

Cependant, indépendamment des tensions entre le volet politique et la dimension clandestine et militaire que les GPM sont censés parvenir à concilier, avant les élections de 1970, le rapport direct des miristes avec le monde populaire au sein des GPM est riche de conséquences. Les militants acquièrent une expérience concrète du terrain leur offrant un point de vue sur la réalité sociale et politique du pays qui ne s'aligne pas toujours avec celui des documents officiels du MIR. Ces militants prennent un certain recul par rapport aux positions de la direction qui s'obstine à condamner la « voie électorale ». En effet, l'enthousiasme que suscite la candidature d'Allende dans les couches populaires contraste fortement avec la position officielle du MIR qui refuse de participer à la campagne électorale. Les militants et dirigeants qui vivent ce moment dans les « fronts de masse » commencent à se poser des questions.

L'expérience des militants de base, des cadres moyens et de certains membres du Comité central du MIR sur le terrain social les mène à une réflexion dont ils font part à la haute direction. Sous la pression du Comité central, la direction du MIR approuve, en août 1970, à quelques jours de l'élection, un document peu connu et mal diffusé qui appelle à voter pour Allende[404]. Nous voici au cœur de la contradiction entre les secteurs miristes les plus ouverts sur les « masses » et ceux plus proches de l'appareil du parti, qui restent plus éloignés de l'enthousiasme populaire préélectoral.

Ainsi, les GPM, conçus pour promouvoir la guerre révolutionnaire, engagent le MIR sur une voie opposée. Ils favorisent le contact d'une partie des miristes avec les secteurs populaires et contribuent à la modification et la modération de la ligne officielle du parti. L'écrasante majorité des militants de base a voté pour Allende, sans réfléchir à deux fois. Les cadres moyens et les dirigeants nationaux, qui ont plaidé pour que le MIR soutienne activement la candidature d'Allende, célèbrent la victoire dans les rues avec les allendistes sans dissimuler leur joie.

Cette transformation interne n'est pas surprenante étant donné le caractère massif et explosif des mobilisations sociales qui accompagnent l'élection, avec la politisation et la polarisation croissantes de la société civile, qui reste l'une des principales caractéristiques de la période de l'Unité Populaire. À quelques exceptions près, les militants de base et les cadres moyens sont plus attirés par l'activisme dans les syndicats, les quartiers populaires, les régions agricoles ou l'éducation que par l'enfermement et la clandestinité dans l'appareil militaire du MIR. Même parmi les militants convaincus du bien-fondé de la lutte armée, certains ressentent une frustration à vivre à huis clos, alors que le pays tout entier bat au rythme de la révolution démocratique d'Allende.

Hormis la conjoncture qui attire les miristes vers l'activisme politique et social plutôt que militaire, la direction du MIR encourage aussi, au lendemain de la victoire d'Allende, la dimension politique des GPM aux dépens des actions et des structures armées. Les dirigeants et cadres moyens les plus impliqués dans les tâches militaires et conspiratives n'adhèrent pas à la réorientation politique décidée fondamentalement par Miguel Enríquez. Au sein de l'appareil clandestin – surtout parmi les cadres les plus anti-allendistes et exclusivement tournés vers la lutte armée – l'heure est au désarroi. La victoire électorale de la gauche est un cuisant démenti à une conviction constitutive de leur pensée et action politique qui considéraient comme impossible la victoire de la gauche par les élections. La portée historique de l'événement est indéniable et impose une sérieuse remise en question[405].

Ces militants, ou combattants miristes, hermétiques à l'effervescence de l'époque, restent en marge du processus électoral et ne sont pas gagnés, comme la plupart de leurs camarades « civils », par l'enthousiasme qui secoue le pays. Pour eux, l'exaltation du moment ne remet pas en cause leur conviction principale : la révolution ne peut être qu'au bout du fusil. Paradoxalement, ils deviennent une pièce maîtresse de la collaboration entre le MIR et l'UP au lendemain de l'élection présidentielle de 1970.

Les conjurés : l'appareil clandestin du MIR au service de la victoire électorale

Les GPM sont censés œuvrer à la synthèse du politique et du militaire à tous les niveaux, mais leurs membres sont de plus en plus engagés dans la lutte politique avant l'élection de 1970, et politique et sociale « de masse » entre septembre 1970 et septembre 1973. Les difficultés, et surtout la lenteur pour instruire l'ensemble des militants politiquement et militairement, obligent alors la direction à concentrer tout l'effort militaire du MIR sur un appareil aux dimensions réduites. Celui-ci se compose tout au plus de quelques centaines de militants, demande moins de temps, d'efforts et d'argent que de construire une Armée populaire. C'est une sorte de bras armé du MIR.

Ce type d'organisation est, pour la première fois théorisé dans un article paru dans *Punto Final* en janvier 1969 et écrit par son directeur, Manuel Cabieses. Ce dernier, officiellement militant du MIR, est un cadre très proche des Cubains. Dans cet article, il s'inspire de la conception cubaine pour définir ce que doit être un mouvement révolutionnaire. L'article est intitulé « Chili : le vote ou le fusil ? »[406], mais la question est clairement rhétorique. Le modèle de parti que propose Cabieses réduit à l'extrême la question politique pour se consacrer uniquement à l'aspect militaire. La lutte armée est l'affaire d'un petit appareil clandestin, qui maîtrise parfaitement l'art de la guerre, qui doit laisser la politique à la « gauche traditionnelle ». Le rapport de l'organisation révolutionnaire avec les masses est anecdotique, voire inexistant.

Bien que le modèle de parti préconisé par Cabieses ne coïncide pas avec celui qu'essaie de mettre en place la direction du MIR en créant les GPM, il est symptomatique d'une position qui se développe progressivement au sein du MIR, plus spécifiquement dans son appareil clandestin. D'après les membres de ce dernier, l'organisation révolutionnaire doit prendre la forme d'un appareil armé et clandestin, capable – précisément du fait de sa clandestinité et de son absence de relation avec les masses – d'échapper aux coups portés par la répression. Celle-ci se portera contre les masses, qui se verront obligées de rejoindre le camp révolutionnaire.

Les thèses de Cabieses n'apparaissent jamais dans les documents publics et internes du MIR entre 1970 et 1973. Elles sont cependant appliquées dans la pratique, à partir de la création de l'appareil clandestin du parti[407].

Cet appareil clandestin et armé du MIR, qui commence à être mis en place entre 1969 et 1970, est composé de quatre commissions, qui correspondent à autant de secteurs d'activité clandestine : Logistique ; Agitation et Propagande ; Organisation et Administration ; et Tâches spéciales[408]. La commission Logistique est divisée en approvisionnement (moyens financiers et matériels nécessaires au fonctionnement du parti) ; falsification de documents ; maquillage ; service sanitaire ; cachettes ; communication et enfin, maisons de dépôt (d'armes, de documents, d'argent)[409]. La deuxième commission, Agitation et Propagande, s'occupe de toutes les activités de propagande politique du MIR : que ce soit l'impression et le collage d'affiches dans les rues, la publication d'un journal et de tracts ou les émissions de radio[410]. La troisième commission est baptisée Organisation et Administration. Elle s'occupe surtout des aspects administratifs internes et se charge notamment de la comptabilité.

La quatrième commission regroupe les Tâches spéciales, autrement dit l'activité militaire du MIR. Elle inclut l'atelier de fabrication d'armes et d'explosifs, qui réussit l'exploit de produire, peu avant le coup d'État, des mitrailleuses légères[411] ; l'unité de constitution de forces, qui comprend, d'une part, les groupes d'opérations, composés d'environ cinq personnes capables de réaliser des attaques ciblées sur des objectifs, tels que les tours d'électricité ou d'autres infrastructures, et d'autre part, la Masse Armée Révolutionnaire, censée réunir les secteurs populaires les plus radicalisés qui participent aux actions directes. Cette dernière relève plus du fantasme que de la réalité et rassemble dans le meilleur des cas quelques dizaines de personnes par région[412]. Les « tâches spéciales » incluent également le « Travail en F[orces armées] », qui consiste, d'une part, à infiltrer les Forces armées et à obtenir des renseignements sur leurs activités secrètes, et d'autre part, à susciter des vocations révolutionnaires auprès des soldats et des sous-officiers, pour qu'ils rejoignent le MIR[413]. Le service de renseignement est organisé par Luciano Cruz après son retour de Cuba, où il a reçu un enseignement militaire intensif et suivi la formation d'espionnage[414]. Dès son retour, Cruz met en place un appareil assez efficace, avec des militants qui se dédient à temps plein à la tâche.

À partir de 1972, les « tâches spéciales » comprennent également un nouveau secteur, la Force centrale. Il s'agit d'un corps militaire de 150 personnes environ, avec une instruction militaire de très haut niveau, regroupant les miristes qui ont fait partie de la Garde présidentielle d'Allende ou qui ont reçu un réel entraînement militaire à Cuba[415]. Cet organigramme, certes relativement sophistiqué, nous informe sur les difficultés posées par le projet de fusion entre le politique et le militaire. Dans la pratique, les deux secteurs d'activité – action politique dans les mouvements sociaux et actions armées – se rejoignent rarement. D'un côté, les militants qui ont des activités politiques sont publiquement reconnus comme miristes. Ils développent, au gré de la conjoncture favorable, leurs activités publiques. Ils reçoivent bien une formation militaire sommaire, mais s'en désintéressent immédiatement et ils auraient, d'ailleurs, bien du mal à se cacher. La nature de leurs activités principales est incompatible avec la clandestinité à temps plein. De l'autre côté, les militants qui se consacrent aux activités armées ou clandestines, n'ont guère d'intérêt, s'ils en avaient le goût, à s'afficher publiquement. Ceux-ci deviennent relativement performants dans les secteurs du renseignement, de la formation à la guerre irrégulière des « groupes d'opérations » et de la fabrication d'armement. Une fois encore, la nature de leurs activités les éloigne des questions proprement politiques. À partir de 1971, ils sont, pour la plupart, envoyés à Cuba pour y recevoir une instruction dans leur domaine d'activité, suite à un accord entre La Havane et Allende.

Inexorablement, un écart se creuse entre les militants consacrés aux tâches militaires, ou plus généralement clandestines, et ceux dont le militantisme est ouvert, axé sur les activités politiques et sociales. Cet écart concerne non seulement les activités auxquelles ils se consacrent, mais aussi leur style de vie.

Cependant, c'est précisément l'appareil militaire, formé pour promouvoir la lutte armée et le fonctionnement clandestin, qui se trouve au cœur de la collaboration entre le MIR et l'Unité Populaire. Les structures clandestines et armées du MIR deviennent progressivement compatibles avec le projet politique de l'UP, en offrant une protection aux masses qui votent pour Allende. Après les élections de septembre 1970, le MIR propose de mettre son appareil armé au service des masses qui soutiennent l'UP, mais aussi à celui de la défense de la victoire électorale.

Après les élections de septembre, le possible apport du MIR à l'Unité Populaire se précise. Il consiste, d'un côté, à intensifier l'instruction militaire de ses propres membres, ainsi que de ceux de l'Unité Populaire qui le souhaitent, afin d'organiser une résistance armée face à un possible coup d'État ; et de l'autre côté, à réunir des renseignements en infiltrant les Forces armées et les partis qui ont perdu les élections, pour découvrir d'éventuels projets putschistes[416]. Après la prise de fonction d'Allende en novembre 1970[417], l'appareil militaire du MIR est dorénavant voué à défendre le gouvernement de gauche, et plus particulièrement la vie du président de la République, menacée au moins deux fois avant son ascension au pouvoir le 4 novembre[418]. D'une part les miristes, ceux du moins qui ont une instruction militaire de haut niveau, intègrent la Garde présidentielle d'Allende, le GAP ou « Groupe d'amis personnels »[419]. D'autre part, les services de renseignement du MIR sont mis à la disposition du nouveau pouvoir. Ces services sont censés être particulièrement efficaces pour démasquer les conspirations.

Au-delà de ses aptitudes réelles, il est certain qu'à partir de septembre 1970, ce service collabore étroitement et parfois même remplace ceux des autres partis de l'Unité Populaire[420].

Il reste à savoir comment le MIR convainc les partis de gauche et l'opinion publique que son appareil clandestin est apte et légitime pour défendre un pouvoir institutionnel conquis par la gauche. La question de la légitimité du MIR provoque des tensions à l'intérieur de l'UP. Le PC ne manifeste pas beaucoup d'enthousiasme pour ce nouvel allié (ou rallié). La presse qui ne sympathise pas avec le MIR ne manque pas de souligner la contradiction entre l'anti-électoralisme du MIR et sa collaboration avec l'Unité Populaire. Mais, paradoxalement, les médias permettent de nouveau au MIR de se positionner sur l'échiquier politique et de jouer un rôle central dans la nouvelle conjoncture de laquelle il semblait être exclu en surestimant ses capacités dans le domaine de la lutte armée et de l'espionnage.

Dans un premier temps, la campagne médiatique est construite contre le MIR. Elle fait partie d'une plus vaste opération de communication, orchestrée par la DC et la droite, qui vise à diaboliser la gauche. Dans ce cadre, le MIR apparaît comme l'incarnation des véritables aspirations de la gauche marxiste : déclencher une guerre contre ses ennemis politiques dès qu'elle aura conquis l'appareil d'État par les élections. La logique de cette campagne mène à amplifier systématiquement le « danger miriste ». Le mythe qui entoure les activités clandestines du MIR commence à s'étendre dans la presse nationale dès ses premiers braquages. Il est alimenté par le fait que la police se montre incapable d'incarcérer les dirigeants les plus connus du MIR.

Donc, dès 1969, le mythe sur les capacités d'infiltration du MIR apparaît dans la presse. Policiers et militaires, surtout les plus jeunes, sont, d'après les journalistes, des cibles d'opérations de renseignement menées de main de maître par les miristes. Si l'on en croit les journaux, ceux-ci sont capables d'infiltrer tous les services de sécurité de l'État. Et le mythe ne faiblit pas durant la période 1969-1970. Il est encore alimenté par l'expulsion de membres des Forces spéciales (*Boinas Negras*), accusés d'être des miristes, en avril 1970. À cette date, René Schneider, commandant en chef des Forces armées, décide de bannir quatre sous-officiers des *Boinas Negras*, accusés (à tort) de mener des activités clandestines au profit du MIR.

Ces rumeurs semblent se confirmer dans les faits. Au lendemain de l'élection présidentielle, les secteurs militaires et politiques favorables à un coup d'État sont plongés dans une activité frénétique pour empêcher la ratification du résultat électoral par le Congrès. Le 21 octobre, la direction miriste publie un article assez détaillé dans la presse, qui fait l'inventaire des principaux plans putschistes : attentats à la bombe, attaque contre un navire argentin, attentats contre des dirigeants politiques de tous bords sont envisagés pour empêcher Allende d'accéder au pouvoir[421]. Suite à l'assassinat par un commando d'extrême droite du Général René Schneider, le MIR publie un article dans *Punto Final* qui offre une liste détaillée des personnes impliquées dans l'affaire[422]. Les informations sont précises et abondantes. Outre les personnes ayant participé à l'assassinat, figurent les complicités de dirigeants démocrates-chrétiens, du Parti national, des groupes d'extrême droite, de généraux des Forces armées retraités et d'agents de la CIA. L'article expose aussi un bon nombre d'informations sur les lieux et les heures de réunion et, plus étonnant encore, sur le contenu détaillé des conversations entre les comploteurs. Le MIR n'a certes pas empêché l'assassinat de Schneider, mais son service de renseignement acquiert un prestige extraordinaire.

La seconde composante du mythe médiatique sur les habiletés subversives du MIR est son extraordinaire connaissance et sa maîtrise de l'art de la guerre. Les nombreux articles qui font l'inventaire des armes et des explosifs retrouvés dans les caches miristes – il s'agit d'ailleurs souvent de matériel appartenant à d'autres organisations de gauche armée, comme l'ELN ou l'Organa, et abusivement attribués au MIR – contribuent à forger l'image d'une organisation révolutionnaire qui possède un arsenal comparable à celui d'une caserne militaire[423].

Les infrastructures clandestines sont le dernier élément qui achève la construction de la légende miriste. Si l'on en croit la presse démocrate-chrétienne et de droite, le MIR est une organisation de professionnels de la subversion qui peut compter sur le soutien actif des *lumpen – pobladores* et paysans pauvres. Ceux-ci formeraient un réseau étendu de résidences clandestines[424].

En somme, auprès de l'opinion publique, le MIR apparaît alors comme la seule organisation de la gauche chilienne qui a la capacité de parer aux plans de la Réaction. Ce sera sa contribution à l'Unité Populaire désormais au gouvernement[425].

Ce rôle qu'assume le MIR de protection de l'UP permet à sa direction de sortir d'une difficulté double. En premier lieu, la période post-électorale enclenche pour le MIR une crise interne. La victoire de l'Unité Populaire mène de nombreux militants à remettre en question la direction. Celle-ci affirmant jusqu'au bout que la victoire de la gauche par les élections était impossible, elle a décidé de ne pas participer à la campagne électorale et de ne pas soutenir publiquement Allende[426]. La foi dans l'extraordinaire capacité militaire du MIR permet aux militants et cadres moyens de sentir qu'ils peuvent désormais participer à la victoire électorale de la gauche, tout en étant cohérents avec leur choix d'origine qui privilégiait la lutte armée aux dépens des urnes. La deuxième difficulté est de convaincre l'opinion de gauche que le MIR a quelque chose à offrir à l'UP qui manque aux autres partis : son savoir-faire clandestin et armé, maintes fois publicisé dans la presse de droite et démocrate-chrétienne.

La première contribution du MIR au gouvernement de l'UP concerne la structure clandestine qui s'occupe des Forces armées (appelée « Travail en F »). Ses principales activités sont de deux ordres. Elles consistent à s'introduire dans le milieu militaire pour obtenir des informations sur d'éventuels plans putschistes. Les informations recueillies sont ensuite communiquées au gouvernement de gauche, consolidant ainsi la collaboration entre le MIR et l'UP. Sa seconde mission est de susciter des vocations révolutionnaires auprès des soldats et des sous-officiers, pour produire à terme une division de l'armée professionnelle.

Mais l'influence du MIR auprès des militaires – supposément la seule organisation de gauche à avoir eu une politique efficace au sein des Forces armées – est elle aussi surestimée. Il convient, tout d'abord, de signaler que le PS porte – et ce, depuis sa fondation – un intérêt tout particulier aux Forces armées. Nous l'avons dit, le Parti socialiste était né d'une alliance entre les secteurs progressistes des Forces armées avec des trotskistes expulsés du PC et de quelques autres dirigeants de gauche. De nombreux dirigeants socialistes maintiennent des rapports étroits avec des officiers des Forces armées[427]. En outre, les socialistes mènent une politique active pour s'attirer les bonnes grâces des militaires progressistes.

Force est de constater que, dans le domaine du renseignement ou dans le travail de « conscientisation » réalisé au sein des Forces armées, les résultats sont maigres pour le MIR. Les informations manquent de précision et reflètent, tout au plus, l'existence d'un secteur considérable des Forces armées prêt à soutenir un coup d'État. Ce qui ne constitue pas une révélation. Quant au recrutement de militaires, il tourne rapidement au fiasco. D'une part, la plupart de ceux qui sont réceptifs au message miriste préfèrent, et de loin, le gouvernement d'Allende. Ce sont des secteurs de l'armée qui s'opposent effectivement à un coup d'État militaire, mais ne sont pas pour autant favorables à un renversement révolutionnaire du régime[428]. D'autre part, l'armée chilienne a ses propres services de renseignement et ne manque pas d'infiltrer les organisations de gauche et le mouvement constitutionnaliste qui croît en son sein[429]. Ainsi, les *Boinas Negras* expulsés de l'armée le sont peu de temps après le premier contact pris avec des miristes[430]. Quant aux marins constitutionnalistes, ils sont arrêtés et torturés en août 1973, quelques semaines avant le coup d'État[431]. Si le MIR rêve d'une division de l'armée professionnelle, ce scénario est le pire cauchemar de la hiérarchie des Forces armées, qui met tout en œuvre pour l'éviter[432]. Or, elle est bien plus efficace que le MIR en matière d'infiltration.

La deuxième et principale forme de collaboration entre la direction nationale du MIR - par le biais de son appareil clandestin — et l'Unité Populaire est la participation de militants du MIR au GAP, la garde rapprochée d'Allende. Durant la campagne présidentielle, Allende est l'objet de deux tentatives d'attentat. La police montre un laxisme suspect pour en retrouver les auteurs. De sorte que la question de la sécurité personnelle du candidat apparaît comme un vrai problème. Le cercle rapproché d'Allende décide alors de former une Garde présidentielle de confiance[433].

La justification officielle de l'intégration des miristes dans le GAP se fonde sur deux affirmations qui ne sont qu'en partie vraies. La première insiste sur les capacités militaires du MIR. Les membres de son appareil armé seraient bien mieux entraînés que les militants des autres partis de gauche. Cette affirmation est sans aucun doute avérée dans le cas de l'officier des forces spéciales Mario Melo, un *Boina Negra* ou Béret noir comme on les surnomme au Chili, et peut-être dans celui des cinq miristes qui rejoignent le GAP le 4 septembre. Mais elle est beaucoup plus discutable en ce qui concerne les militants ralliant l'équipe au début de l'année 1971, qui sont très jeunes et qui n'ont été que très sommairement instruits par les dirigeants du MIR. Leur recrutement pour une mission aussi sérieuse peut donc surprendre.

La confiance, forgée par les relations personnelles et familiales de la direction du MIR, notamment d'Andrés Pascal, avec Allende et son entourage et avec sa fille, Beatriz « Tati » Allende, jouent sans aucun doute un rôle dans la décision d'inclure davantage de miristes dans le GAP. D'autres témoignages évoquent également des intentions plus politiques de la part du président de la République. L'intégration du MIR dans le GAP offrirait à Allende la possibilité d'avoir une emprise sur cette organisation de gauche restée extraparlementaire, pour exiger davantage de positions plus modérées, ainsi qu'une réduction, sinon la cessation, des actions armées.

Mais pourquoi la direction du MIR accepte-t-elle cet accord ? Est-ce seulement le souci de protéger la vie du Président ou d'autres considérations plus pragmatiques motivent-elles sa participation au GAP ? La première motivation est probablement l'accès direct à Allende et à son entourage[434]. L'appareil clandestin du MIR entre dans le premier cercle du pouvoir. Miguel Enríquez n'a peut-être pas renoncé au rêve trotskiste de sa jeunesse : par la proximité avec le PS, chercher à radicaliser politiquement et idéologiquement la direction du parti pour le pousser à emprunter une voie résolument révolutionnaire. Cet accès direct permet également à la direction nationale du MIR, Miguel Enríquez en tête, de jouer le rôle d'intermédiaires pour des personnalités de la gauche radicale qui cherchent à rencontrer Allende. Cela constitue un atout important à une époque où le Chili attire des personnalités politiques et des intellectuels du monde entier. Le MIR élargit ainsi son réseau de connaissances et de contacts de par le monde[435].

Le MIR trouve un autre avantage à sa participation au GAP. Le GAP reçoit des Cubains des armes et un entraînement militaire approfondi. Le MIR n'avait pas d'accès direct à ces avantages avant de rejoindre le GAP, car Allende l'interdit, et les Cubains ne souhaitent pas passer outre le veto du Président chilien[436]. Le Chili de l'Unité Populaire a incontestablement une importance stratégique pour Castro, au-delà l'amitié qu'il porte à Allende[437]. Avec Allende arrivé au pouvoir par la voie électorale, devenant donc un chef d'État de gauche légitime aux yeux des institutions internationales, Castro gagne un soutien solide pour rétablir les relations entre Cuba et les autres États latino-américains[438]. Car Allende arrive au pouvoir au moment même où Castro redéfinit sa politique internationale. La Havane délaisse la diplomatie insurrectionnelle ou armée en Amérique latine pour jouer la carte institutionnelle.

Toutefois, Castro reste convaincu qu'un affrontement armé est inévitable à terme au Chili ou, du moins, il ne fait aucun doute qu'une opposition armée de droite verra bientôt le jour pour déstabiliser le gouvernement d'Allende[439]. Par conséquent, la formation du GAP – non seulement en tant que Garde présidentielle, mais aussi en tant que bras armé de la révolution chilienne – concerne directement Castro, qui souhaite le maintien d'Allende au pouvoir[440]. D'autre part, Castro insiste sur la nécessité d'unité de la gauche chilienne, qu'il considère comme une condition *sine qua non* pour la survie du gouvernement de l'UP[441]. Le GAP est l'occasion de favoriser activement la collaboration du MIR avec l'UP, tout en accédant enfin aux sollicitations du premier, à savoir un entraînement militaire massif pour ses militants.

Mais les possibilités d'une instruction militaire rapide et massive qu'offre le GAP ne sont pas sans conséquences dans le fonctionnement interne du MIR. Son appareil clandestin montre déjà les signes d'un enfermement sur soi et son éloignement des activités politiques est toujours plus patent. Une mentalité conspirative se développe parmi ses membres. La participation du MIR au GAP renforce davantage cette tendance.

Au sein du MIR, les deux univers et imaginaires politiques – le militaire/clandestin et le plus politique – coexistent souvent difficilement, mais ne produisent pas une scission. Miguel Enríquez les unifie, car il s'impose comme le chef incontesté. L'unité est également maintenue par une promesse sans cesse renouvelée et repoussée de voir un Congrès national. L'effervescence politique de la période de l'Unité Populaire limite, d'ailleurs, le temps de la réflexion et pousse toutes les organisations politiques dans l'action, sur le terrain social. Les deux tendances continuent donc à cohabiter, comme deux mondes parallèles qui se rencontrent parfois, s'entrechoquent ou font mine de s'ignorer.

Mais les miristes se rassemblent aussi autour de deux idées. La première est la conviction partagée que la lutte armée est l'horizon incontournable. Insurrection populaire, guerre civile ou affrontement entre appareils militaires, quel que soit le scénario privilégié, les armes font partie de l'imaginaire politique de tous les militants du MIR. En outre, la victoire électorale d'Allende et l'arrivée de la gauche au gouvernement permettent d'apaiser les tensions internes. Défendre le résultat électoral dans un premier temps, puis engager le gouvernement plus avant pour atteindre la transition vers le socialisme, sont des objectifs partagés par l'ensemble du MIR. Des objectifs partagés, mais en définissant de manière tout à fait distincte les voies qui y conduisent. En tout état de cause, la victoire d'Allende aux élections de

1970 ouvre une période aux mutations rapides et au rythme accéléré qui emporte l'ensemble de la gauche chilienne – le MIR y compris – dans un tourbillon d'événements tout aussi exceptionnels que tragiques dans leur dénouement.

En guise de conclusion

Fondé par des syndicalistes révolutionnaires, des trotskistes et des dissidents communistes, le MIR s'inscrit résolument dans l'histoire des gauches chiliennes du premier XXe siècle, héritant de leurs pratiques et de leur pensée. La « jeune génération » qui dirige le Mouvement de la Gauche Révolutionnaire à partir de 1967 se forme et mûrit politiquement au contact de la culture politique de ses aînés et co-fondateurs du MIR, la « vieille génération ». Une culture politique qui accorde une importance primordiale à l'action syndicale, à l'unité des forces révolutionnaires et à l'imaginaire insurrectionnel. Une génération politique aussi qui entretient un rapport ambigu – entre conscience critique et fascination – avec les grands partis de gauche, représentés dans les institutions.

Mais il n'y a pas que de la continuité dans la trajectoire du MIR entre 1965 et 1970. Miguel Enríquez, ses collaborateurs proches et les trois à cinq mille jeunes cadres et militants qu'ils recrutent entre 1967 et 1973, sont aussi marqués par des expériences et des idées propres aux années 1960 : la Révolution cubaine et *a fortiori* le guévarisme ; et les années de la Démocratie chrétienne qui sont des années de réformes – universitaire, agraire, urbaine – et de montée en puissance d'un christianisme social à l'engagement révolutionnaire. La jeunesse chilienne engagée pour la révolution qui milite dans le MIR l'est aussi résolument – de façon inédite – avec la lutte armée, qu'elle met en œuvre lors des braquages de banques ou des occupations de terrains, toutes sans morts ni blessés graves. Le respect de la vie et l'engagement armé aux contours bien définis sont aussi inédits, si on les compare aux gauches armées des pays voisins, mais ils ont du sens dans le contexte chilien marqué par son pacifisme réel ou supposé.

La nouveauté qu'incarne le MIR ne l'isole pas de la scène politique chilienne ni, plus tard, de l'expérience de l'Unité Populaire. Durant cette période, les deux « âmes » du MIR — mouvementiste et clandestine - coexistent, dialoguent et s'affrontent, mais toutes deux participent pleinement aux mille jours de Salvador Allende. L'appareil militaire du MIR - produit de l'engagement armé de l'organisation - lui permet de faire partie de la Garde présidentielle d'Allende, et de contribuer - jusqu'en 1972 quand les miristes en sont expulsés - à la défense armée de la révolution démocratique. Dès 1971, la « jeune génération » se rapproche de l'aile gauche du PS - une proximité héritée de la « vieille génération » syndicaliste et trotskiste -, ainsi que d'une partie du MAPU et de la Gauche chrétienne, dont les leaders qu'elle a rencontrés pendant la réforme universitaire. Cette proximité permet à la « jeune génération » du MIR de créer avec eux une alliance officieuse, qui prend le nom de « pôle révolutionnaire » de l'UP, s'opposant à l'alliance informelle du PC, d'un secteur du MAPU et de l'aile modérée du PS. Ses militants sont investis dans les « fronts de masse » — notamment dans les régions rurales à majorité Mapuche et dans les « cordons industriels » -, ils sont aussi des acteurs à part entière de l'histoire par en-bas, sociale et politique, de l'Unité Populaire de Salvador Allende.

La naissance de la révolution miriste entre 1965 et 1970 permet de comprendre pleinement la position et le rôle du MIR entre 1970 et 1973, période dont il a été un acteur central. Au-delà du Chili des années 1960 et 1970, l'histoire du MIR pose des questions communes avec les gauches, révolutionnaires ou pas, d'autres moments et d'autres lieux. Comment créer et construire un nouveau parti ? Qu'est-ce qui en détermine le succès et l'implantation sociale ? Quel rapport entretenir avec la tradition des gauches et comment créer du nouveau tout en apprenant du passé ? Élections et lutte armée sont-elles irréconciliables ou compatibles ? Faut-il toujours choisir entre, d'une part, la construction d'un appareil de parti efficace et solide, mais peu démocratique et fermé à la société, et, d'autre part, la participation pleine aux mouvements sociaux ? Comment s'inspirer des expériences émancipatrices étrangères et dialoguer avec elles sans se laisser submerger par une fascination qui exclut la distance critique ?

Explorant l'histoire d'une organisation révolutionnaire chilienne des années 1960-1970 en lien avec le contexte dans lequel elle a été créée et a agi, ce livre est un appel à penser l'histoire des révolutions, non pas comme un exercice visant à la production d'une théorie et d'une pratique de la révolution aux règles immuables, mais comme une possibilité, dont les termes dépendent toujours des conditions concrètes, du moment et du lieu où se déroule l'expérience. Cet ouvrage est aussi une invitation au renouvellement de l'histoire des mouvements de lutte armée, espérant constituer un jalon dans la longue et parfois douloureuse entreprise d'écriture d'une histoire critique sur un sujet qui a surtout été le fait de témoins engagés ou de campagnes de diabolisation. En dialogue constructif avec les premiers, ce livre cherche à répondre aux secondes par le devoir d'histoire critique qui, loin d'idéaliser, tient toutefois à rappeler la force créative des projets collectifs d'émancipation.

Postface I

Le MIR et ses héritages politiques

Le MIR, fondé au Chili en 1965, est le parti le plus important de la gauche marxiste en dehors des Partis communiste et socialiste, qui ont formé l'Unité Populaire entre 1970 et jusqu'au coup d'État du 11 septembre 1973. Comme c'est souvent le cas pour les partis d'avant-garde, le MIR n'a pas de date de fin officielle. Il y en a même qui affirment que le MIR existe encore. Il est, ou plutôt il a été, un parti marxiste puis léniniste prônant le recours à la violence politique armée. Il fut peut-être le parti le plus lucide pendant cette période qui a été l'une des plus denses de l'histoire républicaine du Chili : les années 1965-1973.

Le MIR a aussi marqué un moment dans la longue histoire des divisions de la gauche. Entre 1965 et 1973, sa stratégie a d'abord consisté dans la recherche d'alliances construites autour de quelques concepts flous, mais qui se sont progressivement clarifiés pour donner lieu à un programme précis. Pendant cette période, son importance a surtout résidé dans sa capacité de synthèse des théories et des principes politiques qu'il avait hérités de différentes organisations, dirigeants et communautés idéologiques. Le MIR a donc permis la synthèse entre trotskistes, maoïstes, anarchistes, communistes radicaux et socialistes révolutionnaires, combattants de la guérilla, chrétiens de la théologie de la libération, entre autres. La convergence de ces courants avait une grande importance : ils incarnaient la culture politique et l'histoire d'une région entière, l'Amérique latine. Ils représentaient également une alternative radicale permanente, celle qui a historiquement insisté sur l'importance de la participation populaire démocratique et directe dans l'élaboration des stratégies de lutte socialiste ; une généalogie rouge et noire allant des anarchistes de la fin du XIXe siècle à l'autonomisme que l'on retrouvera au XXIe siècle ; et une tradition géographiquement étendue, qui a eu comme centres Buenos Aires, La Havane, Barcelone ou Paris, et qui se reconnaissait dans les écrits hétérodoxes des persécutés du stalinisme, de la CIA ou de la social-démocratie. Le MIR a été plus cosmopolite que ceux qui lui reprochaient sa marginalité sur la scène politique.

À l'échelle latino-américaine, le MIR fut historiquement un symbole, une source d'inspiration. Sa fondation a été vue comme un dépassement ou comme une rupture, comme un bond en avant ou comme une formulation plus aboutie du parti de classe, embrassant la démocratie et la révolution, le socialisme de libération tout en restant ancré dans la réalité latino-américaine. Mais, le MIR a aussi été la synthèse de nombreuses défaillances politiques, porteur d'une culture machiste idéalisatrice des armes, ainsi que du culte du marginalisme haineux, de la violence rédemptrice et, enfin, de la mort.

Ce livre a le mérite de reconnaître ces deux visages du MIR : la tradition et le bond en avant, le temps long et la conjoncture, l'accumulation d'une longue expérience à travers tout le XXe siècle et sa synthèse. Il explique que ces deux visages ont chacun son poids dans l'histoire du mouvement révolutionnaire de l'époque, dans ce pays et dans cette région du monde marqués par les révolutions.

Naissance d'une révolution traite précisément de ce moment fondateur des années 1965-1973. Je veux, quant à moi, insister sur ce que la tradition miriste est advenue après 1973. Je vais évoquer les différents héritages que le MIR des années 1965-1973 a légués à la gauche de la période suivante, ainsi que l'importance pour le Chili actuel du moment fondateur décrit et analysé dans le livre d'Eugénia Palieraki. Le 11 septembre 1973, le MIR commence à décliner. En 1973 et même après le coup d'État, il formule la thèse selon laquelle une solution violente à la crise politique que le Chili a traversée sous l'Unité Populaire ouvrirait des possibilités révolutionnaires. Mais cette thèse ne trouve aucun écho parmi les masses populaires. Le MIR n'est pas non plus capable de transformer l'issue autoritaire de la crise politique de 1970-1973 en issue révolutionnaire.

*

Depuis le coup d'État de 1973, mais surtout depuis la fin de la dictature militaire et le retour à des gouvernements démocratiquement élus (1990), le mirisme – ce milieu politique qui s'inspire du MIR et qui en est l'héritier idéologique et politique – devient un espace d'observation et d'analyse de la mémoire militante nationale et internationale, à travers la reproduction et le diffusion des documents internes du MIR écrits dans les années 1960, 1970 et 1980. Pour cette même raison, le MIR est étudié par un nombre important d'historiens. Au fil du temps, son inscription dans le moment global de crise et de mutation qu'ont été les longues années 1960 ont fait du MIR l'une des organisations qui ont le plus marqué la période. Ainsi, les organisations héritières du MIR des années 1965-1973 ont récemment bénéficié d'une production de savoirs croissante à son sujet. Diverses synthèses et études ont résumé son histoire et sa production théorique. Les savoirs ainsi cumulés dépassent même ceux que les militants du MIR ont eux-mêmes eus à différents moments de son histoire.

Depuis 1990, le mirisme apparaît de nouveau comme une forme de synthèse. Une myriade d'organisations, de collectifs, de fronts et même de partis, tous plus ou moins imprégnés du MIR, s'en revendiquent. Le MIR est alors une sorte de laboratoire de la politique radicale qui n'a pas peur de perdre, et qui ne se soumet pas aux urgences parlementaires et électorales. À certains moments, ces mêmes caractéristiques font du MIR une organisation qui pèse moins que les autres partis de gauche participant aux élections et à la politique institutionnelle.

Dans les années 1960, comme le montre Eugénia Palieraki, le MIR avait séduit une gauche jeune et s'est trouvé proche de la Démocratie chrétienne ou des organisations qui en sont issues, comme le MAPU (*Movimiento de Acción Popular Unitaria*). Le MIR a partagé avec elles une préférence pour l'action directe plutôt que pour les voies institutionnelles lentes, et une même esthétique révolutionnaire. À partir de 1990, le mirisme est un milieu politique qui se caractérise par sa tentative d'élaborer des stratégies et des tactiques qui puisent dans les pratiques contestataires concrètes des classes populaires. Cela constitue d'ailleurs un défi pour la gauche dite traditionnelle, les Partis communiste et socialiste.

Cependant, et c'est la thèse que je vais défendre ici, le mirisme a aussi hérité de la difficile recherche d'une voie révolutionnaire capable de préserver la place centrale qu'occupait la politique face à la praxis armée. Le MIR a évité de subordonner la politique de masse à la guérilla, ou d'abandonner la première quand la répression s'est abattue sur lui. Les militants du MIR n'ont pas échappé au destin macabre que les dictatures du Cône Sud ont imposé par la terreur aux gauches armées de la région ; mais il ne l'a pas aggravé en s'adonnant au culte de la mort, y compris lorsque sa direction a provisoirement emprunté cette voie de façon irresponsable (notamment lors de l'Opération *Retorno* à la fin des années 1970). En fin de compte, la lente défaite du MIR depuis 1973 permet de repenser l'alliage complexe entre la politique pragmatique et les principes et valeurs de la gauche radicale.

*

La centralité de la politique par rapport à la praxis armée unit l'ancien MIR et le mirisme plus contemporain. Mais entre les deux, il y a eu le poids de la nuit. La dictature, à ses débuts, a fait du MIR la cible principale de sa terreur, se déchaînant contre ses militants. Bien que le MIR fût un petit parti, restant à l'extérieur de la coalition gouvernementale de l'Unité Populaire, il est aussi l'organisation comptant le plus grand nombre de détenus et disparus, plus d'un cinquième du nombre total. Il en va de même des exécutés par la dictature. Des centaines de militants, en grande majorité des cadres politiques et non pas militaires, ont été éliminés par le terrorisme d'État entre

1973 et 1976. Le parti a été anéanti, la plupart de ses dirigeants historiques les plus charismatiques – Miguel Enríquez, son frère Edgardo, Bautista Van Shouwen – entre autres. La politique « le MIR ne s'exile pas » – suicidaire ou héroïque ? – s'est, elle aussi, soldée par le désastre. Plus de la moitié des militants ont été exécutés, ont disparu ou ont subi des tortures. En 1975, il était déjà impossible de persévérer sur cette ligne : ceux de la dernière direction du MIR qui avaient survécu ont alors été contraints de quitter le pays (Andrés Pascal Allende, neveu du président décédé en 1973, et Nelson Gutiérrez, ancien leader étudiant de Concepción).

Après 1975, une dispute amère a divisé la direction du MIR. En 1978, une nouvelle ligne politique a été adoptée, avec une forte dose d'irrationalité. Ce fut l'un des pires moments de l'histoire de l'organisation : lors d'une réunion à La Havane, le parti a pris la décision de retourner au Chili pour combattre la dictature, affirmant qu'il y aurait des supposées « réactivations de la résistance ». Cette affirmation était déconnectée de la réalité. Tout comme les Montoneros décidèrent à la même époque de retourner en Argentine, probablement pour les mêmes raisons (dépendance économique vis-à-vis de l'aide cubaine accordée sous condition de résister par les armes à la dictature ; besoin de maintenir ses bases militantes en activité à l'intérieur du Chili), le MIR opta pour une contre-offensive ou une « opération de retour ». En 1978, la raison du parti s'est imposée sur la politique de masse et ce choix fut fatal. Le retour s'est, en effet, soldé par un échec politique et militaire presque total, tant pour le parti que pour les militants qui ont payé un prix très élevé en morts, en arrestations et en emprisonnements. La défaite et la persécution ont progressivement mené à la division et à la décomposition de l'organisation, qui, en 1978, avait abandonné sa spécificité, préférant le radicalisme strident des armes à la centralité de la politique révolutionnaire. Renonçant à ses repères, le MIR a, ainsi, embrassé le militarisme qui caractérisait d'autres organisations révolutionnaires du Cône Sud, et dont il s'était tenu distant jusqu'alors.

L'échec de l' « opération de retour » des militants miristes en 1978 a conduit à la décomposition du parti, qui n'a pas été capable de diriger les organisations de masse commençant à se former en 1983, lorsque des mobilisations massives s'affrontèrent ouvertement à la dictature. Le MIR, contrairement aux années 1965-1973, n'a pas pu nouer alors de liens solides avec la partie la plus radicale du mouvement populaire opposé aux militaires. Cette série d'échecs a conduit à l'éclatement politique de l'organisation vers la fin des années 1980, laissant chez ses dirigeants et militants un goût très amer.

*

Nelson Gutiérrez, dans un document d'août 1988, soutenait que le Comité central du MIR – il ne faisait alors plus partie de la tendance majoritaire – devait faire son « autocritique ». L'ancien dirigeant dressait un bilan très négatif à propos de la capacité du MIR à résister au début de la dictature, puis de construire une contre-offensive armée. Il était aussi très critique vis-à-vis du refus du MIR de participer au plébiscite d'octobre 1988, où l'opposition au maintien des militaires au pouvoir après 1990 l'a emporté. Dans ce document, Gutiérrez disait de la direction du parti qu'elle « s'est engagée dans une guerre de positions qui a fini par devenir une guerre contre nous-mêmes, parce que la seule position que nous avons conquise a été l'isolement croissant, la distance de plus en plus grande entre nous et l'activité réelle des masses, la fixation sur un milieu social réduit aux survivants, qui manquait d'arrière-garde et qui tournait toujours dans le même cercle »[1]. La prise de conscience de l'isolement du MIR était une façon de signifier son inutilité en tant que parti d'avant-garde et finalement son déclin.

Le MIR n'a pas de vraie date de fin. Aujourd'hui encore, Il y a des militants qui se réclament du MIR et publient des commu-

[1] Nelson Gutiérrez, « Resolver correctamente las contradicciones en el seno del pueblo : Unificarse políticamente en la lucha por la derrota del Sí », août 1988.

niqués appelant le peuple chilien à se mobiliser. Mais, à partir de 1990, peut-être même avant, ce qui restait du MIR n'a plus eu d'influence politique réelle. Pour la majorité de la gauche chilienne, ainsi que pour les organisations sociales populaires, le MIR en tant qu'organisation n'existe plus. Mais, depuis la fin de la dictature, la culture et le projet politiques miristes ont connu une deuxième vie.

Entre 1988 et 1993, le mirisme est devenu pour les militants qui s'en revendiquaient un combat culturel plutôt que politique : l'identité miriste exprimait la volonté de ne pas laisser la mémoire des luttes révolutionnaires s'effacer. Le mirisme, de pair avec le Parti communiste – qui a aussi été profondément affecté par la chute du socialisme en Europe de l'Est suivie de la crise économique à Cuba –, ont été les seuls partis au Chili à adopter une position critique face à l'enthousiasme libéral qu'a suscité la transition vers la démocratie, épisode local de ce que Fukuyama a appelé la « fin de l'histoire ». Mais les miristes n'avaient ni la force ni la longue histoire sur laquelle comptait le PC, pour réussir, comme lui, à se maintenir unis. Le mirisme est ainsi devenu une diaspora de cadres, de militants et de petits groupes qui se disputaient entre eux le droit d'employer le nom de l'organisation.

Une autre forme de mirisme a eu plus d'impact sur le plan politique : la construction de nouveaux mouvements ou partis s'inspirant des principes ou des idéaux miristes, mais s'insérant dans un contexte nouveau. Face à cette gauche timorée née de la défaite du socialisme du XXe siècle, ils ont défendu des principes auxquels la première avait renoncé. Parmi ces principes se trouvent, par exemple, l'importance fondamentale des bases militantes populaires lorsque l'on veut construire une politique révolutionnaire ; l'assemblée comme forme et espace d'action politique qui permet de résoudre des problèmes, de créer l'unité de classe et de mobiliser ; la critique de la démocratie bourgeoise et de ses limites ; l'utilité tactique et pédagogique de l'action directe de masse et de la violence respectueuse de la vie humaine ; enfin, la conviction que toute politique de gauche a comme objectif la fin du capitalisme et la construction du socialisme. Ces vieilles vérités, ces vérités lourdes de sens sont le legs le plus précieux de l'ancien MIR aux gauches des années 1990.

De la fusion du mirisme politique des années 1990 avec d'autres expériences comme le néo-zapatisme de l'EZLN ou le mouvement libertaire ont résulté dans les années 1990-2000 des expériences intéressantes et de nouvelles traditions politiques. Au début des années 1990, le mouvement SurDA est né, d'abord sous la forme de revue, puis d'organisation. Il promouvait la fusion de l'ancien mouvement miriste avec l'autonomisme tel que prôné par le sous-commandant Marcos dans la jungle du Chiapas. SurDA est l'expérience la plus réussie des héritiers du mirisme. À la fin de la décennie, ce mouvement était très présent dans les fédérations universitaires (notamment dans le sud du Chili et dans une moindre mesure à Santiago). Au début du XXIe siècle, le *Partido Igualdad* (Parti de l'égalité) a été fondé à partir d'une fraction de la SurDA qui s'est unie à d'autres dirigeants issus du mirisme. *Igualdad* a été très présent dans la périphérie urbaine et ses quartiers marginaux. Ce parti a également insisté sur la nécessité de promouvoir un protagonisme populaire de gauche, ce qui l'a conduit à conserver une identité prolétarienne intransigeante, parfois plus de façade que réelle. Dans le mouvement ouvrier, une alliance de cadres libertaires et d'autres issus du mirisme a construit une politique de classe, visible par exemple dans le nouveau syndicalisme portuaire, qui est aujourd'hui le pan le plus radical et actif du mouvement ouvrier chilien. Ces expériences, certes limitées en nombre, ont toutefois permis au mirisme de rester vivant pour les militants de gauche comme mémoire, héritage et culture politique. Lors des luttes des étudiants en 2006 et en 2011, ces idées ont été – au moins pour une partie du mouvement – son horizon d'attente.

*

En 2001, le mouvement étudiant post-dictatorial a fait sa première apparition, lors d'une mobilisation qui a été la plus importante depuis la dictature. Dans ce mouvement, le rôle principal a été joué par des collectifs d'étudiants qui se sont déclarés héritiers du mirisme et par d'autres, plus libertaires ou proches du Parti communiste, qui étaient toutefois marqués par l'idéologie miriste[2]. Le même type de mobilisation populaire qui mettait radicalement en cause la transition démocratique néolibérale et promouvait l'action directe de masse a de nouveau eu lieu en 2006. À cette époque déjà, la presse voyait dans les mobilisations un retour du mirisme. SurDA, *Igualdad*, anarchistes, communistes et ex-communistes étaient tous engagés dans ce mouvement. Ils ont également joué un rôle fondamental dans le processus de radicalisation politique enclenché par la défaite du mouvement de 2006 et débouchant sur la nouvelle offensive étudiante de 2011, d'une envergure et d'une portée bien plus grandes.

Ainsi, en 2011, lorsque les organisations étudiantes sont devenues la principale opposition au gouvernement de droite de Sebastián Piñera et, plus globalement, à l'ordre politique issu de la transition, le mirisme était dans l'ADN d'une bonne partie des dirigeants étudiants. Leur héritage miriste était perceptible dans l'opposition des cadres non-communistes du mouvement à une issue institutionnelle à la crise, comme le proposaient les communistes au début de la longue grève étudiante de 2011. La méfiance du mouvement étudiant envers les institutions créées par la Transition est un héritage politique miriste. Cet « ADN miriste » se trouve aussi dans un autre aspect : la remise en cause de l'hégémonie communiste au sein du mouvement étudiant par une nouvelle organisation, *Izquierda Autónoma* (Gauche autonome), issue de SurDA (dissoute en 2008). À la fin de cette année-là, les élections de la principale organisation étudiante du pays, la FECh, ont été

[2] Sur ce mouvement et celui de 2006, voir Luis Thielemann H., *La anomalía social de la transición: movimiento estudiantil e izquierda universitaria en el Chile de los noventa (1987-2000)*, Santiago du Chili : Tiempo Robado Editoras, 2016, pp. 199-210.

remportées par un jeune dirigeant d'*Izquierda Autónoma*, Gabriel Boric, qui a battu la présidente du syndicat étudiant de l'époque, la communiste Camila Vallejo. Tous deux sont aujourd'hui respectivement président du Chili et ministre porte-parole du gouvernement.

Il y avait aussi un mirisme qui se plaçait plus explicitement dans la lignée du MIR des années 1965-1973 : l'ancienne *Juventud Rebelde Miguel Enríquez* (« Jeunesse révoltée Miguel Enríquez »), fondée dans les années 1980, qui a connu un nouvel essor dans certaines fédérations universitaires. D'autres groupes ont repris le rouge et le noir de la bannière miriste, comme les étudiants guévaristes. Bien qu'ils aient été populaires dans certains lycées et universités, le mouvement a stagné vers la fin des années 2010. À la fin des années 2010, le mouvement étudiant, bien qu'il ait perdu son élan dans sa confrontation avec l'État, est parvenu à devenir une voix critique puissante, mais qui est désormais peu prise en compte par le milieu miriste au sens large.

*

Le décalage entre les courants de gauche issus du mirisme et la révolte de 2019 s'explique par le parti pris des premiers à partir de 2016. Nous l'avons souligné, la marque du mirisme par rapport à d'autres courants de la gauche radicale est la place centrale accordée à la politique par rapport à la seule praxis. Cette priorité avait amené les organisations issues du mirisme à s'investir moins dans le maintien du lien avec la mobilisation populaire.

En parallèle, le mirisme était en perte de vitesse entre 2017 et 2019 à cause des fortes pressions exercées sur tous les partis chiliens par le système électoral et par le gouvernement. Dans un premier temps, plusieurs groupes issus du mirisme – en particulier les collectifs autonomistes – se sont associés à d'autres groupes de gauche pour fonder le *Frente Amplio*, une alternative électorale pour 2017. Le prix à payer pour de bons résultats électoraux cette année-là a été le désengagement vis-à-vis des mouvements sociaux qui les avaient produits en tant qu'avant-garde. Cela était dû au fait que le peu de ressources disponibles ont été affectées en priorité à la lutte électorale et non pas à la lutte sociale. Pour leur part, les collectifs du mirisme qui ont rejeté toute tentative électorale, sont tombés dans l'oubli.

Lorsque la révolte de 2019 éclate, ni le *Frente Amplio*, ni le PC, ni la gauche radicale en dehors des institutions ne sont en mesure de l'accompagner. Au contraire, ils ont accentué le désenchantement des personnes mobilisées à l'égard de cette gauche incapable de communiquer avec les masses qui sont allées livrer la bataille dans la rue en octobre 2019. Le mirisme, qui avait su tirer les leçons de la révolte populaire de 1957, n'a eu, en 2019, aucune capacité à relever le défi de l'*estallido*. Alors que la gauche parlementaire a soutenu une solution strictement politique à la crise (changement constitutionnel) laissant de côté les revendications sociales immédiates (meilleurs salaires, meilleures retraites, etc.) qui ont le plus mobilisé les masses, le mirisme resté en dehors du cadre institutionnel s'est contenté d'accompagner la révolte sans réfléchir à l'après, c'est-à-dire sans faire ce que l'on attend précisément de la part d'une avant-garde. Ainsi, le mirisme, en tant qu'idéologie qui avait accompagné une bonne partie de la nouvelle gauche et des nouveaux mouvements sociaux, lors de cette nouvelle étape du processus politique chilien initiée en 2019, s'est perdu dans l'absence d'une analyse réaliste tournée vers l'avenir.

*

En 2022, Gabriel Boric, ancien leader étudiant formé par des miristes comme Nelson Gutiérrez ou Carlos Ruiz Encina, devient président de la République du Chili. Plusieurs de ses collègues appartenant à des organisations liées au mirisme deviennent alors ministres, ambassadeurs et occupent d'autres postes au sein de l'État. De ce point de vue, il s'agirait là du plus grand triomphe de l'idéologie de l'ensemble d'organisations et de collectifs héritiers du MIR à la fin du XXe siècle. Le réseau de militants liés au mirisme ont ainsi connu un succès sans précédent avec l'élection de Boric. Ce n'est ni un mythe ni une exagération : la généalogie politique de bon nombre de membres de l'actuel gouvernement chilien remonte sans aucun doute à la génération fondatrice de 1965. Cependant, l'idéologie miriste s'est diluée dans l'engagement électoral des partis issus de la mobilisation sociale des dernières décennies. Les thèses miristes sur la démocratie et ses limites ou sur le capitalisme latino-américain et ses spécificités ont été progressivement abandonnées pour être remplacées par un progressisme insipide, dépassionné et de classe moyenne.

Reste-t-il quelque chose du mirisme dans l'actuel *Frente Amplio*, ce milieu politique qui a accueilli nombre de militants du MIR ayant survécu à la terreur d'État ? Il en reste peut-être la mémoire, ou la force de volonté politique. Il reste aussi peut-être quelque chose de plus insaisissable. Mais, à force de mourir et de ressusciter dans un corps nouveau, le mirisme ressemble aujourd'hui plus à un spectre qu'à une réalité.

Luis Thielemann H.

juin 2023

Luis Thielemann est maître de conférences en histoire à l'Université Finis Terrae (Santiago du Chili) et directeur de la revue politique en ligne *ROSA* (https://www.revistarosa.cl). Spécialiste de l'histoire du mouvement ouvrier, il a notamment publié 1957 *El proletariado invade Santiago* (Tesis XII, Ariadna Ediciones, 2023). Il a également milité dans le mouvement lycéen et étudiant des années 2000-2010, au sein d'*Izquierda Autónoma* – issue de la SurDA – et de *Comunes*, qui fait partie du *Frente Amplio*.

Postface II

I

Un soir d'avril 2023 à Paris. Il fait froid, le printemps tarde à arriver et pourtant il est là dans la splendeur des fleurs roses du rhododendron qui découpe le mur bleu. Ce mur où défilent, depuis mon arrivée dans ce lieu, mes « images lucioles », cette constellation des temps qui rend au présent sa densité et m'insuffle de la force.

Les images de l'histoire s'éparpillent dans le temps, pas juste les images de mon histoire, mais celles qui habitent quelque part, même de manière inconsciente, les vivants d'aujourd'hui, là-bas et ici.

Les images qui se meuvent en cette année 2023 surgissent de l'oubli, elles sont le plus souvent en noir et banc, la couleur des archives de l'année 1973. Le coup d'État n'a pas encore eu lieu, nous sommes en avril, el « Compañero Presidente », Salvador Allende, vient d'obtenir une magnifique victoire électorale malgré l'offensive tous azimuts de la bourgeoisie. Ainsi parlions-nous à l'époque… Nous étions embarqués dans une course-lutte contre la montre pour faire face à la contre-révolution. Une lutte intense. Une société entière en état amoureux, malgré la menace.

Ce soir, mon humeur est mélancolique, certes, mais emplie d'une rage qui me tient debout.

Dans la bataille politique du Chili d'aujourd'hui, comment manier nos outils, les armes de notre mémoire et de notre histoire, pour faire face à ce « néofascisme » qui s'incarne dans le retour de la menace, travestie, déguisée, mais toujours la même ? Comment contrer la réussite de cette politique de la peur, guidée par la peur, fondée sur la peur, qui emprisonne les « gens » – pas le peuple, non, le peuple est un mot disparu du lexique néolibéral – dans une psychologie fataliste : « rien n'est possible ». On a encore perdu, à quoi bon résister ? Sauve qui peut…

Pourtant, ce n'est pas seulement la haine de l'égalité imposée par les puissants dont il est question, nous avons aussi notre responsabilité dans cet état du monde, celle de la transmission défaillante. Avons-nous réussi, nous les survivants de la génération des années 1960-1970, à tisser les fils de nos vies avec ceux des générations suivantes ? Nos travaux ne changent pas le monde, mais ils peuvent l'éclairer autrement. C'est ce jet de lumière que m'offre la lecture de *Naissance d'une révolution. Histoire critique du MIR chilien.*

II

Eugénia est assise, son regard intense voit, sent, elle réfléchit avant de parler, la passion est retenue, l'affect aussi. Pudeur, fermeté et écoute. Nous nous sommes rencontrées il y a peu de temps, à Paris. Pourtant, tout en elle m'est familier, on reprend notre conversation comme si on s'était parlé à Santiago lors de la sortie de son livre en 2014. Je me souviens de ma première lecture, j'étais intimidée par cette jeune historienne qui, la première, avait affronté un travail complexe de recherche et de réflexion sur le MIR. Qui était-elle cette doctorante grecque ? D'où était né ce désir politique de penser son engagement avec ce passé lointain et étranger pour elle ? Quelles étaient les résonances entre la dictature grecque et la dictature chilienne ? C'est seulement maintenant que j'ose lui poser ces questions.

En cette année 2014, même si mes pieds foulaient la terre chilienne pour le rendez-vous d'octobre que je ne voulais pas manquer, ma tête était absorbée par des expériences sociales de résistance à l'air du temps, et celles-ci n'étaient plus vécues en « rouge », mais en « gris ». Grisaille. Je relisais Daniel Bensaïd, un philosophe qui aurait pu nous réunir, Eugénia et moi, mais qui m'avait momentanément éloignée des préoccupations chiliennes.

Lors de notre rencontre d'aujourd'hui, nous évoquons le tissage de nos affinités électives en toute confiance, comme des vieilles connaissances réunies autour de nos convictions et nos affects. C'est simple, l'évidence des liens fraternels. Nous avons toutes deux le sens de la mémoire, le goût de l'histoire, ce décalage de l'actualité bruyante et brûlante, l'histoire qui nous permet de savourer le présent car il est composé, qu'on le veuille ou non, d'une grande part d'héritage. Nous n'ignorons pas la fonction politique de la mémoire des vaincus dans ce temps où toute palpitation du passé et des luttes de résistance est effacée, où la volonté du pouvoir chercher à couper chaque personne de son histoire pour laisser l'individu seul, à la merci de n'importe quel slogan politique.

III

Quel bonheur de replonger alors, dix ans après une première lecture, dans le livre d'Eugénia, qui mène l'enquête sur la première période de formation du MIR, ce mouvement politique qui a marqué ma vie et à qui je dois mes plus belles années. Le parfum de cette époque-là m'enchante toujours. Il m'aura fallu du temps pour oser le dire, mais ce sont les pertes et non l'accumulation, comme certains le pensent aujourd'hui, qui construisent une vie, qui la sculptent.

Grâce au travail d'historienne d'Eugénia, je retrouve nos vies, notre existence collective. Elle a rendu visible notre destin commun.

Quel étrange exercice d'épiloguer le travail d'une historienne. Eugénia me dit : « N'hésite pas à raconter des moments personnels que cette lecture pourrait t'évoquer ». Pourtant ce travail ne demande pas à être complété par mon témoignage, ni mes anecdotes. Peut-être cherche-t-elle simplement la lecture de quelqu'un qui avait été au cœur de cette histoire, qui l'avait vécu sans pouvoir la regarder, sans ce recul de l'historienne.

Au-delà de ces questions, j'aimerais dire simplement que la lecture de ce livre a éveillé des souvenirs, enrichi une mémoire toujours fragmentaire et en construction, interrogé des affirmations et tiré des fils vers nos actions politiques d'aujourd'hui, là-bas et ici. Ces réminiscences nous permettent d'ajuster des sentiments ambivalents, la porosité de nos espaces mentaux mélange des époques passées et présentes, la petite histoire et la grande histoire.

IV

« Une société a besoin de connaître l'histoire et pas seulement d'avoir une mémoire ». Cette pensée de Tzvetan Todorov m'était familière pourtant, dans ma jeunesse. J'étais historienne.

Pourquoi alors, n'ai-je jamais jusqu'ici ouvert mon esprit à ce travail d'écriture de l'histoire du MIR ? Qu'est-ce que je cherchais ? Plutôt des lignes de force pour relier l'antan au maintenant, plutôt l'esprit d'une époque que les faits historiques. Dommage. J'aurais pu tirer le fil entre ces années de formation du MIR et ma propre vie.

En relisant aujourd'hui le livre d'Eugénia, je comprends enfin l'importance de soumettre notre mémoire subjective, et même la mémoire collective, à l'épreuve de la recherche historique, par une étude rigoureuse, un livre d'histoire. Car Eugénia va à la recherche de l'histoire. Elle accomplit son travail avec minutie et responsabilité. Elle affronte les versions politiques en discussion, elle consulte sources et témoins ; vous l'avez lue et vous avez appris sur ces années de formation beaucoup plus que je n'aurais pu vous raconter. Elle a cherché à connaître le passé et à le comprendre, en voguant librement pour construire non pas un propos établi d'avance éliminant le questionnement, mais une mémoire historique chorale qui privilégie les faits et éclaire pareillement l'ensemble des protagonistes.

Peut-être est-ce pour cela que ce travail d'histoire éveille ces « images lucioles » qui m'accompagnent la nuit, quand le silence et la lenteur redonnent sa plénitude au temps.

Est-ce aussi pour cela que, n'étant ni témoin des débuts, ni étudiante à l'Université de Concepción, ni militante de la première heure, je retiens pourtant quelques lignes de force qui font partie de mon équipage mental ?

La Fondation

La naissance du MIR s'inscrit dans la lignée de l'histoire de la gauche. Rien de nouveau, d'inédit. Il s'agit d'une bifurcation issue de la longue durée des diverses traditions de la gauche chilienne. Ce fait, amplement documenté par Eugénia, explique la particularité du mouvement dans la cartographie de la gauche révolutionnaire de l'Amérique Latine.

Les idées socialistes du MIR sont, lors de sa fondation, une fusion de la tradition de la gauche radicale chilienne, de la vieille génération trotskiste du PS, des dissidents communistes – et de la pensée du courant chrétien du syndicalisme autonome, avec la présence ardente de Clotario Blest. Sa radicalité éthique, démocratie et socialisme, sa modestie et son implacable combat contre les compromis au sein du mouvement syndical, contre toute forme d'autoritarisme et de sectarisme. J'ai connu Clotario Blest en suivant Monica Echeverría, ma mère, qui a écrit sa biographie dans les années 1990[1].

Le rappel de l'importance des courants socialistes chrétiens chez les militants du MIR redonne chair à de nombreuses personnes, des sœurs et des curés, qui se retrouveront plus tard dans la théologie de la libération ou dans le mouvement Sebastián Acevedo contre la torture. Tous ne furent pas militants du MIR, mais tous se sont retrouvés engagés dans les luttes face à la dictature. À l'échelle de ma vie, deux lueurs apparaissent au fur et à mesure que je lis.

[1] *Antihistoria de un luchador : Clotario Blest (1823-1990)*, LOM Ediciones, 1993.

Adolescente encore, un été, sous un pont qui nous protégeait du soleil, un recoin ombragé dans la désolation d'une esplanade traversée par la sinueuse route de terre où, plus loin, s'alignaient des petites maisons de boue et de paille, l'*adobe* d'antan. Pas loin l'école, sans fenêtres, quelques banquettes, des enfants pieds nus, et des adultes, des paysans sans terre, des Mapuche, illettrés. Puis nous, une équipe de lycéens en mission d'alphabétisation lors des vacances d'été. Sous ce pont, Mariano Puga, la tunique blanche par-dessus son jean, soulevée par un vent fort. Curé ouvrier, enfant de l'aristocratie, peau blanche, cheveux clairs, des yeux verts toujours émerveillés, et un sourire contagieux. Ce fut cet été-là, et guidée par lui, ma première rencontre avec ceux qui souffrent, les pauvres de la campagne et de la ville, comme je les nommerais plus tard, ces *inquilinos* et ces *pobladores* en lutte.

L'injustice éveille d'abord l'indignation, elle forgera l'engagement politique. C'est le temps de la révolution. Mais le premier désir d'être responsable, libre par ses actes, de suivre l'élan de l'émancipation qui se répand déjà, nait sous la protection de ce courant chrétien.

Il n'y a pas si longtemps… Ma mère est mourante, elle appelle Mariano à son chevet, tous deux complices dans des multiples luttes tout au long de leurs vies. Elle souhaite qu'il l'accompagne au moment de partir. Quand je glisse à Mariano : « C'est toi le responsable de mon engagement au MIR ! », tous les deux éclatent de rire… Nous avons été des centaines à faire nos premiers dans ce versant du monde, grâce aux prêtres ouvriers.

D'autres figures m'ont marquée, et parmi elles les plus proches, mon père et mon oncle, Jaime Castillo Velasco, fondateur de la Démocratie chrétienne, qui m'a initiée à la philosophie et à la lecture de l'histoire, de la biographie de Trotski à Jacques Maritain – belle confusion de notre continent dans les années 1960 – et qui fut le premier à reprendre ses habits d'avocat pour défendre les combattants du MIR contre la dictature.

C'est l'exigence de justice, et pas des mots d'ordre, qui nous a emmenés par milliers à occuper les rues, les usines, les terres… Un sentiment plus fort que tout, né dans l'adolescence, dans cet âge où se cristallise le désir d'être d'un côté du monde, et surtout le refus de faire partie des oppresseurs, la laideur des dominants.

Les universités et leurs singularités dans les années 1960

Eugénia décrit l'importance de l'espace-temps universitaire dans la formation du MIR.

Je n'ai pas connu l'Université de Concepción dans les années 1960 et ce n'est pas en tant qu'étudiante que j'ai adhéré au MIR. J'avais pris une autre bifurcation pour participer à l'élan révolutionnaire qui emportait ma génération. En suivant mon amie Beatriz Allende, je suis devenue l'un des minuscules rouages des cercles très clandestins de l'ELN [Armée de Libération Nationale] du Chili, arrière-garde de la guérilla en Bolivie, les « Elenos » du Parti socialiste.

Le MIR, je l'ai croisé bien sûr dans le campus de *El Pedagógico*, mais nous les regardions de haut. Notre secret, nos petites actions reliées à la lutte là-bas, pesaient plus que les marches étudiantes et les drapeaux rouges et noirs du MIR. Pendant un certain temps le devenir de la Révolution se jouait pour nous ailleurs qu'au Chili.

Pourtant, je me souviens des bribes de conversation avec Andrés Pascal en quittant le campus de *El Pegagógico*. Je ne sais plus exactement quand, mais la défaite de Salvador Allende à l'élection présidentielle de 1964 secouait encore nos débats. Nous avons remonté l'avenue Macul vers Irarrázaval, sous la fraîcheur des platanes centenaires. Andrés était grand et maigre, il portait des lunettes au cadre noir, épais. Il parlait à voix basse, il déployait son analyse emplie de certitudes : la voie électorale était close. C'était l'heure des brasiers, il fallait se préparer et s'organiser pour mener la lutte armée, seule voie pour la révolution, comme l'avaient montré les Cubains. Guérilla ou insurrection ? Ce n'était pas encore clair. Le MIR naissant soumettait à l'épreuve du Chili, de son histoire et de sa géographie, l'une ou l'autre option. Ma boussole étant la guerre de guérilla, je me taisais, contente néanmoins de l'entendre affirmer cette évidence : la révolution adviendrait à l'échelle de nos vies. Ce demain n'était pas un horizon ni un après-demain, c'était maintenant qu'il fallait agir pour le construire. Nous étions jeunes, mais pas seulement. Il y avait de la gravité dans notre joie d'appartenir à ce versant du monde.

Plus tard, au mois d'août de l'année 1967, éclate la révolte étudiante au sein de l'Université Catholique de Santiago, notre Mai 68 à nous. Miguel Enríquez prenait la tête du MIR pendant qu'à Santiago, Miguel Ángel Solar, étudiant en médecine lui aussi, révolutionnait la *Católica*. La réforme universitaire fera de cette université, jusqu'au coup d'État, le cœur d'une pensée qui irradie la gauche révolutionnaire. Les jeunes intellectuels brésiliens, argentins, et les groupes d'académiciens européens furent intégrés dans une diversité de centres de recherches qui avaient pour mission de décrypter la réalité nationale.

Eugénia répertorie les tendances, les débats. Je ne peux que confirmer ce bouillonnement de créativité et d'énergie qui nous emportait tous. Peu à peu, on retrouvait ces jeunes chercheurs et professeurs dans les rangs du MIR, regroupés dans le GPM 10. Les GPM, *Grupos Politico Militar*, rassemblaient les militantes et militants par secteur social ou par région. Chacun, ouvrier, artiste, professeur, *poblador*, etc. s'investissait dans son secteur, là où il était reconnu. Cette manière de s'engager en tant que militants de la culture fut propre au MIR et n'a pas existé, à ma connaissance, dans d'autres mouvements révolutionnaires d'Amérique Latine. Les apports et les actions du GPM 10 furent décisifs dans la politique du MIR pendant les mille jours d'Allende. Par la suite, nombre d'entre eux furent tués, torturés ou contraints à l'exil.

La figure de l'intellectuel révolutionnaire, dirigeant ou simple militant, a disparu. J'évoquais il y a quelques mois, lors de réunions dans ces mêmes campus, l'effervescence politique de ces années-là, la présence des milieux populaires, les débats et la créativité. Les étudiants présents ne pouvaient même pas l'imaginer. Encore un temps révolu, irrécupérable, celui de la fraîcheur des couloirs de l'ancien couvent devenu le campus *Oriente* de la *Catolica*, où s'était installé le Centre de Recherche en Histoire Contemporaine de l'Amérique Latine. Nous étions quatre chercheurs, trois militaient dans le MIR. Par contagion, par enthousiasme, par conviction, par cohérence, on consacrait nos recherches à l'histoire du XXème siècle. Gabriel Salazar et Sempat Assadourian sont aujourd'hui des historiens reconnus et primés en Amérique latine. Armando de Ramón a obtenu le Prix National d'Histoire avant de mourir. J'ai abandonné l'histoire, mais notre amitié et notre complicité a traversé les défaites et l'exil. Je pense ne pas me tromper en disant que, même si ce que nous avons espéré n'est pas arrivé, cela n'a changé en rien nos espérances ici et maintenant.

Fidèles à notre passé, engagés, et en même temps ayant créé une distance qui permet de voir, comprendre, prendre conscience, de ce que nous avons vécu. Parfois, oui, cela existe, la fidélité au compagnonnage, *hasta siempre*.

L'autonomie de la Révolution cubaine

La thèse d'Eugénia déconstruit, heureusement, la vision du MIR en fusion avec la politique de la Révolution cubaine. Intelligence dans les relations et esprit critique caractérisent la position du MIR. Pour la direction de la Révolution cubaine, le MIR naissant n'est pas une organisation de « confiance ». Il ne sera pas invité à la Tricontinentale en janvier 1966. Salvador Allende, lui, le sera.

Et ces faits expliquent la relation d'amitié, au-delà des différences politiques, entre Miguel et le futur président, « *El Doctor* », comme l'appelait Miguel. On peut dire qu'Allende avait deux visages : la révolution sans violence et l'admiration pour tous ceux qui, comme Guevara, prenaient le chemin de la lutte armée. Miguel, lui, n'avait qu'un seul visage : la lutte révolutionnaire ne peut pas éviter l'affrontement. Il n'y a pas de voie pacifique, ni par étapes. Pourtant, sa pensée critique du marxisme-léninisme, sa connaissance de l'histoire et de la société chilienne, l'amènent à créer un chemin révolutionnaire sans sectarisme et loin des dogmes soviétiques.

Le premier voyage de Miguel à Cuba se situe en novembre 1967. Il ouvre les relations entre la révolution cubaine et le MIR, raconte Eugénia. Mais le MIR maintient sa politique internationale et sa critique de l'Union Soviétique. Il condamne l'invasion à Prague en 1968.

Nous avons payé le prix de cette autonomie, l'aide cubaine, tant en formation militaire que plus tard en armes, n'a jamais atteint le niveau de l'aide octroyée aux Socialistes et aux Communistes. Malgré le virage de la politique internationale du MIR dans les années 1980, le traitement cubain du Front Patriotique Manuel Rodríguez, l'appareil armé du Parti communiste, a été sans comparaison avec celui réservé au MIR, tous les deux en résistance armée contre la dictature.

C'est baigné par cette sensibilité politique – respect mais esprit critique envers les Cubains – que s'est déroulé mon militantisme *miriste*. « Eux c'est eux, nous c'est nous ». La persistance confidentielle d'une analyse critique, en toute loyauté et fraternité, s'est toujours accompagnée d'une forte gratitude. Des hauts et des bas, donc, et une multitude d'histoires dans l'historique de nos relations politiques

Je veux souligner l'importance d'irréductibles amitiés, des personnes qui nous ont accompagnés contre vents et marées, en toute circonstance. L'historien Fernando Martínez Heredia, notre ami cubain, les incarne toutes. Avant d'être écarté par la bureaucratie prosoviétique, Fernando a dirigé la revue *Pensamiento Crítico* qui marqua de son empreinte marxiste libertaire la gauche révolutionnaire d'Amérique latine. Nous avons retrouvé, dans une malle oubliée, la première lettre-rapport cubaine sur Miguel, adressée à Manuel Piñeiro, chef du *Departamento de América*. C'est Fernando qui la signe. Visionnaire, il décrit le jeune homme et annonce le leader et le penseur révolutionnaire. C'est aussi Fernando

Martinez Heredia qui va déclencher son premier voyage à La Havane en novembre 1967. Depuis leur rencontre, Miguel lui écrira souvent de très longues lettres.

En 2015, Fernando publie des extraits de l'une d'entre elles, dans le livre « *Ahora es tu turno Miguel, un homenaje cubano a Miguel Enríquez* », édité à La Havane par l'Institut cubain de recherche culturel Juan Marinello, qu'il dirige. Miguel écrit à Fernando le 10 juillet 1968. Il l'informe des avancées du mouvement, puis vers la fin lui raconte qu'il est devenu neurologue, qu'il travaille à l'hôpital pour gagner sa vie, mais qu'il consacre de plus en plus de temps à « soigner la société ». Il finit en lui demandant le dernier livre d'Ernest Mandel et *L'Accumulation du capital* de Rosa Luxemburg. Fernando pensait avant sa mort qu'à Cuba il fallait à nouveau faire la révolution. La jeunesse anticapitaliste cubaine étudiait l'histoire du MIR pour réenchanter cet engagement révolutionnaire.

La violence politique est écrite et pensée avant de devenir une pratique. Le récit historique d'Eugénia sur cette question centrale, qui traversait l'ensemble des formations politiques révolutionnaires de l'époque, me semble fondamental pour l'aujourd'hui, où le débat sur la violence politique reprend au sein des groupes de la gauche radicale, écologistes compris.

Il est certain, comme elle le signale, que « la légitimation du recours à la violence sera l'atout pour peser lors du gouvernement de l'Unité Populaire. » Ce sera la raison de l'intégration du GAP (*Grupo de Amigos del Presidente*, le « groupe d'amis du Président »). Pourtant, les débats sur la stratégie et sur l'importance de l'action directe des masses éclairent la responsabilité avec laquelle le MIR réfléchissait dès sa naissance à l'usage de la violence. Nous étions conscients que ce n'était pas une forme de lutte comme une autre. Il fallait la manier avec précaution pour ne pas nous éloigner de l'état de la conscience du peuple, de sa vie quotidienne, de ses besoins. L'action directe des masses, oui, accompagner la lutte sociale par l'auto-défense, et bien sûr hors du cadre légal si nécessaire. Bref, en lisant ces pages, je crois en la capacité de l'histoire d'être « une ressource d'intelligibilité » pour l'aujourd'hui. Elle nous donne des outils pour résister aux répétitions caricaturales et nous opposer aux mensonges de l'ennemi.

Sur les élections, la double militance

Sur ce point aussi, l'histoire de la naissance du MIR rend compte de la richesse et de l'originalité de la réflexion de ce mouvement, et donne un éclairage indispensable sur le paradoxe d'une organisation politique qui refuse la voix électorale et institutionnelle, et qui va se retrouver, lors des années du gouvernement de Salvador Allende, à y participer. Sans lâcher la ligne fondamentale de la création urgente du pouvoir populaire, il appuie des candidats socialistes ou de la gauche chrétienne aux élections municipales et parlementaires. Nous menons de front plusieurs formes de lutte, avec une visée stratégique claire : la défense armée du verdict des urnes, car la classe dominante n'hésitera pas à rompre la légalité.

Il est temps de clore cet épilogue en citant Péguy, dont j'espère qu'Eugénia aimera la pensée.

« L'histoire n'est jamais rassasiée, elle ne cesse d'appeler ce qui a péri inachevé. Sans doute est-ce cela qui rend notre rapport au passé si retors ; l'histoire appelle l'inachèvement comme l'indice de l'injustice la plus grande, la plus insupportable devant laquelle nous ne voulons rien tirer, sinon, chez les plus lucides une certaine rage. »

Nous avons besoin aujourd'hui plus que jamais de l'histoire, d'une pensée critique rigoureuse de notre passé récent. Il ne s'agit pas d'affirmer une vérité absolue, mais c'est devant des faits analysés, soumis à l'épreuve de la recherche, que nous pouvons atteindre une vision collective et commune de l'Histoire, celle qui accueille toutes nos histoires, affects, doutes, bifurcations, la matière vivante de ce qui est advenu. L'histoire ne peut pas se contenter seulement de l'art du récit, bien que celui-là soit essentiel à la transmission, ou du déploiement tous azimuts de témoignages directs des protagonistes, il lui faut un travail de vérification, de recoupements, de recherche.

L'histoire permet de comprendre en quoi l'aujourd'hui diffère d'hier, elle nous ouvre ainsi pleinement la question du présent : comment faire pour continuer le combat ? La conscience du passé nous permet d'inventer un futur conscient.

Dans la courte vie du MIR, il y a eu des défaites et une auto-dissolution. Ces expériences peuvent-elles apporter des lumières à ceux qui luttent aujourd'hui ? Puissent-elles les convaincre, comme dit encore Daniel Bensaïd, que rien n'est fatal, que l'histoire est devant nous et que c'est nous qui la faisons…

Carmen Castillo

juin 2023

Carmen Castillo est une écrivaine et cinéaste franco-chilienne. Témoin vivant des années de révolution, de clandestinité puis d'exil, son engagement se poursuit, au travers notamment de films documentaires dont *Calle Santa Fe* (2007) et de récits tels que *Un jour d'octobre à Santiago* (1980, réédition Verdier 2022).

Remerciements

Ce livre n'existerait pas sans la vision de ses éditeurs, sans leur engagement et leur optimisme.
Je les remercie pour leur confiance et l'honneur qu'il et elle m'ont fait en publiant ce texte, dans cette exaltante aventure collective qu'est *terres de Feu.* (promise à un bel avenir) !

J'ai été amenée à renouer avec ma recherche doctorale et les questionnements historiographiques, politiques, qui ont accompagné l'écriture de ce livre et sa première publication au Chili en 2014. J'ai dû revisiter, réécrire et remanier ce texte initial qui avait été le fruit de dix années de recherche, au Chili et ailleurs en Amérique latine, en France et dans d'autres pays européens. J'ai cherché à rendre compte ici de la riche production historiographique, notamment chilienne, des quinze dernières années, que je n'avais pas pu prendre en compte lors de la publication de *¡La revolución ya viene! El MIR chileno en los años sesenta*. Quand je m'étais lancée pour la première fois dans la découverte des années 1960 chiliennes, les travaux de recherche sur lesquels je pouvais m'appuyer étaient encore peu nombreux.
Depuis, la recherche chilienne sur l'histoire du temps présent n'a cessé de s'enrichir, grâce aux contributions de jeunes historiennes et historiens qui renouvellent notre vision sur les longues années 1960 et sur la période de la dictature. C'est l'une des raisons pour lesquelles *Naissance d'une révolution* est précédée et suivie de textes écrits par des historiens plus jeunes, grâce à qui j'ai pu revisiter les hypothèses formulées lors de la parution de *¡La revolución ya viene!*
Je leur suis redevable des dialogues passés et des échanges qui existent dans ce livre.

L'écriture est, certes, une aventure en partie individuelle dans sa matérialisation, mais elle est toujours collective dans sa gestation. Ce livre, comme mes autres publications des vingt dernières années consacrées

à l'histoire des révolutions et de leurs acteurs et actrices, se nourrissent des nombreuses collaborations qui sont autant de complicités intellectuelles et d'amitiés sincères.
Je suis reconnaissante à Véronique Hébrard, Marcelo Casals, Gabriel Entin, Marianne González Alemán, Jérémy Rubenstein, Marie Geoffray, Rafael Pedemonte, Geneviève Verdo, Tanya Harmer, Andrea Otero, Gerardo Leibner, Fernando Camacho, Maud Chirio et Stéphane Boisard.
Des collaborations et complicités intellectuelles plus récentes – avec Natália Schmiedecke, Agustín Cosovschi, Kostis Karpózilos, Polymeris Voglis, Christos Mais, Marco Morra, Vanni Pettinà, Andrés Estefane, Luis Thielemann, Andrea Torrealba, M'hamed Oualdi, Gerd-Rainer Horn, Aldo Marchesi, Daniel Kent, Blanca Mar León – ont été tout aussi marquantes pour moi.

Deux projets d'écriture collective préalables, qui ont été autant de magnifiques expériences de communion intellectuelle et de solidarité à toute épreuve, ont alimenté *Naissance d'une révolution*. Il s'agit de la co-écriture avec Clément Thibaud de l'*Amérique latine embrasée*, et de la co-édition avec Ludivine Bantigny, Quentin Deluermoz, Boris Gobille et Laurent Jeanpierre d'une *Histoire globale des révolutions*, projet ambitieux porté par Rémy Toulouse des éditions La Découverte.
Je ne saurais remercier assez Ludivine pour son amitié qui m'est précieuse, pour son soutien infaillible et, dans le cadre de ce livre, pour sa relecture du manuscrit qui a beaucoup gagné en intelligence et en finesse grâce à ses suggestions. Selon la formule consacrée, je porte l'entière responsabilité d'éventuelles erreurs.
Je remercie également Angelos pour les nombreuses, longues et belles années partagées.

Toutes ces personnes, ainsi que celles et ceux que je ne pourrai pas nommer ici, m'ont appris à trouver dans l'étude du passé un métier collectif, impensable sans le partage, la générosité et l'engagement intellectuel, social et/ou politique.

Je reste également redevable à toutes celles et tous ceux qui ont accompagné, soutenu, à celles et ceux qui ont nourri le travail de recherche mené en thèse, puis en vue de sa publication au Chili. Je souhaite réitérer mes remerciements à mes professeurs et désormais ami.e.s, Annick Lempérière et Alfredo Riquelme. Je tiens également à remercier toutes les personnes qui m'ont accordé des entretiens, pour leur confiance, leur temps et, surtout, pour avoir donné de la vie à ma recherche. La relation entre mémoire et histoire est étroite, comme le rappelle Carmen Castillo dans son texte. Je n'ai pas eu la chance d'interviewer Carmen au cours de mes recherches doctorales, mais notre découverte mutuelle tardive m'a donné tout l'élan dont j'avais besoin pour me lancer dans la (ré)écriture de *Naissance d'une révolution*.

Je dédie ce livre à ma grand-mère Eugénia, femme pleine de rêves et de révolte, dont le parcours a été marqué par la grande Histoire et qui m'a transmis le goût pour le passé et ses révolutions.

Eugénia Palieraki

Notes et références

1. MIR pour *Movimiento de Izquierda Revolucionaria.*

2. Je place le terme « nouvelle gauche » entre guillemets, parce qu'il reprend à son compte l'hypothèse selon laquelle le MIR serait un mouvement totalement nouveau et en rupture radicale avec la tradition de la gauche chilienne. Mon usage du concept est proche de celui qu'en fait l'historienne argentine María Cristina Tortti. Tout en reconnaissant l'émergence d'une culture politique nouvelle, Tortti souligne les continuités entre la « nouvelle gauche » socialiste qu'elle étudie et l'ancien Parti socialiste argentin. María Cristina Tortti et al. (éd.), *La nueva izquierda argentina (1955-1976): socialismo, peronismo y revolución*, Rosario : Prohistoria ediciones, 2014.

3. Ensemble montagneux du Sud de Cuba où les révolutionnaires cubains – dirigés par Fidel Castro et Ernesto Guevara – ont mené une guérilla rurale contre la dictature de Fulgencio Batista. Après leur victoire en 1959, la Sierra Maestra devient, dans toute l'Amérique latine, synonyme de lutte révolutionnaire victorieuse.

4. Ludivine Bantigny, Boris Gobille, Eugénia Palieraki, « Les "années 1968" : circulations révolutionnaires », *Monde(s)*, Vol. 1, n° 11, 2017.

5. Patrick Barr-Melej, *Reforming Chile: cultural politics, nationalism, and the rise of the middle class*, Chapel Hill : The University of North Carolina Press, 2002. Pour une excellente mise au point de ce qu'il faut entendre en histoire par classe moyenne, voir l'introduction de la monographie de Marcelo Casals, *Contrarrevolución, colaboracionismo y protesta. La clase media chilena y la dictadura militar*, Santiago : Fondo de Cultura Económica, 2022, pp. 28-37.

6. Miguel Silva, *Los partidos, los sindicatos y Clotario Blest. La CUT del '53*, Santiago : Ed. Mosquito, 2000, pp. 30-36.

7. Alan Angell, *Politics and the labour movement in Chile*, Londres : Oxford University Press, 1972, pp. 7 et suivantes.

8. Alan Angell, op. cit., pp. 79–87.

9. Pour une synthèse de l'histoire du mouvement ouvrier chilien, voir aussi Franck Gaudichaud, *Chili 1970-1973 : Les mille jours qui ébranlèrent le monde*, Rennes : PUR, 2013.

10. Vicente Mellado Carrasco, « ¡ Por el derecho de asociación y de huelga ! : La Federación Obrera de Chile (FOCH) y el camino a la legislación laboral (1921-1924) », *Cuadernos de historia*, n° 42, 2015, pp. 85-125.

11. Rolando Álvarez, *Forjando la vía chilena al socialismo. El Partido Comunista de Chile en la disputa por la democracia y los movimientos sociales (1931-1970)*, Valparaíso : América en Movimiento, 2020, chapitre 2 ; Verónica Valdivia, *Pisagua, 1948. Anticomunismo y militarización política en Chile*, Santiago : LOM Ediciones, 2021.

12. Viviana Bravo et Manuel Loyola, « Jóvenes comunistas contra la ley maldita. Protesta y resistencia en tiempos de González Videla. Chile 1947-1952 », *Izquierdas*, n° 51, 2022, pp. 1-23 ; Rolando Álvarez, *Forjando la vía chilena*, *op. cit.*, chapitre 2.

13. Jorge Rojas, *La dictadura de Ibáñez y los sindicatos (1927-1931)*, Santiago : Dibam, Centro de Investigaciones Diego Barros Arana, 1993.

14. *Central Unica de Trabajadores*.

15. La Phalange nationale est un parti social-chrétien, créé de la scission progressiste du Parti conservateur en 1935. C'est de ce parti que sera issue la Démocratie chrétienne fondée en 1957. Cette dernière a soutenu, en 1958, les lois d'assainissement de la démocratie et la légalisation du PC. Voir par exemple l'entretien que Blest accorde au journal du PC, El Siglo. « En su tercer año la Central Única pondrá el acento en la plataforma de lucha », *El Siglo*, 12 février 1955, p. 1.

16. Sur la période 1953-1956, voir Alberto Cuevas, « La experiencia de la CUT (1953-1973) : Una visión crítica », *Chile América* (Rome), 1983, p. 29 et suivantes.

17. Pedro Milos, *Historia y memoria : el 2 de abril de 1957*, Santiago : Ed. LOM, 2007 ; Humberto Valenzuela, *Historia del movimiento obrero chileno*, Amsterdam : Ed. ISP Verlag, sans date, p. 43 ; Luis Thielemann, *1957. El proletariado invade Santiago*, Santiago : Tesis XII, 2023.

18. Miguel Enríquez est en 1957 dirigeant lycéen du Parti socialiste. Daniel Avendaño ; Mauricio Palma, *El Rebelde de la burguesía. La historia de Miguel Enríquez*, Santiago : Ed. CESOC, 2001, p. 27 et Mario Amorós, *Miguel Enríquez : un nombre en las estrellas. Biografía de un revolucionario*, Santiago : Ediciones B, 2014.

19. Mario Garcés, *Tomando su sitio. El movimiento de pobladores de Santiago, 1957-1970*, Santiago : Ed. LOM, 2002.

20. Terrains attribués ou vendus par le gouvernement aux sans-logis. Ces terrains sont aménagés ou construits par le gouvernement, mais sont le plus souvent mal situés et les constructions sont faites avec des matériaux de très mauvaise qualité.

21. Jorge Alessandri, le candidat conservateur, fils d'Arturo Alessandri, Président de la République dans les années 1920, est élu avec 32% des voix. Salvador Allende obtient 29% des suffrages, résultat inédit pour une alliance de partis de gauche.

22. Le nombre de grèves de 1959 est décuplé en 1960. Le nombre de participants n'augmente, toutefois, pas sensiblement (il passe de 82 à 88 000). Ceci est dû à une augmentation du nombre de grèves dans les régions rurales (auparavant absentes des mouvements de grève), où le nombre de travailleurs est beaucoup moins important que dans les grandes industries ou dans les centres d'exploitation minière. Voir Jorge Arrate ; Eduardo Rojas, *Memoria de la izquierda chilena, 1850-2000*, Santiago : Javier Vergara Editor, 2003, Vol. I, pp. 333 et suivantes ; Alan Angell, *op. cit.*, pp. 153 et suivantes.

23. Marie-Noëlle Sarget, *Système politique et Parti socialiste au Chili. Un essai d'analyse systémique*, Paris : Ed. de L'Harmattan, 1994, pp. 324-325.

24. Celle-ci se construit autour des deux principales thèses trotskistes : la révolution trahie (par le PC, et dans une moindre mesure par le PS) et la révolution permanente.

25. Robert Alexander, « El trotskismo en América Latina », *Problemas Internacionales* (Washington), n° 3, Vol. XIX, mai – juin 1972, pp. 15-31. Du même auteur, *El trotskismo chileno*, Buenos Aires, traduction miméographée de *Trotskyism in Latin America*, Hoover Institution Publications, VSA, 1973. Voir aussi Osvaldo Coggiola, *El trotskismo en América latina*, Buenos Aires : Ed. Magenta, 1993 ; Andrey Schelchkov, « Un trotskismo a mitad de camino : el hidalguismo en Chile », *Archivos de Historia del Movimiento Obrero y la Izquierda*, n° 17, 2020, pp. 39-56.

26. Selon le Code du Travail de 1931, le droit de se syndiquer ne s'appliquait qu'aux entreprises de plus de 25 travailleurs, excluant ainsi une grande partie des travailleurs du privé. Quant aux paysans, ils n'ont obtenu le droit de se syndiquer qu'en 1967.

27. Le syndicat dans lequel les trotskistes du POR avaient le plus d'influence était celui des Ouvriers municipaux, dont Humberto Valenzuela est la figure de proue. Après sa fondation et jusqu'en 1973, ce même syndicat sera l'un des bastions du MIR.

28. Eugénia Palieraki ; Clément Thibaud, *L'Amérique latine embrasée. Deux siècles de révolutions et de contre-révolutions*, Paris : Armand Colin, 2023, chp.7.

29. Voir chapitres 3 et 4.

30. Nicolás Miranda, *Contribución para una historia del trotskismo chileno, 1929-1964*, Santiago : Clase contra clase, 2000, consulté sur www.archivochile.com/Izquierda_chilena/vision_gen/ICHvisiongen0025.pdf, p.8.

31. Cité dans Julio César Jobet, *El Partido Socialista de Chile, Vol. II*, consulté sur le site www.salvador-allende.cl le 30 juillet 2007.

32. C'est aussi la thèse de Marcelo Casals dans *El alba de una revolución*, où il montre combien la « voie chilienne vers le socialisme » est redevable aux débats et controverses entre les partis de gauche parlementaire et extraparlementaire des années 1956-1970. Marcelo Casals, *El alba de una revolución. La izquierda y la construcción estratégica de la « vía chilena al socialismo »*, Santiago : LOM, 2010.

33. La population du Grand Santiago est passée d'un million en 1940 à plus de trois millions en 1970, c'est-à-dire à peu près la moitié de la population urbaine du pays et plus de 30% de la population totale. En 1960, l'aire économique de Santiago représentait 51,9% des établissements industriels du pays, 58,5% des emplois industriels, 56,5% des salaires et 46% de la valeur de la production. En 1970, la surface métropolitaine représentait 2,3% du territoire national et 46,43% du PIB. Carlos Thayer Escalona, *L'évolution du rôle de l'État dans l'organisation de l'espace au Chili depuis 1939*, Thèse de doctorat en géographie, Université de Paris 1, 1984, pp. 114-116.

34. De 6 860 hectares en 1930, le Grand Santiago passe à 27 260 en 1970. La population des communes périphériques représente 39,6% de la population du Grand Santiago en 1940, 82,1% en 1970. *Ibid.*, p. 116.

35. Il s'agit de terrains occupés, sur lesquels on construit peu à peu des logements en bois et en taule. Ces bidonvilles sont appelés *callampas*, c'est-à-dire « champignons », car ils apparaissent en une seule nuit. Quand ces quartiers s'organisent mieux et les logements très précaires cèdent la place à des constructions quelque peu plus solides, les *callampas* deviennent des *poblaciones*.

36. Habitants des *poblaciones*.

37. Sur la politisation des *pobladores* et l'implantation des partis politiques dans les quartiers populaires de Santiago, voir Mario Garcés, *Tomando su sitio…, op.cit.* ; Jorge Giuti, « La formación de las " poblaciones " en Santiago. Aproximación al problema de la organización y participación de los pobladores », *Revista Latinoamericana de Ciencia Política* (Santiago), n° 2, 1971, pp. 371-383 ; Franz Vanderschueren, « Movilización política y lucha por la vivienda en Chile », *dans* Manuel Castells (éd.), *Imperialismo y urbanización en América Latina*, Barcelona : Ed. C.Gili, 1973, pp. 397-409.

38. Cette incidence idéologique s'explique par les liens privilégiés que les trotskistes entretiennent avec le PS et la proximité avec certaines figures syndicales, de la stature de Clotario Blest par exemple.

39. C'est le cas de l'implication des frères Palestro dans l'occupation de terrains et la fondation de la *población* La Victoria. Sur l'histoire de la *población* La Victoria voir également *Memorias de La Victoria : relatos de vida en torno a los inicios de la población*, Santiago : Identidad Grupo de Memoria Popular, 2003 ; Juan Lemuñir, *Crónicas de La Victoria : testimonio de un poblador*, Santiago : Ed. Documentas, 1990 ; Janet Finn, « La Victoria Claiming Memory, History and Justice in a Santiago *Población* », *Journal of Community Practice*, Vol. 13, n° 3, 2006, pp. 9-31.

40. C'est ce que Trotski appelait l'entrisme à drapeau déployé. Il ne s'agit pas de se cacher mais de politiser une organisation dans un sens radical et révolutionnaire. Je remercie Ludivine Bantigny de me l'avoir signalé.

41. Miguel Silva, *op. cit.*, p. 175.

42. À la fondation du PS participent, outre les militaires qui ont dirigé le coup d'État du 4 juin 1932 et la République socialiste, de nombreux petits groupes socialistes aux appartenances idéologiques disparates, qui vont du nationalisme progressiste à l'anarchosyndicalisme, en passant par le socialisme modéré. Sur les origines idéologiques du Parti socialiste, voir Julio César Jobet, *Historia del Partido Socialista de Chile*, Santiago : Ed. Documentas, 1987.

43. Humberto Valenzuela, *op. cit.*, p. 98.

44. Même l'aile modérée du PS en vient à critiquer l'engagement purement électoral du parti. Mais elle ne prêche pas pour autant la lutte armée, elle considère qu'il s'agit uniquement d'un problème de méthode. Osvaldo Puccio, par exemple, secrétaire de Salvador Allende, dit en parlant de la campagne électorale de 1964 : « Nous ne nous étions pas encore libérés de notre tendance à utiliser les mêmes méthodes électorales que la bourgeoisie. Les règles du jeu de la lutte électorale de la démocratie bourgeoise conduisent à cela. ». Osvaldo Puccio, *Un cuarto de siglo con Allende. Recuerdos de su Secretario privado*, Santiago : Ed. Emisión, 1985, p. 141.

45. Óscar Waiss, *Chile vivo. Memorias de un socialista (1928-1970)*, Madrid : Ed. Fuenlabrada, 1985, p. 135 ; Humberto Valenzuela, *op. cit.*, pp. 130 et suivantes.

46. Iñaki Moulián Jara, *Contextualización, origen y evolución del Movimiento de Izquierda Revolucionaria (MIR) en Chile, 1959-1970*, Mémoire de Master 1 en histoire, Université de Valdivia, 2001, pp. 22 et suivantes.

47. Notamment la défense de la ligne « Front des Travailleurs » du PS, la promotion de la lutte armée, avec la volonté d'implanter des foyers de guérilla au Chili.

48. Le *foquisme* (*foquismo* en espagnol) est le nom donné à la théorie de guerre révolutionnaire de Guevara. L'une de ses hypothèses centrales était qu'en Amérique latine, une révolution réussie pouvait s'initier grâce à un foyer (*foco*) de guérilla qui obtiendrait à terme le soutien de la population et renverserait le régime en place. Le *foco* – groupe réduit de révolutionnaires décidés et volontaristes – serait comme le foyer d'un incendie : réduit à ses débuts, mais puissant, il finirait par embraser la prairie. Voir aussi chapitre 5.

49. Marie-Noëlle Sarget, *op. cit.*, pp. 94 et 381.

50. C'est, par exemple, le cas de Norman Gamboa qui participe également à la fondation du PSR.

51. Luis Vitale, « Los discursos de Clotario Blest y la Revolución Chilena », *dans* Luis Vitale, *Ensayo de historia del movimiento obrero chileno : los discursos de Clotario Blest y la revolución chilena*, Santiago : s.éd., 1961, pp. 9 et suivantes.

52. Signalons ici que la lutte armée n'est théoriquement pas condamnée par le PC. Cependant, quand le PC juge les « conditions objectives » défavorables, il considère le passage à la lutte armée non pas comme un geste révolutionnaire, mais comme une « déviation putschiste ».

53. Sur Reinoso voir María Soledad Gómez, *Partido Comunista de Chile : factores nacionales e internacionales de su política interna*, Santiago : FLACSO, 1984 ; Carmelo Furci, *The Chilean Communist Party and the road to socialism*, Londres : ZED Books, 1984, 2e chapitre ; et surtout Manuel Loyola, « " Los destructores del Partido " : notas sobre el reinosismo en el Partido Comunista de Chile », *Revista Izquierdas* (Santiago), année 1, n° 2, 2008, www.izquierdas.cl.

54. L'*Organisation* est composée de différentes structures qui se spécialisent dans un secteur spécifique de l'activité armée et clandestine du PC : appareil armé, renseignement, relations avec les Forces armées, logistique.

55. Miguel Silva, *op. cit.*, pp. 231 et suivantes.

56. Ces mesures seront finalement prises à la fin du gouvernement d'Ibáñez (1957-1958), sous la pression du FRAP et de la DC, et seront connues sous le nom de « lois d'assainissement de la démocratie ».

57. Manuel Loyola, *op. cit.*, p. 7 et 20-32.

58. Voir déclaration de Luis Reinoso citée dans Rubén Álvarez Alarcón, *Formación y fundación del MIR : de Clotario Blest a Miguel Enríquez (1965-1967)*, Master 1 en histoire, Université pontificale catholique du Chili, 1999, p. 53.

59. Alfredo Riquelme, *Rojo atardecer. El comunismo chileno entre dictadura y democracia*, Santiago : Centro de Investigaciones Barros Arana, 2009, p. 68-71.

60. Jesús Sánchez Rodríguez, *Reflexiones sobre la revolución chilena*, consulté sur le site de https://rebelion.org/docs/52569.pdf, p. 12.

61. Dans les années 1950, les PC latino-américains cessent d'appeler à la révolution socialiste et commencent à promouvoir la thèse selon laquelle la révolution latino-américaine devait être une « révolution démocratico-bourgeoise », qui ne rompe pas avec le cadre institutionnel libéral et qui se fonde sur la collaboration entre le prolétariat et la bourgeoisie nationale. Cette dernière est alors considérée comme acteur central de la modernisation économique et sociale de la région, qui permettrait à terme une amélioration des conditions de vie des travailleurs.

62. Selon Rubén Álvarez, le MRA avait 300 militants. Rubén Álvarez, *op. cit.*, p. 54.

63. Manuel Loyola, *op. cit.*, pp. 11, 26 et 28. *El Rebelde*, n° 18, 1963, p. 2.

64. Miguel Silva, *op. cit.*, p. 404 et María Soledad Gómez, *op. cit.*

65. *El Rebelde*, n° 18, *op. cit.*, p. 2. Il existe néanmoins quelques exceptions. Ainsi, Gonzalo Toro rejoint le POR trotskiste et s'investit dans le travail politique aux *poblaciones*, où il collabore avec Herminia Concha et devient un dirigeant très populaire. D'autres dirigeants de la JC comme Federico García intègrent le PS. Voir Pedro Valdés Navarro, *El compromiso internacionalista. El Ejército de Liberación Nacional. Los elenos chilenos, 1966-1971. Formación e identidad*, Santiago : LOM, 2018, p. 67. Parmi les expulsés de 1957, se trouve aussi Gabriel Smirnow qui fonde le Mouvement Communiste Révolutionnaire (MCR). Il intègre par la suite la VRM et plus tard le MIR, en tant que membre de son deuxième Comité Central. Smirnow travaille durant les années de l'Unité Populaire à la maison d'édition Quimantú, où il est en charge des publications politiques.

66. Alonso Daire, « La política del Partido Comunista desde la Post-Guerra a la Unidad Popular », in Augusto Varas (coord.), *El Partido Comunista en Chile. Estudio multidisciplinario*, Santiago : Ed. CESOC, 1988, pp. 174 et suivantes.

67. *Vanguardia Nacional Marxista.*

68. *Vanguardia Revolucionaria Marxista.*

69. José León [Martín Hernández], *Algunas consideraciones preliminares en torno a la reelaboración del proyecto histórico mirista. Documento privado de circulación restringida*, La Havane, août-septembre 1985, Cedinci (Buenos Aires), cote SMJP/CPI C20/2-4, p. 4.

70. Miguel Silva, *op. cit.*, p. 404.

71. Jeremy Friedman, *Shadow Cold War: The Sino-Soviet Competition for the Third World*, Chapel Hill : The University of North Carolina Press, 2015 ; Mario Bettati, *Le conflit sino-soviétique 1. Le conflit entre partis. 2. Le conflit entre États*, Paris : Éd. Armand Colin, 1971 ; Jacques Lévesque, *Le conflit sino-soviétique*, Paris : Presses Universitaires de France, 1973. Sur les implications idéologiques du conflit, voir V. M. Tarchov, *Relaciones chino-soviéticas : el conflicto ideológico*, Caracas : Ed. de l'Université Andrés Bello, 1982.

72. Andrés Pascal Allende, « El MIR 35 años », *Revista Punto Final*, 1e partie, n° 478, 25 août – 7 septembre 2000, https://www.lahaine.org/internacional/historia/mir35parte1.htm, et 2e partie, n° 480, 21 septembre – 5 octobre 2000, https://www.lahaine.org/internacional/historia/mir35parte2.htm ; Carlos Sandoval, *El MIR, una historia*, Santiago : Sociedad Editorial Trabajadores, 1990.

73. Marco Álvarez Vergara, *La Constituyente Revolucionaria. Historia de la fundación del MIR chileno*, Santiago : LOM, 2015.

74. José Rodríguez Elizondo, *Crisis y renovación de las izquierdas : de la Revolución Cubana a Chiapas, pasando por el « caso chileno »*, Mexico ; Buenos Aires : Ed. Andrés Bello, 1995 ; Patricia Arancibia Clavel, *Los orígenes de la violencia política en Chile. 1960-1973*, Santiago : Ed. Libertad y Desarrollo, 2001 ; Genaro Arriagada, *De la vía chilena a la vía insurreccional*, Santiago : Ed. del Pacífico ; Instituto de Estudios Públicos, 1974.

75. Avant-Garde Nationale Marxiste.

76. *El Rebelde*, n° 3, 24 mars 1962, p. 1.

77. Avant-Garde Révolutionnaire Marxiste.

78. Mouvement de Résistance Anti-impérialiste.

79. *El Rebelde*, n° 26, juillet 1964, p. 1 ; *El Rebelde*, n° 27, août 1964, p. 2.

80. Entretien avec Luis Vitale et Patricio Figueroa à Santiago, le 3 novembre 2004.

81. Au lendemain de la défaite électorale la Jeunesse du PS dresse un bilan très critique sur l'action de la direction adulte du parti et lui demande qu'elle rendre des comptes sur la gestion de la campagne. Jorge Valle ; José Díaz, *Federación de la Juventud Socialista. Apuntes históricos 1935-1973*, Santiago : Ed. Documentas, 1987, p. 48.

82. Alejandro Chelén Rojas, *Trayectoria del socialismo (Apuntes para una historia crítica del socialismo chileno)*, Buenos Aires : Ed. Austral, [1967], p.176.

83. Cette thèse est déjà formulée avant les élections. *El Rebelde*, n° 14, 1er mai 1963, p. 1, mais aussi après les élections, voir *El Rebelde*, n° 28, septembre 1964, p. 1.

84. *El Rebelde*, n° 28, *op.cit.*, p. 3. Voir aussi Raúl Ampuero, *La izquierda en punto muerto*, Santiago : Ed. Orbe, 1969, p. 202.

85. Pour une présentation détaillée de tous les partis et de leurs dirigeants qui vont confluer dans la formation du MIR, voir Luis Vitale, *Contribución a la historia del MIR, op.cit.* ; Carlos Sandoval, *El MIR, una historia, op.cit.* ; Rubén Alvarez Alarcón, *Formación y fundación del MIR..., op.cit.*

86. Entretien avec Herminia Concha à Santiago, le 15 novembre 2004.

87. Il n'existe, à notre connaissance, aucun compte-rendu des débats qui ont eu lieu lors du « Congrès d'unité révolutionnaire », sauf ceux publiés dans *El Rebelde*, qui présentent les motions adoptées mais pas les débats qui les ont précédées.

88. Humberto Valenzuela, « La comuna obrera y las Juntas de Vecinos », *Estrategia*, n° 6 (septiembre 1966), pp. 34-48. Dans cet article, Valenzuela considère qu'une des principales missions des révolutionnaires est d'investir les *Juntas de Vecinos*, qui étaient alors fondées dans tout le pays, afin de leur fournir une orientation révolutionnaire. À l'encontre du PC et du PS, Valenzuela considère qu'elles sont un instrument de démocratie directe des travailleurs, qui ne passe pas par des représentants soumis aux dictats de la bourgeoisie.

89. Le MIR vénézuélien est issu de la scission de la Jeunesse du Parti social-démocrate, Action Démocratique, produite après à une visite de Fidel Castro à Caracas en 1959.

90. Dans les années 1950, la politique intérieure et extérieure de l'Alliance Populaire Révolutionnaire Américaine (APRA) de Haya de la Torre qui, auparavant, se reconnaissait avant tout comme anti-impérialiste et était le principal interlocuteur du Parti socialiste chilien, connaît un revirement « conservateur ». Les secteurs les plus radicaux de l'APRA s'en séparent pour former l'APRA Rebelle. En 1962, l'APRA Rebelle change de nom et devient le MIR péruvien. Luis de la Puente est l'un de ses leaders les plus connus.

91. MIR, *Declaración de Principios*, Santiago, septembre 1965, p. 1.

92. *Ibid.*, p. 3.

93. *Ibid.*, p. 2-3.

94. *Idem.*

95. Par exemple, Carlos Sandoval, op.cit., p. 23.

96. L'expression « crise de direction du prolétariat » est une allusion à Trotsky. *Declaración de Principios, op.cit.*, p. 3.

97. Maurice Duverger, *Les partis politiques*, Paris : Éd. Armand Colin, 1976, p. 54.

98. Bien que le PSP, l'autre parti trotskiste qui est fortement représenté dans le MIR, ait une implantation géographique plus diversifiée, il a moins de militants que la VRM. De plus, la VRM compte dans ses rangs des militants très actifs, notamment le groupe de Miguel Enríquez dans l'Université de Concepción.

99. Luis Aguilar (éd.), *Marxism in Latin America*, New York : Ed. Alfred A. Knopf, 1968, p. 40 et suivantes. Il faut, toutefois, signaler que les trotskistes sont particulièrement critiques du régime maoïste et certains courants trotskistes restent méfiants à l'égard de Cuba.

100. Alfonso Daire, *op.cit.*, p. 176.

101. Entretien avec Martín Hernández, à Santiago, le 16 décembre 2004.

102. Edy Kaufman, « Las estrategias de las guerrillas », *Problemas Internacionales*, n° 1, 1973, p. 17 sq. ; Stefan Glejdura, *La política exterior de la URSS*, Madrid, Instituto de Estudios Políticos, 1970, p. 138-139.

103. Ce n'est qu'en 1968 que le PC chinois a reconnu officiellement que des organisations maoïstes avaient été fondées dans dix pays de l'Amérique latine, mais il n'a cité que celles de pays comme le Brésil, le Pérou et la Colombie, où les partis maoïstes avaient eu un succès relatif. Richard Gott, *Las guerrillas en América Latina, op. cit.*, p. 30.

104. Voir Manuel Caballero, *Latin América and the Comintern 1919-1943*, Cambridge : Cambridge University Press, 1986, pp. 145-148. Concernant l'assaut à la caserne Moncada, c'est une tactique qui avait déjà été utilisée par l'APRA au Pérou depuis 1931 et par le MNR bolivien.

105. Miles Wolpin, *op.cit.*, p. 44-47. Voir également Tanya Harmer, *op.cit.*, pp. 24-27 et pp. 43 et suivantes.

106. Article paru dans le numéro 57 de *Frente Obrero* et reproduit dans « Chilean trotskists defend the Cuban Revolution », *International Socialist Review*, Vol. 22, n° 3, été 1961, pp. 85-88.

107. Jorge Valle ; José Diaz, *Federación de la Juventud Socialista*, *op.cit.*, p.43.

108. Voir Marie-Noëlle Sarget, *op.cit.*, pp. 330 et suivantes ; Miles Wolpin, *Cuban Foreign Policy and Chilean Politics*, Toronto; Londres : Lexington Books, 1972, pp. 149 et suivantes.

109. L'attrait de la Révolution cubaine était, par conséquent, d'avoir prouvé que le socialisme pouvait se construire sans passer par une étape démocratico-bourgeoise, de surcroît dans un pays de « capitalisme arriéré ». Theodore Draper, *La Révolution de Castro. Mythes et réalités*, Paris : Ed. Calmann-Lévy, 1963, *op.cit.*, pp. 65-66. Nous pourrions ajouter que la Révolution cubaine représente avant tout le triomphe de la volonté des révolutionnaires sur les « conditions objectives ».

110. « Forjar una patria nueva por el camino de Cuba y al estilo chileno ». *El Rebelde*, n° 4, 31 mars 1962, p. 1.

111. La question des conditions subjectives et objectives de la révolution est abordée dans le discours de Castro en 1963, lors de la commémoration du 26 juillet, discours reproduit dans *El Rebelde*, n° 16, août 1963, p.3.

112. Ernesto Guevara, « Guerra de guerrillas. Un método », *Cuba socialista*, septembre 1963, consulté sur https://www.archivochile.com/America_latina/Doc_paises_al/Cuba/Escritos_del_Che/escritosdelche0057.pdf

113. Matt Childs, « An historical critique of the emergence and evolution of Ernesto Che Guevara's Foco Theory », *JLAS (Journal of Latin American Studies)*, 1995, n° 27, vol. 3, pp. 615-620.

114. Sur les relations entre Cuba et Chine dans les années 1960, voir le IVe chapitre de Stefan Grejdura, *La política exterior de la URSS*, *op.cit.*, ainsi que Cheng Ying-Hsiang, *Idylle sino-cubaine, brouille sino-soviétique*, Paris : Armand Collin, 1974.

115. Voir chapitre 5.

116. Voir le discours prononcé par Fidel Castro le 26 juillet 1963, cité dans *El Rebelde*, n° 15, juillet 1963, p. 1.

117. VRM, *Informe político a la segunda conferencia nacional de VRM efectuada en Santiago durante los días 19, 20 y 21 de noviembre de 1965*, Santiago : [s.éd.], novembre 1965, pp. 33-34.

118. Selon un rapport du ministère chilien des affaires étrangères, cité par Miles Wolpin, *op.cit.*, p. 43 : Entre 1959 et 1965, la moyenne de Chiliens ayant voyagé vers ou de Cuba devait être tout au plus 300 par an. En 1964, les services secrets chiliens estimaient que 2000 Chiliens étaient à Cuba. La plupart de ceux qui voyageaient à La Havane étaient des invités officiels du régime ou partaient faire leurs études à Cuba.

119. Richard Gott, *op.cit.*, pp. 35-36.; Piero Gleijeses, « Cuba's first Venture in Africa : Algeria, 1961-1965 », *JLAS*, 1996, n° 28 (1), 159-195; Denise Rollemberg, *O apoio de Cuba à luta armada no Brasil : o treinamento guerrilheiro*, Rio de Janeiro : Ed. Mauad, 2001, p. 3.

120. Alexandr Kuzin, « Cuestiones de la defensa armada de la revolución cubana », dans George Fauriol (éd.), *Latin american insurgencies*, Georgetown : The Georgetown University Center for Strategic and International Studies ; The National Defense University, 1985, pp. 17-24.

121. Samuel Farber, *The Origins of the Cuban Revolution Reconsidered*, Chapel Hill : The University of North Carolina Press, 2006, chapitre 5.

122. Le premier à mettre en cause l'applicabilité du « modèle cubain » en Amérique latine est le dirigeant de la guérilla guatémaltèque Yon Sosa, suivi par le vénézuélien Douglas Bravo. Voir Richard Gott, *Las guerrillas en América Latina*, Santiago : Ed. Universitaria, 1971, pp. 33 et suivantes.

123. Richard Gott, *op.cit.*, p. 38.

124. Denise Rollemberg, *op.cit.*, pp. 5-6; William Ratcliff, *Castroism and communism in Latin America, 1959-1976. The varieties of Marxist-Leninist experience*, Washington : American Enterprise Institute for Public Policy Research, 1976, pp. 35-37. Ratcliff divise en deux périodes la politique latino-américaine de Cuba. La première, entre 1959 et 1968, est caractérisée par le soutien cubain aux guérillas et les tensions constantes entre Cuba et l'URSS. La seconde, à partir de 1968, Cuba s'aligne définitivement sur les positions de Moscou.

125. Luiz Alberto Moniz Bandeira, *De Martí a Fidel. A Revolução Cubana e a América Latina*, Rio de Janeiro : Ed. Civilização Brasileira, 1998, pp. 562 et suivantes.

126. MIR, Programa del Movimiento de Izquierda Revolucionaria, août 1965, consultable sur www.archivo-chile.com, p. 2.

127. « Dossier Chili. IV Internationale Correspondance (1947, 1951-58, 1962, 1964) », F Delta rés. 462.

128. Notamment le trotskiste argentin Ángel Fanjul, arrêté, condamné et sauvé in extremis par Guevara. Entretien avec Ángel Fanjul à Buenos Aires, le 27 novembre 2004.

129. Luis Vitale, *Contribución...*, p. 19.

130. Daniel Avendaño ; Mauricio Palma, *op.cit.*, p. 44.

131. « Cuba, la Trincontinental y la Revolución latinoamericana », *Revista Estrategia*, n° 4, juin 1966, p. 1.

132. Par exemple, ce premier braquage de nuit manqua singulièrement de discrétion. Le propriétaire de l'armurerie se réveilla, il permit par la suite à la police d'établir le portrait-robot de Mondiola. Détail amusant, les miristes emportèrent, par mégarde ou méconnaissance, des armes de collection. Les antiquités manquantes dépistèrent la police qui crut, dans un premier temps, avoir affaire à des collectionneurs ou des voleurs mandatés.

133. Luis Vitale, *Contribución...*, op.cit., p. 22 et Luis Vitale, « La praxis de Miguel en el MIR del período 1965-1970 », *CEME (Centro de Estudios Miguel Enríquez)*, n° 5, octobre 1999, p. 59.

134. Daniel Avendaño ; Mauricio Palma, *op.cit.*, p. 62.

135. Edy Kaufman, « Las estrategias de las guerrillas », *Problemas Internacionales*, n° 1, Vol. XXI, janvier-février 1973, p. 13. Miles Wolpin, *op.cit.*, pp. 46-47. Herbert Matthews, *Castro: A Political Biography*, Middlesex : Ed. The Penguin Press, 1970, p. 336 ; Theodore Draper, *La Révolution de Castro. Mythes et réalités*, Paris : Ed. Calmann-Lévy, 1963, *op.cit.*, p. 127.

136. Hernán Reyes est militant du MIR depuis 1967, il fut chargé de l'instruction militaire à Coronel et à Concepción (surtout avec des étudiants). Entretien avec Hernán Reyes, à Coronel, le 7 mars 2005.

137. Daniel Avendaño ; Mauricio Palma, *op.cit.*, p. 63.

138. Sur la DC voir Ricardo Yocelevzky, *La democracia cristiana chilena y el gobierno de Eduardo Frei (1964-1970)*, Mexico : Ed. Universidad Autónoma

Metropolitana, 1987 ; Jaime Castillo Velasco, *Las fuentes de la democracia cristiana*, Santiago : Ed. Pacífico, 1963 ; Timothy Scully ; Scott Mainwaring, *Christian Democracy in Latin America : electoral competition and regime conflicts*, Stanford : Stanford University Press, 2003 ; Olivier Compagnon, *Jacques Maritain et l'Amérique du Sud : le modèle malgré lui*, Villeneuve d'Ascq : Presses Universitaires du Septentrion, 2003 ; Élodie Giraudier, *Le Parti démocrate-chrétien au Chili (1957-2010) : de la troisième voie au néolibéralisme*, Thèse de doctorat en Histoire, Sorbonne Paris Cité, 2018.

139. Sur la CEPAL, Eduardo Devés, *El pensamiento latinoamericano en el Siglo XX. Entre la modernización y la identidad. Vol. I* Del Ariel de Rodó a la CEPAL (1900-1950), Santiago : Ed. Biblos, 2000, pp. 287-304 ; Margarita Fajardo, *The World That Latin America Created : The United Nations Economic Commission for Latin America in the Development Era*, Cambridge, MA : Harvard University Press, 2022.

140. Vanni Pettinà, *Historia mínima de la Guerra fría en América Latina*, Mexico : Colegio de México, 2018, chapitres 3-4.

141. Orlando Mella, *Religion and politics in Chile. An analysis of a religious model*, Stockholm : Ed. de l'Université d'Uppsala, 1987 ; David Fernández, *Historia oral de la Iglesia Católica en Santiago de Chile. Desde el Concilio Vaticano II hasta el Golpe Militar de 1973*, Cadix : Université de Cadix, 1996 ; Marcos Fernández Labbé, « La reconceptualización católica de la revolución : el pensamiento cristiano frente al cambio histórico, Chile (1960-1964) », *Hispania sacra*, Vol. 69, n° 140, 2017, pp. 735-753.

142. Mario Garcés, *op.cit.*, pp. 146 et suivantes. Voir Ricardo Yocelevsky, *op.cit.*, pp. 199-211.

143. Ana María Portales, *Los conflictos internos en el partido Demócrata Cristiano durante la primera etapa del gobierno de Eduardo Frei (1964-1968)*, Santiago : FLACSO, 1987.

144. Roberto Brito, « Hacia una sociología de la juventud. Algunos elementos para la deconstrucción de un nuevo paradigma de la juventud », *Revista Última Década (Viña del Mar: CIDPA)*, année 6, n° 9, août 1998, consulté sur le site de CIDPA http://www.cidpa.org/decada9.asp le 18 septembre 2008, pp. 4-5.

145. Frank Bonilla ; Myron Glazer, *Student politics in Chile*, New York : Ed. Basic Books, 1969 ; Nicolás Dip, *Movimientos estudiantiles en América Latina. Interrogantes para su historia, presente y futuro*, Buenos Aires : CLACSO, 2023.

146. Martín Bowen, « El proyecto sociocultural de la izquierda durante la Unidad Popular. Crítica, verdad e inmunología política », *Nuevo Mundo mundos nuevos*, http://nuevomundo.revues.org/index13732.html.

147. La démocratisation de l'accès à l'éducation supérieure, au début des années 1970, profite surtout aux classes moyennes. Seuls 5 à 10% des enfants d'ouvriers étudient à l'Université. Voir Paul Sigmund, « Enfoques para el análisis del problema de los estudiantes universitarios y la política », dans *Estudiantes y política. Seminario internacional organizado por la Corporación de Promoción Universitaria. Viña del Mar – Chile 1970*, Santiago : Ed. Corporación de Promoción Universitaria, 1970, pp. 9-23.

148. Pontificale car elle dépend directement du Vatican.

149. Ricardo Krebs, *Historia de la Pontifia Universidad Católica de Chile*, Santiago : Ed. Universidad Católica, 1994, vol. 2, p. 625 ; Stéphane Boisard, *op.cit.*, pp. 154 et suivantes.

150. Pour une chronologie détaillée des débuts de la réforme à l'Université Catholique, voir José Olavaría, « ¿ En crisis el sistema universitario chileno en 1967 ? ¿ Por qué ? », *dans Estudiantes y política. Seminario internacional organizado por la Corporación de Promoción Universitaria. Viña del Mar – Chile 1970*, Santiago : Ed. Corporación de Promoción Universitaria, 1970, pp. 147-169 ; *Biblioteca del Movimiento estudiantil Vol. II La Reforma en la Universidad Católica de Chile*, Santiago : Ed. Sur, 1985, pp. 33-78.

151. La démocratisation des structures se traduit par la séparation des secteurs scientifique et administratif ; l'élection des autorités ; le droit de vote au président de la FEUC pour le Conseil supérieur et pour les présidents des Centres d'étudiants aux Conseils d'École ; la formation d'organismes représentatifs comprenant les employés de l'université. *Voir Biblioteca del movimiento estudiantil Vol. II, op.cit.*, pp. 153-173.

152. Notamment par la suppression de la « lettre de recommandation », exigée pour l'admission des étudiants. Cette pratique excluait les candidats qui ne provenaient pas de familles de l'élite catholique ou qui n'avaient pas de liens avec les autorités de la PUC. Stéphane Boisard, *L'émergence d'une nouvelle droite : monétarisme, conservatisme et autoritarisme au Chili (1955-1983)*, Thèse de doctorat en Histoire, Université de Toulouse 2 le Mirail, 2001, p. 154.

153. Sur la politisation du mouvement étudiant de l'Université Catholique et sa progressive subordination aux partis politiques, voir José Olavaria, *op.*

cit., p. 163 ; *Biblioteca del movimiento estudiantil Vol. II, op.cit.*, pp. 34-40 ; Carlos Huneeus, *La reforma en la Universidad de Chile*, Santiago: Corporación de Promoción Universitaria, 1973, pp. 9-14.

154. Sur les militants chrétiens qui rejoignent le MIR à la fin des années 1960, voir aussi chapitre 4.

155. *Biblioteca del Movimiento estudiantil, Vol. II*, pp. 40-41.

156. *Renovación* (Concepción), n° 34, novembre 1966, s.p. Gloria Aguayo ; Margarita Mora, *Cambios estructurales en la Universidad de Concepción, su relación con lo que fue el accionar de la ultraizquierda, 1964-1968*, Mémoire de Master 1 en Histoire, Université de Concepción, 1994, p. 76.

157. Archives de l'Université de Concepción. *Acta de Directorio* n° 22, 9.10.1967 et n° 23, 23.10.1967.

158. Edgardo Enríquez Frödden, *Testimonio de un destierro..., op.cit.*, pp. 63-64 ; Daniel Avendaño ; Mauricio Palma, *op.cit.*, p. 43.

159. Daniel Avendaño ; Mauricio Palma, *op.cit.*, pp. 43-44.

160. Les *Peace Corps* sont créés par J. F. Kennedy en 1961. Agence censée être indépendante du gouvernement états-unien, les Corps de la Paix sont intégrés de volontaires, généralement des personnes jeunes ayant fait des études supérieures, envoyés vers les pays du « Tiers-Monde » pour œuvrer à leur développement, notamment dans le domaine de la santé et de l'éducation.

161. Miguel Enríquez, « Balance de la lucha... », *op.cit.*

162. El Sur, 22 juin 1965, p. 23 ; *Renovación* (Concepción), novembre 1966, *op.cit.* ; *El Sur*, 2 mai 1967, p. 7. À deux reprises, en 1965 puis en 1967, les militants du MIR ont kidnappé un policier pour exiger la libération de militants miristes qui avaient été arrêtés par la police.

163. Miguel Enríquez, « Balance de la lucha en la Universidad de Concepción », *Punto Final, op.cit.*

164. C'est, par exemple, dans le Forum ouvert de l'Université de Concepción que des figures comme Salvador Allende ou Fidel Castro prononcent leurs discours quand ils visitent Concepción dans les années 1970.

165. La spécificité de Concepción, avec l'emprise de la franc-maçonnerie sur son université, se répercute sur la FEC, où le Groupe Universitaire Radical lié au PR reste très puissant dans les années 1960, contrairement à l'Université du Chili.

166. Miguel Enríquez est militant socialiste depuis la fin des années 1950. En 1962, il rencontre Enrique Sepúlveda et commence à militer à la fois dans la VRM et dans le PS. Au sein du PS, il crée avec d'autres jeunes militants et amis d'enfance (Bautista Van Schouwen, Marcelo Ferrada, Dantón Chelén), la fraction *Espartaco*, qui publie la revue *Revolución*. En 1963, quand la VRM se présente aux élections de la FEC au sein d'une coalition, la plupart de ses membres sont à la fois militants de la VRM et du PS.

167. Edgardo Enríquez Frödden ; Jorge Gilbert, Edgardo *Enríquez Frödden, testimonio de un destierro*, Santiago : Ed. Mosquito, 1992.

168. Miguel Silva, *op.cit.*, p. 396.

169. *El Rebelde, suplemento estudiantil* : « Los estudiantes y la Revolución », décembre 1968, p. 2.

170. Otto Boye Soto, « El contexto internacional de los últimos veinte años y los movimientos políticos universitarios en América latina », *Estudiantes y política, segunda parte. Jornadas Universitarias n° 2*, Santiago de Chile : CPU, 1971, pp. 56-62 ; *El Rebelde*, n° 25, année II, juin 1964, p. 4.

171. Voir par exemple Archives de l'Université de Concepción, *Acta del Directorio* n° 23, 23 octobre 1967.

172. Entretien avec Nelson Gutiérrez, à Concepción, le 7 mars 2005.

173. *Biblioteca del movimiento estudiantil Vol. IV*, pp. 43-44.

174. *El Rebelde. Órgano oficial del MIR*, n° 1, septembre 1968, Directeur : Bautista Van Schouwen, p. 4.

175. Pedro Naranjo (éd.), *Miguel Enríquez, páginas de historia y de lucha*, Stockholm : Ed. Centro de Estudios Miguel Enríquez, 1999, p. 43.

176. Juan Rivano (dir.), *Revista de Filosofía*, Département de Philosophie de l'Université du Chili. Le premier numéro date de 1949 et était, dans les années 1960, dirigée par Juan Rivano. Durant la réforme universitaire, son comité de rédaction était composé de militants du MIR et de la BUS, notamment Dantón Urqueta et Jaime Riera.

177. Entretien avec Andrés Galanakis, *op.cit.*

178. Entretien avec Álvaro Díaz à Santiago le 18 septembre 2003, dirigeant du MIR dans la Faculté d'Économie, qui a participé activement aux travaux d'été au campement *Nueva La Habana*. Entretien avec Herminia Concha, *op.cit.* et avec Ricardo Pizarro, à Santiago, le 19 octobre 2004. Pizarro était inscrit en philosophie et en sociologie à l'Université du Chili.

179. Tout au long de la période de l'Unité Populaire, un des principaux fondements de la légitimité politique du MIR fut sa prétendue capacité à analyser correctement et avec lucidité la réalité sociale et les évolutions politiques du pays. Cette prétention, transparaît dans les textes de l'époque comme dans les entretiens plus récents des anciens membres de la Commission politique du MIR. Voir aussi Yvette Lozoya, *Intelectuales y Revolución. Científicos sociales latinoamericanos en el MIR chileno (1965-1973)*, Santiago : Ariadna, 2020.

180. Voir par exemple Gabriel Salazar, « De la generación chilena del 68 : ¿ omnipotencia, anomia, movimiento social ? », *Proposiciones* (Santiago), n°12, 1986, pp. 96-118.

181. Selon Julián Bastías, en 1973, environ 80% des militants du MIR étaient des étudiants ou des lycéens. Voir Julián Bastías, « A propósito del MIR chileno. Un intento de psicología partidaria. Representaciones sociales y subsistemas ideológicos, como factores de inhibición en la crítica de los militantes », *Psicología, Psiquiatría y Psicoterapia*, n° 146, Buenos Aires, Ed. Paidós, 1995, p. 191.

182. Selon Andrés Galanakis et Sergio Zorrilla, les principaux dirigeants du MIR au *Pedagógico*, le MIR avait à l'Université du Chili une cinquantaine de militants, alors qu'aux élections de la FECH, il obtenait plus de 400 voix (et plus de mille voix suite à la coalition avec la BUS). Entretien avec Andrés Galanakis et Sergio Zorrilla, à Santiago.

183. Par exemple Carlos Altamirano, *Decisión revolucionaria. Edición homenaje al 40° aniversario del PS*, Santiago : Ed. Quimantú, 1973, p. 41 ; Luis Corvalán, *El poder popular, única alternativa patriótica y revolucionaria. Actos del XIV Congreso del Partido Comunista chileno, noviembre de 1969*, Santiago : Ed. Horizonte, 1969, p. 11-12.

184. « El cambio social. Los estudiantes y la revolución », *Revolución. Órgano oficial de la Brigada Universitaria del MIR* (Concepción), année III, n° 16, 1 septembre 1967, p. 3.

185. Sur les rapports entre le religieux et le politique, voir Arno Mayer, *Les Furies. Violence, vengeance, terreur aux temps de la révolution française et de la révolution russe*, Paris : Fayard, 2002, pp. 125-129 ; Michael Löwy, *La lutte des dieux. Christianisme de la libération et politique en Amérique latine*, Paris : Van Dieren, 2019.

186. *Vea*, 4 septembre 1969, p. 14 ; « Unidad obrero-estudiantil : una discusión de su contenido », *Cuadernos universitarios, op.cit.* et El Siglo, 6 août 1968, p. 2 ; PEC, 9 août 1969, p. 27 ; *La Tarde*, 8 juillet 1969, p. 5 ; *Clarín*, 16 juin 1969, p. 21 ; *La Nación*¸ 2 février 1970, p. 12 ; La *Tercera*, 30 mai 1968, p. 12 ; *Ercilla*, 10 juin 1969, p. 10 ; *La Tarde*, 18 novembre 1969, p. 9.

187. Carlos Huneeus, *La reforma..., op.cit.*, pp. 142-143.

188. Sergio Martínez, *Entre Lenin y Lennon. La militancia juvenil de los años 60*, Santiago : Mosquito, 1996, p. 9.

189. Tomás Moulián ; Isabel Torres, « ¿ Continuidad o cambio en la línea política del Partido Comunista de Chile ? », *in* Augusto Varas (coord.), *El Partido Comunista en Chile. Estudio multidisciplinario*, Santiago : Ed. CESOC, 1988, *op.cit.*, p. 453 ; Jesús Sánchez Rodríguez, *op.cit.*, pp. 11-12, 219, 225.

190. Sergio Martínez, *op.cit.*, p. 9.

191. Entretien avec Sergio Zorrilla et Andrés Galanakis, *op.cit.*

192. José del Pozo, *Rebeldes, Reformistas y Revolucionarios : una historia oral de la izquierda chilena en la época de la Unidad Popular*, Santiago : Ed. Documentas, 1992, pp. 86-90, où il signale que parmi tous les partis de gauche, le PC a le pourcentage le plus élevé de transmission de l'affiliation politique d'une génération à l'autre.

193. Julián Bastías Rebolledo, *op.cit.*; Hernán Vidal, *Presencia del MIR. 14 claves existenciales*, Santiago : Ed. Mosquito, 1999, notamment les pp. 50-54 ; Enrique Pérez, *La búsqueda interminable. Diario de un exiliado político chileno en Suecia*, Santiago : Ed. Mosquito, 1996, p. 80.

194. Entretien avec Luis Peebles cité par Ximena Goecke, *op.cit.* et entretien de l'autrice avec Pierre Cardin, *op.cit.*

195. Fernando Fernández, *Historia oral..., op.cit.*, pp. 193-194.

196. Brian Smith, *The Church and Politics in Chile : Challenges to Modern Ca-*

tholicism, Princeton University Press, 1982.

197. Sur la figure du « pauvre » dans la Théologie de la libération, Michael Löwy, *op.cit.*, pp. 109 et suivantes.

198. Cette justification de la « voie armée » se retrouve dans les entretiens réalisés avec José de la Fuente, Hugo Monsalves et Mario Garcés, tous des militants DC, JEC ou JOC, qui ont rejoint le MIR. Par ailleurs, tous les trois sont très critiques à l'égard des tendances « militaristes » au sein du MIR. La violence révolutionnaire comme la seule réponse possible à l'injustice sociale est une idée qui apparaît aussi dans les conclusions de la IIe Conférence de l'Episcopat latino-américain (CELAM) à Medellín, qui s'est tenue en 1968. Voir Episcopado Latinoamericano, *Conferencias generales*: *Río de Janeiro, Medellín, Puebla, Santo Domingo. Documentos pastorales*, Santiago : Ed. San Pablo, 1993, p. 124.

199. Entretien avec Nubia Becker.

200. Miguel Enríquez et Bautista Van Schouwen terminent leurs études en 1968. Le premier s'installe immédiatement après à Santiago. Van Schouwen reste à Concepción où il continue de participer à la politique étudiante, mais moins qu'avant. Luciano Cruz reste à Concepción jusqu'au milieu de l'année 1969.

201. Joseph Hodara, « ¿ El fin de los intelectuales ? », *Aportes*, n° 25, Juillet 1972, pp. 1-14.

202. Manuel Barrera, *La Universidad...*, *op.cit.*, pp. 23-24.

203. Entretien avec Lito Marín et avec Sergio Zorrilla.

204. Sur le rapport des intellectuels à l'engagement politique dans le cas de Cuba post-révolutionnaire voir Claudia Gilman, *Entre la plume et le fusil. De l'intellectuel révolutionnaire en Amérique latine*, Paris : Delga, 2018. Sur les intellectuels de gauche latino-américains voir Germán Alburquerque, « Escritores políticos : América Latina en los sesenta », *Universum* (Talca), n° 18, 2003, pp. 273-281.

205. Plusieurs documents publics du MIR font état de la légitimité puisée dans la production des intellectuels miristes. Par exemple « MIR (Secretariado Nacional) : El MIR y las elecciones presidenciales », *Punto Final*, n° 104, 12 mai 1970, *dans* Víctor Farías, *La izquierda chilena (1969-1973). Documentos para el estudio de su línea estratégica*, Santiago du Chili : Centro de Estudios Públicos, 2000, Vol. 1, pp. 274 et 280 ; « MIR : documentos sobre las elecciones presidenciales (julio-agosto 1970) », *dans Víctor Farías, La izquierda chilena..., Vol. 1*, p. 291 ; voir aussi Rossana Rossanda, « Chili, Amérique Latine », *in Les Temps Modernes*, n° 306, 28e année, janvier 1972, pp. 1097-98.

206. En revanche, les délégués du MIR à la CUT et les contacts de la « vieille génération » avec le monde syndical ne sont pas transmis à la « jeune génération », car ces dirigeants décident de quitter le parti après l'expulsion des trotskistes en 1969.

207. *El Rebelde*, n °3, 24 mars 1962, p. 1 ; *El Rebelde*, n° 7, 20 avril 1962, p. 1.

208. *El Rebelde*, n° 35, mars 1966, p. 2 ; *El Rebelde*, n° 39, septembre 1966, p. 4 et l'entretien de l'autrice avec Herminia Concha.

209. Sur le déroulement et les répercussions politiques de la toma de Santa Adriana, voir Mario Garcés, *Tomando su sitio..., op.cit.*, pp. 196-234.

210. Max Marambio, *Las armas de ayer, op.cit.*, pp. 51-52 et entretien de l'autrice avec Juan Carlos Urzúa, *op.cit.*

211. Carlos Ruiz ; Augusto Samaniego, *Mentalidades y políticas Wingka : Pueblo Mapuche entre Golpe y Golpe (de Ibáñez a Pinochet)*, Santiago : Ed. CISC, 2007 ; Carlos Ruiz, *El Partido Comunista frente al movimiento mapuche en los años 1960-1973. Rasgos específicos de la acción comunista en el contexto de la izquierda chilena*, consulté sur le site http://www.rebelion.org/chile/030919ruiz.pdf.

212. Le MIR considère les Mapuche avant tout comme des paysans. Cela se confirme par le fait qu'il ignore ou se désintéresse totalement des populations mapuche urbaines, bien qu'elles représentent la moitié des Mapuche chiliens à la fin des années 1960. Sur les Mapuche voir entre autres José Bengoa, *Historia del pueblo mapuche (siglo XIX y XX)*. Santiago : LOM, 2000.

213. En 1960, seulement 2% des paysans étaient syndiqués. Boris Falaha, *Création sociale dans la réforme agraire chilienne*, Paris : Éd. de l'Harmattan, 1996, pp. 32 et suivantes ; Octavio Avendaño, « Reforma agraria y movilización campesina en Chile (1967-1973) y Perú (1969-1976) », *Polis*, n° 47, 2017, http://journals.openedition.org/polis/12451 ; Brian Loveman, *Struggle in the Countryside: Politics and Rural Labor in Chile, 1919-1973*. Bloomington, IN : Indiana University Press, 1976 ; Florencia Mallon, *La sangre del copihue. La comunidad mapuche de Nicolás Ailió y el Estado chileno, 1906-*

2001, Santiago : LOM, 2004 ; Jesús Ángel Redondo, « Las tomas de fundos en la provincia de Cautín (Chile), 1967-1973 », *Cuadernos de historia*, n° 42, 2015, 153-178.

214. *Biblioteca Vol. I*, pp. 41 et suivantes.

215. Par exemple, Hugo Monsalves qui, à la fin des années 1960, est lycéen et vit à Coronel, où il fait également partie de la JOC. La plupart des dirigeants de la JOC de Coronel s'engagent dans le MIR. Ils ont, par la suite, des parcours professionnels différents mais ils poursuivent leurs activités politiques dans le quartier. Ainsi, Monsalves entre à l'Université de Concepción, tandis que d'autres entrent dans les usines, où ils militent aussi dans les syndicats. L'activité de ces militants n'est pas vaine, le MIR constitue une large base militante à Coronel, qui était auparavant un bastion du PC.

216. C'est, par exemple, le cas de Marcial Muñoz, dirigeant de la Fédération de lycéens de Concepción durant l'Unité Populaire.

217. David Fernández, *op.cit.*, pp. 143 et suivantes ; Ximena Goecke, *op.cit.*, pp. 149 et suivantes.

218. José Olavaría, *op.cit.*, p. 158 ; *Biblioteca Vol. I*, pp. 80-83.

219. Voir par exemple le rapport de Robert Dean, daté du 23 janvier 1967, cité par Andrew Kirkendall, *op.cit.*, p. 709.

220. Florencia Mallón, *op.cit.*, p. 227.

221. Voir par exemple Patricio Negrón, *Informe a la comisión Control y Cuadros del Comité Central del MIR*, Paris, manuscrit, mai-juin 1979, p. 2. Dans son rapport, apparaît clairement le lien direct entre le contrôle de la Fédération d'Etudiants et l'enracinement du MIR dans d'autres milieux sociaux, par le biais des travaux d'été.

222. Jacques Chonchol, pour ne citer que lui, ministre de l'agriculture d'Allende, chargé de la réforme agraire, était d'abord militant démocrate-chrétien et vice-président de l'INDAP. L'INDAP a été la principale institution chargée d'étudier l'économie rurale et de planifier la réforme agraire mise en place à partir de 1967. Il existe de nombreux autres exemples, la plupart des cadres démocrates-chrétiens engagés dans les départements de sociologie ou d'agronomie, ainsi que dans les institutions étatiques chargées de la réforme urbaine, ont quitté la DC à la fin des années 1960 ou au début des années 1970 pour rejoindre l'UP.

223. Instituto de Promoción Agraria (INPROA), *Reforma Agraria de la Iglesia en Chile. Quince años de reforma*, Santiago : INPROA, 1977.

224. Mario Garcés, *op.cit.*, pp. 259-260.

225. Roger Vekemans, *La prerrevolución latinoamericana*, Santiago : Ed. DESAL, 1969. Pour une analyse de la « théorie de la marginalité » voir Ricardo Yocelevzky, *La democracia cristiana chilena y el gobierno de Eduardo Frei (1964-1970)*, Mexico : Ed. Universidad Autónoma Metropolitana, 1987, pp. 106 et 189-190.

226. Robert Kaufman, *The Politics of Land Reform in Chile, 1950-1970: Public Policy, Political Institutions and Social Change*, Cambridge : Harvard University Press, 1972, pp. 131 et suivantes ; David Lehmann, « Peasant Consciousness and Agrarian Reform in Chile », *Archives Européennes de Sociologie, Vol. 13*, n° 2, novembre 1972, pp. 200-201.

227. Voir l'étude du DESAL (« Informe sobre poblaciones marginales ») datant de 1963 et citée par Mario Garcés, *op.cit.*, p. 266.

228. Oscar Cuellar et al., « Experiencias de justicia popular en poblaciones », *CEREN* (Santiago), n° 8, Juin 1971, pp. 170-171. Manuel Loyola, *Los pobladores de Santiago, 1952-1964 : su fase de incorporación a la vida nacional*, Mémoire de Master 1 en histoire, Université pontificale catholique, 1989, p. 54 et pp. 74-75.

229. Fidel Castro avait, par exemple, déclaré en 1967 que « la Sierra Maestra des Chiliens seront leurs *poblaciones* marginales », *VEA*, 19 mars 1970, p. 16.

230. Voir chapitres 5-6.

231. Ce concept apparaît pour la première fois dans le vocabulaire miriste dans l'éditorial de *El Rebelde* de septembre 1968, autrement dit dès que Bautista Van Schouwen assume la direction du journal.

232. Eduardo Devés, *El pensamiento latinoamericano... Vol. II*, pp. 63-68.

233. *Biblioteca Vol. IV*, pp. 49-50.

234. Entretien avec Lito Marín et avec Ricardo Pizarro.

235. Entretien avec Berta Caruzzo, Carlos Sandoval, *MIR 1970-1973*, *op. cit.*, pp. 237 et suivantes.

236. Cette thèse est défendue par Alejandro Saavedra, *Capitalismo y lucha de clases en el campo. Chile 1970-1972*, Madrid : Ed. Alberto Corazón, 1975, pp. 111-114, mais elle apparaît aussi, bien que de façon moins explicite, dans les extraits du document rédigé par le MCR, « Carta a los compañeros dirigentes del Consejo Comunal de Lautaro. A todos los compañeros campesinos. Enero 1971 », pp. 2-9, document trouvé dans les Archivos Judiciales de Santiago, cote 101.804.

237. Entretien de l'autrice avec Herminia Concha et avec Ricardo Pizarro.

238. Mario Garcés, *op.cit.*, pp. 194 et suivantes et l'entretien d'un militant miriste issu du milieu poblador cité par José del Pozo, *op.cit.*, p. 98.

239. Porfirio Díaz-Corvalán, *Dynamique socio-politique...*, *op.cit.*, pp. 1-11 ; Joaquín Duque ; Ernesto Pastrana, « La movilización reivindicativa urbana en los sectores populares en Chile : 1964-1972 », *Revista Latinoamericana de Ciencias Sociales* (Santiago), n° 4, 1972, pp. 259-293 ; Jorge Giuti, « La formación de las 'poblaciones' en Santiago. Aproximación al problema de la organización y participación de los pobladores », *Revista Latinoamericana de Ciencia Política* (Santiago), n° 2, 1971, pp. 371-383 ; Franz Vanderschueren, « Movilización política y lucha por la vivienda en Chile », *dans* Manuel Castells (éd.), *Imperialismo y urbanización en América Latina*, Barcelona : Ed. C.Gili, 1973.

240. Ricardo Yocelevwky, *op.cit.*, pp. 204 et suivantes. Oscar Cuellar, *op.cit.*, pp. 170-171.

241. Sur le soutien aux occupations de terrains agricoles apporté aux paysans par des militants démocrates-chrétiens ou des fonctionnaires de l'INDAP qui militaient aussi dans la DC, voir Andrew Kirkendall, *op.cit.*, pp. 710-713 ; James Petras, *op.cit.*, en particulier le chapitre sur la syndicalisation paysanne ; Thomas Wright, *op.cit.*, pp. 50 et suivantes ; Ricardo Yocelevzky, *op.cit.*, pp. 193-203.

242. Terry McCoy, *The Seizure of « Los Cristales »: a case study of the marxist left in Chile*, Winsconsin : University of Winsconsin Press, 1967 ; Cristián Pérez, « Guerrilla rural en Chile : la batalla del fundo San Miguel (1968) », *Estudios Públicos, n° 78*, automne 2000, pp. 181-208.

243. Voir par exemple *Ercilla*, 15 avril 1970, p. 15 et l'entretien de l'autrice avec Juan Carlos Urzúa.

244. Lors de l'ascension de Frei au pouvoir, le taux d'analphabétisme dans la campagne est de 36%, alors que la moyenne nationale se situe autour de 20% et celui de la population urbaine est de 12%. Robert Austin, *State, literacy and popular education in Chile, 1964-1990*, Lanham : Lexington Books, 2003, pp. 65-228.

245. Omar Arguëllo, « Notas sobre el movimiento campesino chileno », *Revista latinoamericana de Ciencias Sociales* (Santiago), n° 1, juin-décembre 1971, pp. 227-228. Sur l'implantation du MIR dans le monde rural voir José Manuel Bravo Aguilera, *De Carranco a Carrán. Las tomas que cambiaron la historia*, Santiago : LOM, 2012. Cristóbal Bizé Vivanco, *El otoño de los raulíes : poder popular en el Complejo Forestal y Maderero Panguipulli (Neltume, 1967-1973)*, Santiago : Tiempo Robado, 2017 ; Jorge Campos Medina ; Camilo Farías Durán ; Francisca Vergara Pinto, « Aproximación a la identidad étnica mapuche dentro del Movimiento Campesino Revolucionario », *Izquierdas*, n° 37, 2017, pp. 120-141 ; Eugénia Palieraki, « Revolución Rural y Protagonismo Campesino (Chile, 1967-1973) », Robert Austin Henry et al. (éd.), *La Vía Chilena al Socialismo 50 Años Después : Tomo I. Historia*, Santiago : CLACSO, 2020, pp. 339–60.

246. Voir archives judiciaires de Panguipulli et Florencia Mallón, *op.cit.*, pp. 90-91.

247. Entretien avec Nubia Becker. Becker était elle-même une des rares féministes du MIR et elle a souvent été réprimandée par ses supérieurs hiérarchiques pour ses préoccupations « petites-bourgeoises ». Voir aussi Tamara Vidaurrázaga, *Mujeres en rojo y negro. Reconstrucción de la memoria de tres mujeres miristas, 1971-1990*, Concepción : Escaparate Ediciones, 2006 ; Gina Inostroza, « Presencia de mujeres militantes de izquierda en los proyectos y experiencias de poder popular durante la Unidad Popular : Estudio de casos Concepción y Santiago de Chile (1970-1973) », *Radical Americas*, Vol. 6, n° 1, 2021, https://uclpress.scienceopen.com/hosted-document?doi=10.14324/111.444.ra.2021.v6.1.016.es

248. John P. Powelson, « El radicalismo estudiantil en las Américas », *Problemas Internacionales* (Washington D.C.), n° 1-2, Vol. XIX, janvier – avril 1972, pp. 1-8.

249. Julio Faúndez, *Marxism and democracy in Chile : From 1932 to the fall of Allende*, London : Yale University Press, 1988 ; ou Silas Cerqueira, « Le Chili », *Tableaux des partis politiques en Amérique du Sud, Cahiers de la Fondation Nationale des Sciences Politiques*, n° 171, 1969.

250. L'ELN est fondé comme structure politico-militaire de soutien à la guérilla de Guevara en Bolivie. Il fait partie du PS, mais a un fonctionnement clandestin et autonome. L'une des principaux dirigeants de l'organisation est Beatriz Allende, la fille de Salvador Allende. Tanya Harmer, *Beatriz Allende. A revolutionary life in Cold War Latin America*, Chapel Hill : The University of North Carolina Press, 2020.

251. Le Parti socialiste votait en 1967 les thèses de Chillán, qui prônaient la primauté de la voie armée sur la voie électorale. Quant au PC, nombreux sont les jeunes militants communistes qui ont quitté leur parti d'origine pour rejoindre des mouvements plus radicaux qui prônaient la lutte armée.

252. Eugenia Palieraki, « Las manifestaciones callejeras y la experiencia de la Unidad Popular. Una interpretación a partir de la violencia política en las calles de Santiago », *Pensamiento Crítico*, n° 2, 2003, http://pensamientocritico.imd.cl/attachments/085_e-palieraki-num-3.pdf.

253. Frantz Fanon, *Los condenados de la tierra*, México : Ed. Fondo de Cultura Económica, 1963. [Nous utilisons l'édition en français Frantz Fanon, *Les damnés de la terre*, Paris : Ed. Gallimard, 1991. La première édition date de 1961].

254. *Ibid.*, p. 170.

255. Nous allons nous référer ici notamment au texte de Mao Tsé-toung « Problèmes stratégiques de la guerre révolutionnaire en Chine », datant de 1936 et dont des extraits ont été publiés dans Mao Tsé-toung, « La guerre révolutionnaire », *dans* Gérard Chaliand (compil.), *Stratégies de la guérilla*, Paris : Ed. Payot, 1994, pp. 478-501. *Les Problèmes stratégiques de la guerre révolutionnaire en Chine* (1936) n'est pas le texte militaire le plus cité de Mao, mais il comprend et résume, comme le signale Chaliand, les deux autres écrits militaires les plus connus de Mao [*Problèmes stratégiques de la guerre de partisans contre le Japon* (1938), *De la guerre prolongée* (1938)].

256. Gérard Chaliand, « Introduction », dans *Stratégies de la guérilla*, *op. cit.*, p 24.

257. Mao Tsé-toung, *op.cit.*, pp. 478-480.

258. *Ibid.*, pp. 480-481.

259. Mao Tsé-toung, *op.cit.*, pp. 481-482 et 485.

260. Hô Chi Minh, « Le travail militaire du parti parmi les paysans (1928) », *Stratégies de la guérilla, op.cit.*, pp. 471-472 ; Vô Nguyên Giap, « Guerre du peuple et art militaire », ibid., pp. 502 et suivantes. Voir également Vô Nguyen Giap, *Guerra de liberación*, Editorial Quimantú : Santiago de Chile, 1972 ; et du même auteur *El hombre y el arma*, Buenos Aires : Editorial La Rosa Blindada, 1968.

261. Vô Nguyên Giap, *op.cit.*, pp. 505-506.

262. *Ibid.*, p. 508.

263. Vô Nguyên Giap, *op.cit.*, p. 506.

264. Ernesto Guevara, « La Guerra de guerrillas », *Guerrilla y contraguerrilla*, Buenos Aires : Ed. Jorge Álvarez, 1964, p. 87. Sur le foquisme voir également Gérard Chaliand, *Mythes révolutionnaires...*, pp. 70 et suivantes et Eduardo Pizarro, *op.cit.*, p. 391.

265. Ernesto Guevara, « La Guerra de guerrillas », *op.cit.*, pp. 81-169.

266. Ernesto Guevara, « La Guerra de guerrillas », *op.cit.*, p. 88.

267. *Ibid.*, pp. 87-88.

268. Il le dit d'ailleurs lui-même, *ibid.*, p. 142 : « Cela est une ébauche, qui retranscrit ce qui s'est passé dans les différentes étapes de la guerre de libération cubaine, mais qui a approximativement un contenu universel ».

269. *Ibid.*, p. 90 : « Dans les deux cas [Chine, Vietnam], il y a une parenthèse de guerre patriotique contre l'envahisseur japonais, mais la base économique de la lutte pour la terre ne se dissipe pas [...] ».

270. Carlos Marighella, « Minimanual del guerrillero urbano (juin 1969) », *Escritos de Marighella. La guerrilla en Brasil*, Santiago : Ed. Prensa Latinoamericana, 1971, pp. 197-256.

271. Carlos Marighella, « La lucha será larga. Entrevista con Conrad Detrez (septiembre de 1969) », *Escritos de Marighella...*, p. 277.

272. Voir l'édition en anglais Donald Hodges (éd.), *Philosophy of the urban guerrilla : the revolutionary writings of Abraham Guillén*, New York : Ed. Morrow and Co, 1973 et Abraham Guillén, *Desafío al Pentágono : la guerrilla latinoamericana*, Montevideo : Ed. Andes, 1969.

273. Thomas Wright, *op.cit.*, pp. 94-96 ; Alain Labrousse, *Les Tupamaros : guérilla urbaine en Uruguay*, Paris : Ed. du Seuil, 1971 ; Alphonse Max, *Tupamaros : A pattern for urban guerrilla warfare in Latin America*, The Hague : Ed. Interdoc, 1970.

274. Thomas Wright, *op.cit.*, p. 94.

275. La formule appartient à Guevara. Ernesto Guevara, « La Guerra de guerrillas », *op.cit.*, p. 88.

276. Hô Chi Minh, *op.cit.*, p. 474.

277. Sur les conséquences internes de la « compartimentation » des partis de gauche après le coup d'État voir Carolina Torrejón, *1973-1983 : dix ans de clandestinité des partis politiques de la gauche chilienne*, Master 2 en histoire contemporaine, Université Paris 1, 2007, pp. 24, 48 et 68-70 ; Rolando Álvarez, « ¿ La noche del exilio ? Los orígenes de la rebelión popular en el Partido Comunista de Chile », *dans* Verónica Valdivia, Julio Pinto, Rolando Álvarez (éd.), *Su revolución contra nuestra revolución. Izquierdas y derechas en el Chile de Pinochet (1973-1981)*, Santiago : Ed. LOM, 2006, pp. 101-152.

278. Mao Tsé-toung, *Problemas estratégicos de la guerra de guerrillas antijaponesa*, Pékin : Ediciones en Lenguas Extranjeras, 1960.

279. Le fonctionnement et les objectifs des éditions chinoises en langues étrangères s'inspirent des éditions soviétiques du même nom, qui développent une politique éditoriale très active en Amérique latine à partir des années 1930. Sur le maoïsme latino-américain et global voir notamment Matthew Rothwell, *Transpacific Revolutionaries. The Chinese Revolution in Latin America*, Londres : Routledge, 2017 ; Julia Lovell, *Maoism : A global history*, New York : Random House, 2019.

280. Mao Tsé-toung, *Obras escogidas, Vol. 1. Primera Guerra Cívil Revolucionaria (1924-1927) ; Vol. 2-3 Guerra de Resistencia contra el Japón (1937-1945) ; Vol. 4 Tercera Guerra Cívil Revolucionaria (1945-1949)*, Pékin : Ediciones en Lenguas Extranjeras, 1968.

281. Sur la Casa de las Américas voir Nadia Lie, *Transición y transacción : la revista cubana « Casa de las Américas » (1960-1976)*, Louvain : Ed. Leuven Universiteit, 1996.

282. L'OSPAAAL est l'institution créée à l'issue de la Conférence Tricontinentale organisée à La Havane en 1966. Sur la Conférence Tricontinentale

Roger Faligot, *Tricontinentale. Quand Che Guevara, Ben Barka, Cabral, Castro et Hô Chi Minh préparaient la révolution mondiale (1964-1968)*, Paris : La Découverte, 2013. Sur l'OSPAAAL voir Jorge I. Domínguez, *To make a world safe for revolution : Cuban foreign policy*, Cambridge : Harvard University Press, 1989, pp. 270 et suivantes ; Fernando Camacho et Eugénia Palieraki, « Hasta Siempre, OSPAAAL! », *NACLA Report on the Americas*, Vol. 51, n° 4, 2019, pp. 410-421, DOI: 10.1080/10714839.2019.1693002 ; Jessica Stites Mor, « Rendering Armed Struggle : OSPAAAL, Cuban Poster Art, and South-South Solidarity at the United Nations », *Anuario De Historia De América Latina*, Vol. 56, 2019, pp. 42–65.

283. Il s'agit de Carlos Jorquera et de Augusto Olivares.

284. Jonathan Haslam, *The Nixon Administration and the Death of Allende's Chile: A Case of Assisted Suicide*, Londres ; New York : Ed. Verso, 2005, p. 27.

285. C'est le *Punto Final* qui diffuse pour la première fois au Chili le *Mini-manuel du guérillero urbain* de Carlos Marighella (en supplément du n°103, avril 1968), ainsi que plusieurs articles sur les Tupamaros, l'ELN bolivien et sur le Vietnam.

286. L'analyse de la direction cubaine est présentée en détail dans Carlos Altamirano, « La Lucha armada en América Latina », *Punto Final*, n° 31, juillet 1967, supplément.

287. La préface de Guevara n'est publiée qu'en 1971 dans Vô Nguyên Giap, *Guerra del pueblo, ejército del pueblo*, México : Ed. Era, 1971.

288. *Ibid.*, p. 16. Sur la préface de Guevara voir également José Rodríguez Elizondo, *Crisis de las izquierdas...*, p. 40.

289. Carlos Altarmirano, *op.cit.*, p. 5.

290. *Ibid.*, pp. 5 et 8.

291. Simón Torres ; Julio Aronde, « Debray and the Cuban Experience », *Monthly Review*, n° 55, juillet-août 1968, pp. 1-21. Pour une présentation détaillée de cet article voir aussi William Ratcliff, *op.cit.*, pp. 35 et suivantes et Nestor Kohan, « ¿ Foquismo ? A propósito de Mario Roberto Santucho y el pensamiento político de la tradición guevarista », publié sur le site internet www.lahaine.org.

292. *Ibid.*, pp. 64 et suivantes.

293. Voir John Haslam, *op.cit.*, p. 29.

294. Sur ce revirement de la politique étrangère cubaine voir Jaime Suschliki, *op.cit.*, pp. 5-6.

295. Voir Matt Childs, *op.cit.*, pp. 599 et suivantes.

296. L'une des premières critiques aux textes militaires de Guevara ouvertement formulée par un mouvement de gauche armée du Cône Sud, et publiée dans une revue cubaine, est un texte des Tupamaros publié dans la Tricontinental de 1971. « Uruguay : ¿ lucha armada o salida electoral ? », *Tricontinental*, n° 62, 1971, p. 40.

297. Isabelle Sommier dans *La violence politique et son deuil. L'après 68 en France et en Italie*, Rennes : Presses Universitaires de Rennes, 1998, pp. 33 et suivantes retrace les deux mêmes étapes dans la constitution des groupes révolutionnaires en France et en Italie dans les années 1960.

298. Luis Vitale, *op.cit.*, p. 13.

299. Sur le contenu de la thèse politico-militaire de 1967 voir Catherine Lamour, *Le pari chilien*, Paris : Ed. Stock, 1972, p. 222. Voir également Carlos Sandoval, *op.cit.*, pp. 40 et suivantes ; Rubén Álvarez Alarcón, *op.cit.*, pp. 40-41 ; Marco Álvarez, *op.cit*.

300. Catherine Lamour, *op.cit.*, p. 222.

301. Carlos Sandoval, *op.cit.*, p. 41.

302. Le respect précautionneux des positions cubaines en matière de lutte armée n'est pas le seul fait du MIR. Tous les mouvements de gauche armée qui établissent des rapports plus ou moins étroits avec La Havane adoptent cette attitude. Voir Matt Childs, *op.cit.*, p. 599 ; William Ratcliff, *op.cit.*, p. 34.

303. Entretien de Miguel Enríquez à *Punto Final*, cité par Carlos Sandoval, *El MIR...*, *op.cit.*, p. 45.

304. « Posición del MIR: elecciones, no ; lucha armada único camino », *Punto Final*, n° 74, janvier 1969, supplément, pp. 1-8.

305. *Ibid.*, p. 1.

306. La date exacte de fondation de la section chilienne de l'ELN reste inconnue et la bibliographie présente des informations contradictoires. La majorité des auteurs situent la fondation de l'ELN entre 1966 et 1967. Voir notamment Cristián Pérez, « El Ejército del Che y los chilenos que continuaron su lucha », *Estudios Públicos*, n° 89, été 2003, pp. 225-256 ; Gonzalo Figueroa, « La guerrilla de Teoponte en Bolivia », *Revista electrónica Mundo Político* (Chili), n° 12, 2009, consulté le 26 mai 2009 sur le site www.mundopolitico.cl et Gustavo Rodríguez Ostria, *Sin tiempo para las palabras : Teoponte, la otra guerrilla guevarista*, Cochabamba : Ed. Kipus, 2006. Le plus probable est que l'ELN s'est formé progressivement. En 1966, Jaime Barrios, journaliste et militant socialiste chilien, très lié à Prensa Latina et à Guevara, visite le Chili avec la mission de créer un réseau de soutien à la future guérilla du « Che » en Bolivie. Il entre alors en contact avec un autre journaliste, Elmo Catalán, qui devient le principal dirigeant de l'ELN chilien jusqu'à sa mort en 1970. Cette rencontre marque très probablement le début de la formation de l'ELN chilien, sans qu'il adopte encore ce nom (la guérilla du « Che » en Bolivie ne prend le nom d'ELN qu'en mars 1967). En avril 1967, le réseau chilien est recontacté par l'ELN bolivien qui lui demande d'envoyer plus de médecins à la guérilla, mais il échoue à remplir cette mission. Ce n'est qu'à partir de la mort de Guevara, en octobre 1967, et surtout à partir du moment où les survivants de la guérilla guévariste tentent de traverser la frontière entre la Bolivie et le Chili, en janvier 1968, que les relations entre le réseau chilien et l'ELN bolivien se renforcent.

307. Voir Cristián Pérez et Gustavo Rodríguez Ostria, *op.cit*.

308. Marie-Noëlle Sarget, *op.cit*., pp. 330-335 ; Jorge Arrate, *op.cit*., pp. 425 et suivantes.

309. Voir Luis Vitale, *Contribución..., op.cit*., pp. 33-34.

310. *Ibid*., p. 34. Voir également Rubén Alvarez Alarcón, *op.cit*., pp. 140 et suivantes.

311. Luis Vitale, *Contribución a la historia del MIR, op.cit*., Ve chapitre.

312. Voir chapitre 1.

313. Le blessé est Rigoberto Zamora qui, en 1969, part en Bolivie rejoindre la guérilla d'Inti Peredo, un ancien compagnon du « Che », qui cherche à implanter un second foyer de guérilla rurale. En août 1969, Zamora est arrêté et exécuté par la police bolivienne. José Carrasco, « Rigoberto Zamora, un revolucionario chileno », *Punto Final*, n° 100, année IV, 17 mars 1970, pp. 4-5.

314. Max Marambio, *op.cit*., pp. 53-54.

315. *Ibid.*, pp. 57-58.

316. *Ibid.*, pp. 59-60.

317. C'est par exemple le cas de Hernán Reyes à Coronel et de Renato Araneda dans la zone de Nahuelbuta. Entretiens avec Reyes et Araneda, *op.cit.*

318. Nous n'avons pas obtenu une date exacte à la tentative d'installation d'un foyer de guérilla rurale du MIR. Carlos Sandoval et Rubén Álvarez Alarcón (qui tire ses informations de Sandoval) la situent en 1967. Mais cela est impossible, car Marambio n'arrive au Chili que vers le milieu de l'année 1968. Il faut situer l'expédition de Nahuelbuta entre l'arrivée de Marambio et la fin de l'année 1968. Cette seconde date correspond au renoncement (provisoire) à la guérilla rurale par la « jeune génération » qui se tourne vers la guérilla urbaine, avec sa première « expropriation ». Carlos Sandoval, *op. cit.*, p. 36 ; Rubén Alvarez Alarcón, *op.cit.*, p. 140.

319. Entretien de l'autrice avec Martín Hernández.

320. Un document du MIR détaille les dépenses courantes de l'appareil clandestin du MIR en 1969 : 36 000 escudos par mois – soit environ 2 700 000 pesos actuels – (distribués entre ateliers, électronique, salaires, loyers de maisons de sécurité), plus des dépenses extraordinaires, comme la légalisation de voitures volées, la location de nouveaux appartements et leur ameublement, la falsification de documents, l'achat de déguisements pour les braquages. Le tout revenait à 100 000 escudos, soit environ 7 507 000 pesos actuels. Ce document fut trouvé par la police, lors d'une perquisition chez un sympathisant du mouvement qui avait caché l'un des dirigeants du MIR. Ce dernier ayant dû fuir, a laissé des documents confidentiels du parti, récupérés par la police, puis publiés dans les quotidiens. « Exclusivo : archivo secreto del MIR », *Vea*, 18 décembre 1969, p. 16. Plusieurs témoignages confirment la pénurie financière du MIR à la fin des années 1960. Voir Max Marambio, *op.cit.*, p. 59 et p. 62 et les entretiens de l'auteur avec Luis Alberto Barraza, Luis Vitale, Martín Hernández et Sergio Zorrilla, *op.cit.* Contrairement à ce qui a souvent été affirmé dans les quotidiens chiliens, le MIR n'a pas reçu de financements de Cuba avant l'ascension d'Allende au pouvoir.

321. Une loi très sévère existait au Chili, qui punissait les braquages de banques de plusieurs dizaines d'années de prison. Pour cette raison, les braquages de banques au Chili étaient un phénomène pratiquement inconnu et les banques n'avaient pas de systèmes de protection très sophistiqués.

322. Jonathan Haslam, *op.cit.*, p. 29.

323. Max Marambio, *op.cit.*, p. 62.

324. Le cas le plus connu est celui de l'anarchiste espagnol Buenaventura Durruti. La référence à Durruti apparaît dans la presse de l'époque. Voir « ¿ Gangsters o revolucionarios ? », *Punto Final*, année IV, n° 87, 9 septembre 1969, p. 2.

325. Entretien avec Sergio Zorrilla, *op.cit*. Zorrilla est également celui qui ouvre la première école de guérilla urbaine à Santiago, contre l'avis de Van Schouwen et d'Edgardo Enríquez.

326. Sergio Bufano ; Gabriel Rot, *Lucha Armada en La Argentina. Historia, debates, documentos*, décembre 2004-février 2005, Année 1, N° 1 ; Julio Santucho, *Los últimos guevaristas. La guerrilla marxista en la Argentina*, Buenos Aires : Vergara, 2004 ; María Seoane, *Todo o nada : la historia secreta y la historia pública del jefe guerrillero Mario Roberto Santucho*, Buenos Aires : Planeta, 1997.

327. Guillermo Rodríguez, *De la brigada secundaria al Cordón Cerrillos*, Santiago : manuscrit, 2004, p. 15.

328. Luis Vitale, *op.cit.*, p. 38.

329. Entretien avec Luis Peebles cité dans Ximena Goecke, *op.cit.*, pp. 139-140. Entretien avec Renato Araneda.

330. Guillermo Rodríguez, *op.cit.*, p. 35.

331. Max Marambio, *op.cit.*, p. 62.

332. Max Marambio, *op.cit.*, p. 63.

333. Sur ce braquage voir *La Tarde*, 29 août 1969, p. 8.

334. « Elecciones no... », *op.cit.*, p. 8.

335. *Ibid.*

336. Luis Vitale, *op.cit.*, p. 38.

337. Luis Vitale, *op.cit.*, p. 34.

338. Les élections comme dernière échéance pour commencer la lutte armée est une idée clairement formulée dans d'autres documents du MIR. Voir par exemple MIR, *Algunas consideraciones sobre la acción directa y la lucha de clases*, [1969], p. 4 et MIR, *Sólo una revolución entre nosotros puede llevarnos a una revolución en Chile*, Santiago : [s.éd.], 1969, p. 1.

339. Patricio Quiroga, *Compañeros. El GAP : La escolta de Allende*, Santiago : Ed. Aguilar, 2001, p. 31. Ce n'est qu'après la création de la section chilienne de l'ELN que le PS commence à envoyer ses militants à Cuba, pour suivre des formations militaires en guerre irrégulière.

340. Cristián Pérez, *op.cit.*, pp. 231-234. Sur l'ELN voir surtout Patricio Quiroga, *op.cit.* et Tanya Harmer, *Beatriz Allende*, *op.cit.*

341. *Ibid.*

342. Voir Patricio Negrón, *op.cit.*, pp. 1-2. Après l'expulsion de la « vieille génération », 20% des militants du MIR quittent le parti. Voir Daniel Palma ; Mauricio Avendaño, *El Rebelde de la burguesía...*, *op.cit.*, pp. 99-100. Ce qui signifie que lors du conflit entre les deux générations, le groupe de Miguel Enríquez pouvait compter sur le soutien de 80% des militants.

343. Entretien de l'autrice avec « SF » (services secrets cubains) et Andrés Pascal, *op.cit.*

344. Entretien de l'autrice avec Daniel Bensaïd : « Moi je suis venu ici lors des retrouvailles entre Vitale, qui était alors à Paris et Edgardo Enríquez qui était à l'époque en tournée en Europe, les rapports étaient fraternels, mais en gros il y avait eu quand même des frictions avec les Cubains, je ne sais pas s'ils étaient à l'origine de l'expulsion des quelques trotskistes qui étaient à la formation du MIR, en tout cas c'était l'interprétation que donnait Vitale et Enríquez ne contredisait pas formellement ; ça ne me surprendrait pas, mais c'est oral, donc il n'y a pas de preuves. Nous on avait des camarades du POR [trotskiste], qui faisaient de l'entraînement à Cuba, après la mort du « Che », donc préparaient la deuxième guérilla de Téoponte, etc. et en gros les Cubains ont fait de la rétention des camarades [trotskistes] boliviens. Ils ont fait de la pression pour qu'ils intègrent l'ELN bolivien. Ils gardaient leurs passeports. Et ils exerçaient une pression assez forte ».

345. Secretariado Nacional del MIR, *Sólo una revolución entre nosotros puede llevarnos a una revolución en Chile*, Santiago, mai 1969.

346. Entretien avec Nelson Gutiérrez, *op.cit.* et Archives judiciaires de Concepción, Plainte déposée par Hernán Osses Santa María contre l'Université de Concepción, août 1969, Liasse 39.458, f. 8, 10-12.

347. Voir Cristián Iturra ; Eduardo Jara, *Análisis de la posición editorial del diario* El Sur *de Concepción frente al MIR entre 1969 y 1974*, Mémoire de Master I en Journalisme, Université Catholique de Concepción, 2001, p. 173 et suivantes.

348. Voir les déclarations de Jaime Castillo Velasco, à l'époque Président du Parti Démocrate-Chrétien dans *La Tercera*, 13 juin 1969, p. 7.

349. Sur les perquisitions réalisées par la police dans le campus de l'Université de Concepción et les réactions qu'elles ont suscitées au sein de la communauté universitaire *penquista* et dans le monde politique, voir par exemple *El Sur*, 8 juin 1969, p. 10 ; *El Siglo*, 12 juin 1969, p. 2 ; *PEC*, 13 juin 1969, p. 2 ; *Ercilla*, 10 juin 1969, p. 10 ; Vea, 4 septembre 1969, p. 15 ; Edgardo Enríquez Frödden, *Testimoni ...*, *op.cit.*, pp. 66-67.

350. Max Marambio, *op.cit.*, p. 65.

351. Entretien avec Norman Gamboa, *op.cit.*

352. *El Siglo*, 12 juin 1969, p. 2.

353. Edgardo Enríquez Frödden, *Testimonio...*, pp. 66-67. Gloria Aguayo ; Margarita Mora, *op.cit.*, pp. 152-155.

354. Luis Vitale, *op.cit.*, pp. 38-39.

355. *Ibid.*, pp. 35-36.

356. « Vasco » ; « Genaro » ; « Rodolfo » ; « Pato » [Patricio Figueroa], *Una crítica al Boletín Interno del Secretariado Nacional*, 2 juillet 1969, cité dans Luis Vitale, *op.cit.*, pp. 35-36.

357. Voir IVe Internationale, *Résolutions et rapports*, Paris : Ed. de la IVe Internationale, 1969.

358. Entretien avec Luis Alberto Barraza, membre du MR2. Son témoignage est confirmé par les archives judiciaires.

359. Sur ce document voir Daniel Palma ; Mauricio Avendaño, *op.cit.*, p. 98 ; Guillermo Rodríguez, *op.cit.*, p. 22.

360. Patricio Negrón, *op.cit.*, p. 2.

361. Pedro Naranjo, *op.cit.*, p. 62.

362. Patricio Quiroga, *op.cit.*, p. 44 ; Gonzalo Rodríguez Ostria, *op.cit.* Jorge Valle, *op.cit.*, pp. 54-55.

363. Entretien de l'autrice avec Luis Alberto Barraza et Andrés Galanakis.

364. À l'exception de Luis Vitale et de Norman Gamboa, les autres membres de la « vieille génération » rejoignent le PS. Oscar Waiss et Enrique Sepúlveda le font dès le IIIe Congrès du MIR en 1967, et Patricio Figueroa en 1969.

365. Aucun membre de la Commission politique du MIR n'assume officiellement de postes dans les Ministères. Cependant, les dirigeants et cadres moyens du MIR collaborent officieusement avec le gouvernement, ils obtiennent aussi des postes dans l'administration, notamment dans les organismes qui s'occupent de la mise en œuvre de la réforme agraire. En outre, une partie des financements du MIR provient du gouvernement de l'UP.

366. Par exemple, lors des élections législatives complémentaires de Linares en janvier 1972, le MIR participa officiellement à l'élaboration du programme électoral. Voir « Unidad Popular y MIR : La Declaración de Linares », *Punto Final*, n° 148, 4 janvier 1972. Pour les élections parlementaires de 1973, le MIR délègue des directeurs de campagne aux candidats de l'UP particulièrement proches.

367. « La oculta estrategia del MIR », *Ercilla*, n° 1786, 10-16 septembre 1969, p. 10.

368. Le butin s'élève au montant de 92 000 escudos, 6 906 265 pesos actuels, presque 8 000 euros. *La Tarde*, 29 août 1969, p. 8.

369. *La Nación*, 24 novembre 1969, p. 10 ; *El Mercurio*, 26 novembre 1969, p. 25 ; Daniel Avendaño, *op.cit.*, pp. 106-107 ; Andrés Pascal Allende, *MIR, 35 años, op.cit.*

370. *La Tarde*, 20 janvier 1970, p. 9 et *Diario Ilustrado*, 10 janvier 1970, p. 6. Max Marambio, *op.cit.*, pp. 66-67.

371. En dehors des braquages, les miristes – notamment Sergio Zorrilla – ont également posé quelques bombes (sans jamais faire de victimes) pour peser en faveur des syndicats lors de conflits avec le patronat. Les « actions directes » étaient censées renforcer les liens entre le MIR et le monde syndical et populaire, mais elles n'avaient aucun impact médiatique et n'étaient pas soutenues par l'ensemble de la direction. Entretien avec Sergio Zorrilla, *op.cit*. La dernière « action directe » réalisée par le MIR date du 28 juin 1970, il s'agit d'une attaque à la bombe contre une guérite de police vide pour protester contre les violences policières. Cette action se termine par l'arrestation de ses protagonistes, Alejandro de la Barra, Dagoberto Pérez et Sergio Molina, membres de l'appareil militaire du MIR. *La Nación*, 29 juin 1970, p. 11.

372. Se réfère à la violente répression policière dont furent victimes 90 familles de *pobladores* qui avaient tenté d'occuper des terrains à Pampa Irigoin, le 9 mars 1969. L'intervention de la police qui a coûté la vie à dix *pobladores*, dont un bébé de neuf mois, a été commandée par le ministre de l'Intérieur d'Eduardo Frei, Edmundo Pérez Zújovic. Ce dernier fut assassiné le 8 juin 1971 par la VOP (*Vanguardia Organizada del Pueblo*, Avant-garde organisée du peuple), groupe armé de gauche fondé par des militants expulsés du MIR. La VOP est la seule organisation de gauche à avoir commis, avant le coup d'État de 1973, un assassinat politique.

373. Daniel Avendaño ; Mauricio Palma, *op.cit*., p. 102.

374. Voir Max Marambio, *op.cit*., p. 62. Marambio se plaint, d'ailleurs, des multiples précautions qu'exigeait Enríquez, car cela demandait du temps, de l'énergie et de l'argent pour que l'opération limite au maximum les possibilités d'accident.

375. Par exemple, les policiers ne donnent pas beaucoup de crédit au témoignage qu'ils obtiennent de Juan Martínez après le braquage de Portofino, ils sont convaincus qu'il a inventé une organisation fantaisiste afin de disculper le MIR. Rapport final de la police dans « Procès contre Jorge Silva et Juan Martínez... », *op.cit*., f. 273.

376. Voir par exemple l'article publié dans *Vea*, 5 février 1970, p. 16, sur les actions armées réalisées entre le mois de décembre 1969 et le mois de février 1970, dont certaines sont revendiquées par le MIR et d'autres par l'ELN : « Podrían ser hechos aislados, pero un hilo muy fino parece unirlos y dar forma a un minucioso plan [...]. Porque tras cada uno de esos sucesos se insinuan la mano del MIR y sus métodos ya tradicionales [...]. El ELN para los funcionarios policiales es una de las tantas células miristas que operan en forma independiente ».

377. Sur les débats et les désaccords entre avocats, juges et José Cánovas

Robles, le Ministre en Visite désigné par le ministère de l'Intérieur, voir José Cánovas Robles, *Memorias de un magistrado*, Santiago : Ed. Emisión, 1989, pp. 47-55. Voir également *La Tarde*, 29 août 1969, p. 9 sur les conflits entre les deux juges d'instruction, Cánovas qui s'occupe du volet politique de l'affaire et Carlos Pereira qui se charge du volet pénal. Les miristes et membres d'organisations révolutionnaires condamnés sous la DC, sont par la suite amnistiés par le gouvernement de Salvador Allende. En réalité, il ne s'agit pas d'une amnistie, mais d'une révision du verdict du tribunal, qui acquitte les accusés.

378. *La Tarde*, 2 octobre 1969, p. 8.

379. *Vea*, 31 décembre 1969, p. 28.

380. *Clarín*, 29 août 1969, p. 12.

381. *Clarín*, 20 novembre 1969, p. 12.

382. *Punto Final*, n° 87, *op.cit.*, p. 5. L'expression provient de la fin du XIXe siècle, elle était alors employée pour désigner le régime oligarchique qui se dissimulait derrière une façade démocratique. Le système politique excluait de fait la grande majorité de la population, mais il entretenait une fiction démocratique qui le légitimait. Le MIR ressuscite l'expression pour désigner le gouvernement DC.

383. Voir par exemple « Elections non... », *op.cit.*, p. 1 : « C'est pour cette raison que les révolutions ne sont jamais soumises au vote ; c'est pour cela également que les actions les plus démocratiques comme le sont les révolutions, sont réalisées par les moyens les moins démocratiques ».

384. *La Tarde*, 29 août 1969, p. 9 ; *La Nación*, 26 septembre 1969, p. 1.

385. Max Marambio, *op.cit.*, p. 67. Ibid., p. 12.

386. La comparaison avec l'Argentine est saisissante. Selon l'historienne argentine Vera Carnovale, le PRT-ERP a exécuté soixante-deux personnes entre 1972 et 1977. Ce chiffre comprend des militants pérétistes jugés et exécutés pour trahison par le « tribunal révolutionnaire » du parti. Vera Carnovale, « En la mira perretista : las ejecuciones del " largo brazo de la justicia popular " », consulté sur le site www.unsam.edu.ar/escuelas/politica/centro_historia_politica/vera.pdf le 15 juin 2009. Quant aux Tupamaros, en 1972, c'est-à-dire avant le coup d'État du 27 juin 1973, ils avaient déjà trente-huit exécutions à leur actif. Contrairement aux affirmations de la direction miriste, la violence de l'appareil d'État argentin et uruguayen – très supérieure à celle du chilien – explique, en grande partie, le recours du PRT-ERP et des Tupamaros à des formes de violence dont le MIR s'abstient, du moins jusqu'au coup d'État.

387. Osvaldo Puccio, *op.cit*. pp. 172 et 207-208.

388. Ana María Portales, *op.cit.*, p. 143 et suivantes.

389. Les tensions internes sont si sérieuses que Salvador Allende remporte les élections pour le poste de sénateur de Chiloé, Aysén et Magallanes, contre la candidature d'un autre socialiste, Raúl Ampuero, le favori de l'aile radicale du PS. Marie-Noëlle Sarget, *op.cit.*, pp. 335 et suivantes.

390. *Sólo una revolución entre nosotros...*, *op.cit.*, pp. 3 et suivantes.

391. Voir Tercer Congreso Nacional del MIR. Comisión Organizadora Nacional del MIR, *Convocatoria al Tercer Congreso Nacional*, 17 mars 1970, pp. 5-6, où il est stipulé que « l'un des problèmes les plus importants qu'affronte aujourd'hui l'Organisation est le lien organique – autrement dit, pas seulement la sympathie – entre les ouvriers et paysans et l'Organisation. Ce lien avec les classes matrices de la révolution est l'un des objectifs fondamentaux de l'action directe et la pré-condition indispensable à l'entrée en guerre ». Ce texte s'intitule « Convocation au Troisième Congrès du MIR », mais il s'agit en réalité du quatrième, prévu pour l'année 1970, finalement annulé pour des raisons de sécurité, d'après la direction du MIR.

392. « El MIR y las elecciones presidenciales », *Punto Final*, n° 104, 12 mai 1970, supplément, p. 2.

393. Patricio Negrón, *op.cit.*, p. 2. Guillermo Rodríguez, *op.cit.*, p. 22.

394. MIR, *Medidas de seguridad individuales*, sans date, 4 pages.

395. Ibid., p. 1.

396. Álvaro Riffo, membre du groupe d'Agitation et Propagande, rappelait que toutes les réunions avaient lieu chez un autre militant du MIR. Entretien avec Álvaro Riffo, *op.cit*.

397. Patricio Negrón, *op.cit.*, p. 15 et suivantes.

398. *Medidas de seguridad*, *op.cit.*, p. 1.

399. *Ibid.*, p. 2.

400. *Ibid.*, p. 3.

401. Sur la divulgation d'informations sous la torture durant la dictature, phénomène aussi généralisé qu'inavoué et très peu traité par les sciences sociales, voir Roberto Merino, *L'expérience concentrationnaire au Chili : le Centre secret de séquestration Villa Grimaldi, 1974-1976*, Mémoire de DEA en Sociologie, Université Paris VIII, 2005, pp. 225-236.

402. Guillermo Rodríguez, *op.cit.*, p. 110.

403. En cela le MIR ne se distingue guère des autres partis de gauche, du centre et de droite, qui créent à cette époque des brigades formées essentiellement aux combats de rue.

404. Nous avons trouvé une seule référence à ce document dans la presse de l'époque dans *PEC*, 9 octobre 1970, p. 4 et son existence a été confirmée par les entretiens avec des membres du Comité central.

405. Osvaldo Puccio, *op.cit.*, p. 232 ; Max Marambio, *op.cit.*, pp. 94-96 qui critique cette nouvelle orientation plus politique et moins tournée vers la préparation militaire du parti et de ses militants.

406. Manuel Cabieses, « Chile : el voto o el fusil », *Punto Final*, n° 73, 28 janvier 1969, supplément.

407. Voir notamment l'entretien avec Hernán Aguiló, *op.cit.* ; entretien avec Guillermo Rodríguez, op.cit., qui critique cependant aujourd'hui cette position. Voir également Max Marambio, *op.cit.*, pp. 94-96, précédemment cité. Andrés Pascal partageait cette position à l'époque et jusqu'à la transition. Nous retrouvons un reflet fidèle de la vision de l'aile militaire du MIR dans Comité Memoria Neltume, *Guerrilla en Neltume. Una historia de lucha y resistencia en el sur chileno*, Santiago : Ed. LOM, 2003. Sur l'aile militaire du MIR sous la dictature voir Cristián Pérez, « Historia del MIR. " Si quieren guerra, guerra tendrán "», *Estudios Públicos*, n° 91, hiver 2003, pp. 5-44 ; José Antonio Palma Ramos, *Violencia política, estrategia político-militar y fragmentación partidaria en el Movimiento de Izquierda Revolucionaria (MIR) en Chile, 1982-1988*, Mémoire de Master 1 en pédagogie, Université Métropolitaine des Sciences de l'Education (Santiago), 2009.

408. Les informations sur les structures clandestines du MIR et leur organisation sont ici principalement extraites de l'article « Desmantelada la Organización del MIR en Cautín y Malleco », *El Mercurio*, 24 mars 1974, inclus dans le Fonds d'Archives Fernando Murillo, Bibliothèque Feltrinelli (Milan), cote 99/2. Nous les avons, toutefois, croisées avec des informations qui apparaissent de façon éparse dans des témoignages et d'autres archives.

409. Pour une présentation détaillée des missions de « Logistique » et de la formation de ses membres voir le témoignage de Luis Peebles, qui gère à partir de 1969 la commission de logistique de Concepción. Entretien avec Enrique Peebles, cité dans Ximena Goecke, *op.cit.*, pp. 140-141.

410. Entretien de l'autrice avec Álvaro Riffo, *op.cit.*

411. Entretien avec Renato Araneda, *op.cit.*

412. Patricio Negrón, *op.cit.*, p. 13 qui fait état d'une centaine de personnes en capacité de recevoir une instruction militaire poussée.

413. La direction insistait beaucoup sur ce secteur de l'activité du MIR. Toutefois, son bilan établi par « José León » quelques années plus tard est plus que mitigé. José León, *op.cit.*, p. 58. Voir également Jorge Magasich, *Los que dijeron "no". Historia del movimiento de los marinos antigolpistas de 1973*, Santiago : LOM, 2008, Vol. I, pp. 302-307.

414. Miles Wolpin, *op.cit.*, pp. 272 et 323-324 ; William Ratcliff, *op.cit.*, p. 41.

415. Sur la Force Centrale (*Fuerza Central*), voir Guillermo Rodríguez, *op.cit.*, pp. 59 et suivantes.

416. « Documento interno sobre el resultado electoral (septiembre 1970) », *dans* Víctor Farías, *op.cit.*, Vol. I, pp. 423-424.

417. Au Chili, une période de deux mois environ s'écoule entre l'élection présidentielle et la prise de fonction du nouveau président. Quand le candidat majoritaire n'a pas obtenu la majorité absolue, son élection doit être validée par le Congrès. Très minoritaire au Congrès, la gauche a dû négocier pour obtenir les voix de la DC. Ce sont ces derniers qui permettent à Allende de valider le résultat de l'élection du 4 septembre 1970 et d'arriver à la présidence de la république.

418. Osvaldo Puccio mentionne un sabotage contre le véhicule qu'Allende avait emprunté pour se rendre à Valparaíso durant la campagne électorale. L'attentat fut déjoué. Voir Osvaldo Puccio, *op.cit.*, p. 208. Guillermo Rodríguez évoque également dans ses mémoires une fusillade contre la résidence secondaire d'Allende à Algarrobo, perpétrée par un groupe d'extrême droite qui pensait, à tort, que le candidat s'y trouvait. Guillermo Rodríguez, *op.cit.*, p. 41.

419. La presse de droite et DC ont beaucoup critiqué ce groupe armé composé de militants du MIR et de l'ELN, qui remplissait les fonctions de garde rapprochée. Ce service de protection du président était normalement assuré par des policiers, mais après l'assassinat du Commandant en Chef des Forces Armées par des militaires d'extrême droite, la gauche décide de confier la mission à ses propres militants. À la question d'un journaliste de droite sur qui a demandé à Allende qui étaient les hommes armés qui l'accompagnaient, Allende a répondu sur le ton de la blague que c'était son « Groupe d'Amis Personnels ».

420. Voir notamment l'article « El MIR denuncia a los verdaderos culpables del asesinato del General Schneider », *op.cit.* et sur la collaboration entre le MIR et l'UP en matière de renseignement voir Osvaldo Puccio, *op.cit.*, pp. 213 et suivantes.

421. *Noticias de Última Hora*, 21 octobre 1970, p. 16.

422. « El MIR denuncia a los verdaderos culpables del asesinato del General Schneider », *Punto Final*, n° 117, 10 novembre 1970, supplément, 10 pages. Ces informations sont par la suite confirmées par les recherches de la police et par les services de renseignement des autres partis de gauche. Carlos Toro, *op.cit.*, pp. 220 et suivantes.

423. Voir par exemple *La Nación*, 29 juin 1970, p. 11.

424. Voir *Vea*, 19 mars 1970, pp. 16-17. Cet article est l'un des plus représentatifs de ce regard porté sur le MIR par la presse centriste et de droite à partir de 1970.

425. Le seul parti de gauche qui n'est pas de cet avis est le PC. En effet, les relations entre le PC et le MIR se détériorent après la victoire d'Allende et deviennent tellement tendues que lors d'un affrontement entre miristes et communistes, en décembre 1970, à l'Université de Concepción, l'étudiant et militant du MIR Arnoldo Ríos est assassiné par des membres de la Brigade Ramona Parra du PC. Après l'assassinat de Ríos, les relations entre le MIR et le PC s'améliorent, ce dernier acceptant la collaboration extra-officielle du premier avec l'UP.

426. Voir le document interne de septembre 1970, *op.cit.*, qui reflète les tensions et les interrogations des militants de base et des cadres moyens du MIR, et tentent d'y apporter des réponses.

427. Osvaldo Puccio, *op.cit.*

428. Entretien avec Carlos García et avec Teodosio Cifuentes, *op.cit.* et Jorge Magasich, *op.cit.*, Vol. I, pp. 302-307.

429. Entretien avec Carlos García, op.cit. Guillermo Rodríguez, *op.cit.*, p. 43. En 1968, est créée la DINE (Direction de Renseignements de l'Armée), dont le principal objectif est de recueillir des informations sur les organisations qui promeuvent la lutte armée au Chili. La même année, l'Aviation met en place le « Plan Ariete », qui se fixe le même objectif. Voir Daniel Avendaño ; Mauricio Palma, *op.cit.*, pp. 96-98. Sur le Service de Renseignements de l'Armée qui infiltre non seulement le MIR, mais aussi l'ELN-Organa, voir Patricio Quiroga, *op.cit.*, p. 42.

430. Max Marambio, *op.cit.*, p. 66.

431. Voir Jorge Magasich, *op.cit.*, Vol. II, pp. 119-159.

432. Carlos Prats, *Memorias: testimonio de un soldado*, Santiago: Ed. Pehuén, 1996, pp. 273 et 327; Liisa North, "The Military in Chilean Politics", *Studies in Comparative International Development, Vol. 11*, n° 2, 1976, pp. 73-106.

433. Patricio Quiroga, *op.cit.* ; Cristián Pérez, *op.cit.* et Osvaldo Puccio, *op. cit.*, p. 207 et suivantes.

434. Sur la présence constante des membres de la direction miriste cités dans *El Cañaveral* voir Guillermo Rodríguez, *op.cit.*, pp. 61-64.

435. Voir par exemple, la note adressée, le 26 octobre 1970, par « Gustavo » à Luciano Cruz qui lui demande d'intercéder auprès d'Allende pour le mettre en contact avec le guyanais Cheddi Jagan, Préfet de la Guyane anglaise jusqu'en 1964. Ce dernier, après avoir échoué à prendre contact avec Allende, s'est adressé au MIR pour réussir à obtenir une entrevue avec le Président de la République. « Muerte de Luciano Cruz », *op.cit.*, f. 37. Ce n'est bien évidemment pas le seul cas. Par exemple, après la fuite de dirigeants du PRT-ERP et de Montoneros de la Prison de Rawson et leur arrivée au Chili, c'est le MIR qui intercède auprès d'Allende pour obtenir l'immunité des révolutionnaires argentins et leur envoi à Cuba.

436. Max Marambio, *op.cit*, p. 90 ; Cristián Pérez, *op.cit.*, p. 53 ; Patricio Quiroga, *op.cit.*, pp. 49-50. Rappelons que le type d'entraînement proposé aux miristes qui se rendaient à Cuba consistait en une instruction brève sur les méthodes de la guerre irrégulière, il était principalement axé sur le renseignement. En revanche, l'instruction fournie au sein du GAP était un réel entraînement militaire, dispensé par des cadres des *Tropas Especiales*, dont faisaient partie les frères de la Guardia.

437. Sur l'importance du Chili de l'Unité Populaire pour la politique étrangère cubaine voir Jonathan Haslam, *op.cit.*, notamment les pp. 26-27 et Tanya Harmer, *op.cit.*, pp. 11-15 et p. 24-25 où elle affirme que Castro s'est toujours plié à la volonté de Salvador Allende, notamment en ce qui concernait les rapports de Cuba avec le MIR.

438. Jaime Suschlicki, « La revolución cubana... », *Problemas internacionales, op.cit.*

439. Ce qu'il déclare d'ailleurs ouvertement dans le dernier discours qu'il prononce au Stade National.

440. C'est la position qu'adoptent les membres de la direction du MIR les plus proches des Cubains, comme c'est le cas d'Andrés Pascal, celui de Manuel Cabieses (voir l'article « ¿ El voto o el fusil ? », *Punto Final*, *op.cit.*) et Max Marambio, *op.cit.*, pp. 94-96.

441. Entretien avec SF, *op.cit.* ; entretien avec Andrés Pascal, *op.cit.*, qui évoque le premier entretien direct entre Miguel Enríquez et Fidel Castro, auquel a assisté Pascal, peu après la victoire d'Allende. D'après Pascal, Castro aurait critiqué Enríquez pour la position qu'il observait à l'égard d'Allende et de l'UP, il l'aurait incité à rejoindre le gouvernement. Harmer évoque également le soutien des Cubains à la décision du MIR de cesser les actions directes pour ne pas nuire à la candidature d'Allende. Tanya Harmer, *op.cit.*, pp. 41-43.

Table des matières

Introduction 15

Chapitre 1 : Aux origines
Une « nouvelle gauche »
héritière d'un demi-siècle de révolutions 23

Clotario Blest
et le syndicalisme révolutionnaire 24

Les trotskistes, idéologues du MIR 34

Les dissidents communistes
et les premiers pas sur la voie armée 47

Chapitre 2 :
La fondation du MIR : une rupture ? 59

Désillusions électorales
et rêves insurrectionnels 60

Le Congrès d'unité révolutionnaire 64

Sous le signe de Fidel : le MIR
dans les années 1960 latino-américaines 72

Le MIR et Cuba : un amour à sens unique ? 81

Chapitre 3 :
Le MIR, l'université et le mouvement étudiant 93

Faire la révolution en liberté : les années
démocrates-chrétiennes (1964-1970) 94

L'université et le réformisme
démocrate-chrétien 99

La Réforme de la « Catholique »,
la DC et le MIR 101

L'Université de Concepción :
un terrain fertile pour la gauche révolutionnaire 105

Faire de la politique à Concepción 112

De la politique universitaire
à la politique nationale 116

Chapitre 4 :
Après la réforme, la révolution ? 123

Parti de cadres ou parti de masses ? 125

Pourquoi militer au MIR ?
Les chrétiens sociaux répondent 126

Socialistes, radicaux, franc-maçons
et communistes : les raisons d'une conversion 130

Rajeunir le parti, c'est le changer 135

La fin de la révolution universitaire 139

Le MIR entre l'université et la société 144

La pensée sociologique
de la DC et le MIR 150

Chapitre 5 : Le choix des armes.
Récits et usages de la violence
révolutionnaire en politique (1967-1970) 173

Entre la plume et le fusil : penser et écrire
la violence révolutionnaire 176

Le MIR et la violence politique :
théorie et action 203

Chapitre 6 :
La voie des armes ou la voix des urnes ? 245

Les braquages de banques,
avatar des urnes ? 247

Bandits ou révolutionnaires ?
Victimes ou héros ? 253

La résurgence des masses 260

Les conjurés : l'appareil clandestin du MIR
au service de la victoire électorale 270

En guise de conclusion 285

éditions
terres
de Feu.